Radykalne
Wybaczanie

Colin C. TIPPING

RADYKALNE WYBACZANIE

WYBACZAJMY SKUTECZNIE
– darowanie krzywd
ma moc uzdrawiania

Przełożyła
Irena Stąpor

Wydawnictwo MEDIUM

Tytuł oryginału: *Radical Forgiveness*

Copyright© 2002, Colin C. Tipping
Copyright© for the Polish edition by Wydawnictwo MEDIUM Sp. z o.o., 2003, 2005

Wszelkie prawa zastrzeżone. Żaden fragment niniejszej książki nie może być publikowany ani reprodukowany w jakiejkolwiek formie bez pisemnej zgody wydawcy.

Projekt okładki: Beata Kulesza-Damaziak
Autor zdjęcia: Krzysztof Damaziak
Opracowanie redakcyjne: Anna Jutta-Walenko
Konsultacja: Eliza Grabowska i Irena Rutenberg
Skład i łamanie: Katarzyna Lubańska

Wydawnictwo MEDIUM Sp. z o.o.
05-510 Konstancin-Jeziorna
Czarnów 172/2 (ul. Diamentowa 11)
tel. (0-22) 754-62-16, fax (0-22) 754-71-69
internet: http://www.medium.com.pl
e-mail: sekretariat@medium.com.pl

Dział handlowy, dystrybucja:
Grupa A5 Sp. z o.o.
90-353 Łódź, ul. Kilińskiego 169 A
tel./fax (0-42) 674-37-95, 676-49-29
e-mail: handlowy@grupaa5.com.pl

Księgarnia wysyłkowa:
„ESSE" Sp. z o.o.
90-353 Łódź, ul. Kilińskiego 169 A
tel. (0-42) 674-77-69, 676-49-59
internet: http://www.dobreksiazki.pl

ISBN: 83-87025-44-5

Specjalne podziękowania dla Ireny Polkowskiej-Rutenberg

Moją misją jest stworzenie świata wybaczania przed upływem dekady. Nikt inny nie zaangażował się w realizację tej wizji tak bardzo jak moja droga przyjaciółka Irena Polkowska-Rutenberg, warszawianka ocalała z okupacji, Powstania i zagłady swojego miasta. Jej miłość do Radykalnego Wybaczania przewyższa jedynie miłość do rodaków, dlatego postanowiła poświęcić pozostałe lata życia na wprowadzenie Radykalnego Wybaczania w Polsce. Przemierza kraj wzdłuż i wszerz, ofiarując rodakom dar Radykalnego Wybaczania dzięki swoim warsztatom, seminariom, odczytom i prywatnym sesjom.

Z jej inspiracji powstał w Polsce Instytut Radykalnego Wybaczania założony w 2004 r. przez Ireneusza Rudnickiego. Instytut oferuje licencjonowane przez Institute for Radical Forgiveness Inc. (USA) programy treningowe dla osób, które chcą być trenerami i nauczycielami Radykalnego Wybaczania. Mam nadzieję, że w Polsce znajdzie się wiele osób, które poniosą tę pochodnię i podążą śladami Ireny Polkowskiej-Rutenberg.

Colin Tipping, sierpień 2004

Przedmowa

Kiedy byłem studentem Uniwersytetu Londyńskiego, miałem rzadką okazję słuchać wykładu sławnego profesora, którego dzieła na temat filozofii edukacji były wręcz legendarne. Po wykładzie jeden ze studentów wstał i zakwestionował słowa profesora, twierdząc, że coś, co powiedział on na wykładzie, jest sprzeczne z tym, co napisał w swojej książce. Byłem wielce zdumiony odpowiedzią profesora. Rzekł on: „Owszem, napisałem tak w swojej książce, ale od tamtego czasu zmieniłem zdanie i nie uważam już, że jest to prawda". O mało nie spadłem z krzesła, gdy to usłyszałem. W tym momencie uświadomiłem sobie, że do tej pory uważałem, że wszystko, co zostało wydrukowane, jest absolutną prawdą lub przynajmniej stanowczą i niezmienną opinią autora. Fakt, że tak znakomity uczony mógł nie zgadzać się z tym, co sam napisał w swojej książce, był dla mnie zarówno szokiem, jak i objawieniem.

Mam jednak dużą przewagę nad owym profesorem, ponieważ jestem swoim własnym wydawcą i za każdym razem, kiedy wznawiam swą książkę, mogę ją uaktualniać tak, by była zgodna z moimi obecnymi poglądami. Dodaję, usuwam lub zmieniam poszczególne jej części. Ale nie martwcie się, nie zmieniłem moich poglądów na temat Radykalnego Wybaczania.

Chociaż większość ludzi tego nie zauważyła, przy każdym prawie dodruku wprowadzałem kolejne zmiany. W 2002 roku dokonałem istotnych zmian i uzupełnień, co usprawiedliwiało wydanie tego jako drugiej edycji mojej książki. Druga edycja miała inną, znacznie lepszą okładkę, na którą wszyscy reagowali bardzo pozytywnie. Wprowadziłem zmiany w kilku rozdziałach, dodałem parę nowych i znacznie zmodyfikowałem arkusze, tak by łatwiej było z nich korzystać. Dołączyłem również epilog dotyczący wydarzeń z 11 września. Książka zwiększyła swoją objętość z 288 do 320 stron, choć cena nie uległa zmianie.

W tym samym czasie, kiedy ukazała się druga edycja, wprowadziłem również nowe narzędzie w postaci płyty CD zatytułowanej *13 kroków Radykalnego Wybaczania*. Płyta ta stanowi dopełnienie książki i jest jakby audioarkuszem. Na płycie czytane są te same rzeczy, które znajdują się na arkuszu, z tą różnicą, że mają one formę 13 pytań. Odpowiedź na każde z tych pytań brzmi: „Tak". Jest to pozornie proste, ale bardzo skuteczne narzędzie. Nie musisz w to wierzyć. Po prostu włączasz płytę, odpowiadasz 13 razy „tak" i dzieją się takie same cuda jak przy wypełnianiu arkusza. To jest niewiarygodne! A wykonanie tego zajmuje około siedmiu minut.

Przy ostatnim dodruku jedyną znaczącą zmianą, oprócz uaktualnienia dodatków i zastąpienia epilogu dotyczącego 11 września posłowiem, było zastąpienie rozdziału 30. – „Pożegnanie zranionego wewnętrznego dziecka" – rozdziałem „Radykalne Samowybaczanie".

W drugim wydaniu zrobiłem błąd, obiecując, że napiszę książkę na temat samowybaczania. Kiedy zacząłem nad nią pracować, zdałem sobie sprawę, że byłaby ona niemal identyczna z tą, a jedyna różnica polegałaby na tym, że słowo „ofiara" zastąpiłbym słowem „sprawca". W tym roku prowadziłem jednak warsztaty na temat samowybaczania i wykorzystałem to, czego się podczas nich nauczyłem, do napisania bardzo interesującego rozdziału na temat samowybaczania. Zamiast pisać na ten temat książkę, zdecydowałem się stworzyć program on-line, który będzie bardziej efektywny.

Epilog dotyczący 11 września był ilustracją tego, jak można zastosować proces czterech kroków Radykalnego Wybaczania do sytuacji takich jak wydarzenia z 11 września. Teraz tekst ten jest dostępny na naszej stronie internetowej www.radicalforgiveness.com (w języku angielskim). Możesz go sobie ściągnąć bez żadnych opłat. Na stronie głównej kliknij na *Downloads*, tam go znajdziesz.

Zmieniłem również posłowie. Podczas gdy to, co teraz czytasz, dotyczy teraźniejszości, w posłowiu przedstawiłem swoją wizję tego, co chciałbym osiągnąć dzięki Radykalnym Wybaczaniu. Umieściłem to na końcu książki, ponieważ kiedy ją przeczytasz i wypełnisz kilka arkuszy, nabierze to dla ciebie większego znaczenia.

(*Uwaga*. Przeczytanie tej książki i niewypełnienie arkuszy jest kompletnym nieporozumieniem. Radykalnego Wybaczania trzeba doświadczyć i docenić je. Nie jest to ćwiczenie intelektualne, a arkusz jest najważniejszą częścią książki. Nie próbuj iść na skróty. Wypełnij arkusz przynajmniej kilka razy – po to, by odkryć, co sprawia, że twoja energia jest zablokowana. Twoje życie stanie się wtedy lepsze, możesz nawet doświadczyć cudów. Z pewnością na nie zasługujesz).

Napisałem i wydałem również książkę zatytułowaną **A Radical Incarnation** (niewydana po polsku – przyp. tłum.). Jest to bardzo niezwykła książka. Staram się w niej wyjaśnić, w kategoriach duchowych, to, co dzieje się dzisiaj na świecie. Podtytuł tej książki brzmi: *The President of the U.S. Becomes Enlightened, Heals America and Awakens Humanity – A Spiritual Fantasy* (Prezydent USA zostaje oświecony, uzdrawia Amerykę i budzi świadomość ludzkości – duchowe fantasy).

Tak, książka jest całkiem zabawna, ale ma również swoje poważne oblicze. W roku 1999 przedstawiłem swoją misję w ten sposób: *Moją misją jest podniesienie świadomości planety dzięki Radykalnemu Wybaczaniu i stworzenie świata wybaczenia do roku 2012*. Książka *Radical Incarnation* i związany z nią program on-line są dowodami na to, że uwierzyłem, iż nie jest to tylko marzenie, ale rzecz całkiem możliwa do zrealizowania. Ta książka nie tylko wskazuje, w jaki sposób może się to stać, ale również zachęca czytelników do tego, by pomogli w urzeczywistnieniu tej wizji.

Tyle, jeśli chodzi o uaktualnienia. Wkrótce ukaże się moja nowa książka o tym, jak można wykorzystać Radykalne Wybaczanie w pracy. Na razie jednak przeczytaj tę książkę, wypełnij kilka arkuszy, a potem przeczytaj posłowie, by dowiedzieć się, co dalej. Do tego czasu możesz odkryć, że rozpocząłeś podróż swego życia! Mam nadzieję, że tak będzie, bo nie mogę tego zrobić sam. Potrzebuję ciebie i jeszcze wielu ludzi takich jak ty, by zrealizować marzenie o uzdrowieniu świata.

Namaste

Wprowadzenie

Gdziekolwiek spojrzeć – w gazetach, w telewizji, a nawet w naszym bezpośrednim otoczeniu – widzimy ludzi fizycznie i psychicznie okaleczonych. Czytamy, że co najmniej jeden dorosły Amerykanin na pięciu doświadczył w dzieciństwie przemocy lub był molestowany seksualnie. Dzienniki telewizyjne potwierdzają, że gwałt i morderstwo są w naszym społeczeństwie na porządku dziennym, a przestępczość przeciwko ludziom i mieniu wzrasta. Na całym świecie obserwujemy tortury, represje, przepełnione więzienia, ludobójstwo i działania wojenne na dużą skalę.

W ciągu dziesięciu lat, odkąd prowadzę warsztaty Radykalnego Wybaczania, walki z rakiem oraz seminaria dla firm, zwykli ludzie opowiedzieli mi tyle strasznych historii, że doszedłem do przekonania, iż nie ma na tej planecie człowieka, który chociaż raz w życiu nie doznałby poważnej krzywdy. Drobne przykrości dotykają nas tak często, że nie potrafimy ich nawet zliczyć. Któż z nas nie obwiniał innych o to, że brak mu szczęścia? Dla większości, jeśli nie dla wszystkich, jest to sposób na życie.

W gruncie rzeczy archetyp ofiary zakorzenił się w nas głęboko i bardzo silnie oddziałuje na powszechną świadomość. Przez wieki odgrywaliśmy rolę ofiary w każdej dziedzinie życia, przekonując samych siebie, że świadomość ta jest podstawowym składnikiem ludzkiego losu.

Nadszedł czas, by postawić pytanie: jak przestać budować swoje życie na archetypie ofiary?

Jeśli chcemy się uwolnić od tego silnie działającego wzorca, musimy go zastąpić czymś r a d y k a l n i e innym, tak pociągającym i wyswobadzającym naszą duchowość, że zdołamy wyzbyć się świadomości ofiary i opuścić świat złudzeń. Potrzebne jest nam coś, co wyniesie nas poza dramaty życia, pozwoli spojrzeć na nie z szerszej perspektywy i ukaże prawdę, która w tej chwili jest przed nami ukryta. Wówczas zrozumiemy prawdziwe znaczenie naszego cierpienia i będziemy mogli mu zaradzić.

Zaczynając nowe tysiąclecie i przygotowując się do następnego wielkiego skoku w rozwoju duchowym, musimy przyjąć sposób życia oparty nie na strachu, władzy czy przemocy, ale na prawdziwym wybaczaniu, bezwarunkowej miłości i pokoju. Tak rozumiem słowo r a d y k a l n e i to właśnie jest celem tej książki – pomóc nam wszystkim w dokonaniu przemiany.

Chcąc coś przekształcić, najpierw musimy doświadczyć tego w pełni. Jeśli na przykład chcemy zmienić archetyp ofiary, musimy w pełni odczuć, co to znaczy być ofiarą. Nie ma innej drogi! Dlatego w naszym życiu muszą pojawić się sytuacje, gdy poczujemy się skrzywdzeni, tak byśmy mogli przekształcić tę energię dzięki Radykalnemu Wybaczaniu.

Przekształcenie tak podstawowego wzorca energii, jakim jest archetyp ofiary, wymaga od wielu dusz zrozumienia, że na tym właśnie polega ich duchowa misja. Muszą to być ludzie obdarzeni wiedzą i miłością konieczną do wykonania tego ogromnego zadania. Być może należysz do tych dusz, które dobrowolnie zgłosiły chęć spełnienia tej misji. A może właśnie dlatego ta książka do ciebie przemawia?

Jezus pokazał nam, jak przekształcać archetyp ofiary, i jestem przekonany, że teraz cierpliwie czeka, byśmy poszli w Jego ślady. Na razie nie udało się nam wykorzystać Jego przykładu, ponieważ świadomość ofiary mocno wrosła w naszą psychikę.

Zignorowaliśmy lekcję autentycznego wybaczania, jakiej udzielił nam Jezus, który pokazał, że nie ma ofiar. Staramy się wybaczać, tkwiąc jednocześnie w roli ofiary. Z Jezusa uczyniliśmy najwyższą ofiarę, a to nie pomoże nam w rozwijaniu naszej duchowości. Prawdziwe wybaczanie musi polegać na całkowitym uwolnieniu się od świadomości ofiary.

Moim głównym zamiarem, gdy pisałem tę książkę, było ukazać różnicę między wybaczaniem, które podtrzymuje archetyp ofiary, a uwalniającym nas od niego Radykalnym Wybaczaniem, które zmusza do zasadniczej zmiany sposobu postrzegania świata i interpretacji zachodzących w naszym życiu wydarzeń, dzięki czemu przestaniemy czuć się ofiarami. Moim jedynym celem jest pomóc w dokonaniu tej przemiany.

Wiem, że przedstawiane przeze mnie poglądy mogą wydawać się bardzo śmiałe osobom poważnie skrzywdzonym i ciągle pełnym bólu. Proszę tylko, byś czytał tę książkę z otwartym umysłem, a gdy ją skończysz, zwróć uwagę, czy twoje samopoczucie się poprawiło.

Pierwsze wydanie tej książki spotkało się z niezwykle pozytywnym odzewem ze strony czytelników i uczestników moich warsztatów. Nawet ludzie od dawna okaleczeni emocjonalnie uznali, że książka ta pomogła im się wyzwolić i uzdrowić, a warsztaty ułatwiają przemianę.

Wiadomość, że pierwszy rozdział, „Historia Jill", miał natychmiastowy, uzdrawiający wpływ na wiele osób, również mile mnie zaskoczyła. Na początku sądziłem, że będzie on praktycznym wprowadzeniem do pojęć i teorii związanych z Radykalnym Wybaczaniem, ale teraz wiem, że to Duch kierował moją dłonią. Często dzwonią do mnie ludzie i nieraz ze łzami mówią, że właśnie przeczytali tę książkę i znaleźli w niej odbicie własnego losu, a proces ich uzdrawiania już się zaczął.

Wielu z nich podzieliło się swoim wzruszeniem, przesyłając „Historię Jill" do swoich przyjaciół, znajomych czy kolegów z pracy za pomocą poczty elektronicznej bezpośrednio z mojej strony internetowej (www.radicalforgiveness.com). Cóż za wspaniała reakcja łańcuchowa!

Zawsze będę wdzięczny mojej siostrze i szwagrowi, że pozwolili mi podarować światu ich historię.

Z pokorą przyjmuję wielką popularność mojej książki. Rozumiem, że Duch korzysta z mojego pióra, bym propagował wiedzę, która pomoże nam wszystkim uleczyć się, podnieść poziom naszych wibracji i powrócić do prawdziwego Domu. Dziękuję Mu za to.

Namaste

Colin Tipping

CZĘŚĆ I

CAŁKOWITE UZDROWIENIE

Nota od Autora

Pragnę, byś zrozumiał, co nazywam Radykalnym Wybaczaniem, dlatego zamieściłem w tej książce prawdziwą opowieść o tym, jak moja metoda uratowała małżeństwo i zmieniła życie mojej siostry, Jill. Od tamtej pory Radykalne Wybaczanie pozytywnie wpłynęło na losy wielu ludzi. Krótko po opisanych tutaj zdarzeniach zdałem sobie sprawę, że proces ten można stosować jako formę pomocy różniącą się od tradycyjnej psychoterapii i doradztwa rodzinnego. Teraz klientom mojej prywatnej praktyki i uczestnikom warsztatów proponuję coś, co nazywam Zastosowaniem Radykalnego Wybaczania, i rzadko odwołuję się do dawniej wykorzystywanej terapii. Przekonuję się, iż ucząc ludzi stosowania narzędzi Radykalnego Wybaczania, sprawiam, że ich problemy w większym lub mniejszym stopniu znikają.

Rozdział 1

Historia Jill

Gdy zobaczyłem moją siostrę, Jill, w sali przylotów na Hartsfield International Airport w Atlancie, od razu wiedziałem, że coś ją trapi. Nigdy nie potrafiła ukryć swoich uczuć i widać było wyraźnie, że cierpi.

Jill przyleciała do Stanów Zjednoczonych z Anglii razem z naszym bratem, którego nie widziałem od szesnastu lat. W 1972 roku John wyemigrował do Australii, ja natomiast dwanaście lat później przeniosłem się do Ameryki. Jill jako jedyna z rodzeństwa została w Anglii. John właśnie wracał do domu, a wizyta w Atlancie stanowiła ostatni etap jego podróży. Jill towarzyszyła mu, by go wyprawić do Australii, a przy okazji odwiedzić mnie i moją żonę, JoAnnę.

Po powitalnych uściskach i pocałunkach, czując się nieco niezręcznie, udaliśmy się do hotelu. Zarezerwowałem pokoje na jedną noc, bo chcieliśmy pokazać mojemu rodzeństwu Atlantę, zanim wyruszymy na północ, do domu.

Jill skorzystała z pierwszej nadarzającej się okazji, by podjąć poważną rozmowę.

– Colin, u mnie sprawy nie mają się dobrze. Chyba się rozejdziemy z Jeffem.

Chociaż już wcześniej zauważyłem niepokój mojej siostry, jej słowa mnie zaskoczyły. Zawsze mi się wydawało, że ich trwające od sześciu lat małżeństwo jest szczęśliwe. Każde z nich miało za sobą jeden nieudany związek. Jednak tym razem uczucie, które ich łączyło, zdawało się trwałe. Jeff miał troje dzieci z pierwszego małżeństwa, Jill – czworo. Tylko jej najmłodszy syn, Paul, mieszkał jeszcze z nimi.

– Co się dzieje? – spytałem.

– Nie wiem, od czego zacząć. To wszystko jest trochę zaskakujące – odparła. – Jeff zachowuje się dziwacznie, nie mogę go dłużej znieść. Doszło do tego, że przestaliśmy się do siebie odzywać. To mnie wykańcza. Całkiem się ode mnie odwrócił, a na dodatek twierdzi, że to moja wina.

– Opowiedz mi o tym – poprosiłem i spojrzałem na Johna, który wzniósł oczy ku niebu. Mieszkał u Jill przez tydzień, zanim przyleciał do Atlanty. Domyśliłem się, że dość się na ten temat nasłuchał.

– Czy pamiętasz najstarszą córkę Jeffa, Lorraine? – spytała Jill. Przytaknąłem. – W zeszłym roku jej mąż zginął w wypadku samochodowym. Od tamtej pory Jeffa łączą z córką jakieś dziwne stosunki. Czuli się do niej przez telefon, mówi do niej „kochanie" i spędza długie godziny, szepcząc z nią o czymś. Zupełnie jakby byli kochankami, a nie ojcem i córką. Jeśli jest zajęty, kiedy ona dzwoni, rzuca robotę w połowie i biegnie z nią rozmawiać. Zachowuje się tak samo, jeśli nie gorzej, gdy Lorraine do nas przychodzi. Prowadzą te tajemnicze, ciche rozmowy, do których nie dopuszczają nikogo, zwłaszcza mnie. Trudno mi to wytrzymać. Mam wrażenie, że ona stała się dla niego najważniejsza. Nie potrafię sobie z tym dać rady, czuję się odtrącona i niepotrzebna.

Jill mówiła długo, szczegółowo opisując dziwną sytuację w rodzinie, a my z JoAnną słuchaliśmy uważnie. Głośno zastanawialiśmy się nad przyczyną zachowań Jeffa i staraliśmy się wyrazić nasze współczucie. Jak przystało na brata i szwagierkę, sugerowaliśmy jej, jak rozmawiać z mężem, i rozważaliśmy, co można zrobić w tej sytuacji. Również John włączył się do rozmowy, podając swój punkt widzenia.

Zachowanie męża Jill, sprzeczne z jego naturą, zastanawiało mnie i dziwiło. Jeff, jakiego znałem, był uczuciowo związany ze swymi córkami i na tyle niepewny siebie, by bardzo potrzebować ich miłości i aprobaty, to prawda. Nigdy jednak nie widziałam, by zachowywał się tak, jak to opisała moja siostra. Zawsze był dla niej czuły i troskliwy. Prawdę mówiąc, trudno mi było uwierzyć, że traktuje ją w tak okrutny sposób. Dobrze rozumiałem, dlaczego Jill jest nieszczęśliwa. Przekonanie Jeffa, że żona wszystko sobie wymyśliła i sama doprowadza się do szaleństwa, nie poprawiało sytuacji.

Do rozmowy wróciliśmy następnego dnia. Zaczynałem się domyślać, co się dzieje między Jill i Jeffem z punktu widzenia Radykalnego Wybaczania, ale postanowiłem na razie o tym nie mówić. Siostra była zbyt przejęta dramatyczną sytuacją i nie potrafiłaby wysłuchać ani zrozumieć tego, co do niej mówię. Radykalne Wybaczanie opiera się na bardzo szerokiej perspektywie duchowej, której nie znaliśmy, mieszkając w Anglii. Wiedząc, że moje rodzeństwo nie ma pojęcia o tym procesie, doszedłem do wniosku, iż nie nadszedł jeszcze czas, żeby ich zapoznać z tą śmiałą myślą: *wszystko dzieje się tak jak powinno, cała sytuacja ma doprowadzić do uzdrowienia Jill.*

Jednak po drugim dniu nieustannego omawiania problemu postanowiłem zapoznać ich z zasadami Radykalnego Wybaczania. Wiedziałem, że moja siostra będzie musiała się otworzyć na prawdopodobieństwo istnienia czegoś więcej niż to, co sama dostrzega, że będzie musiała uznać ingerencję Boskiej istoty, mającą na celu jej dobro. Jednak Jill tak bardzo czuła się ofiarą zaistniałej sytuacji, że nie byłem pewny, czy jest gotowa na moją interpretację zachowań Jeffa, która by ją z tej roli wytrąciła.

Tymczasem moja siostra znowu zaczęła powtarzać swoją relację z poprzedniego dnia. Postanowiłem wkroczyć do akcji. Ostrożnie zapytałem:

– Jill, czy byłabyś skłonna spojrzeć na to z innej strony? Czy potrafisz zaakceptować zupełnie inną interpretację swojej sytuacji?

Spojrzała na mnie pytająco, jakby myślała: „A czy w ogóle można to inaczej rozumieć? Jest, jak jest!". Kiedyś pomogłem jej rozwiązać jakiś uczuciowy problem, miała więc do mnie dość zaufania, by powiedzieć:

– No, chyba tak. O co ci chodzi?

Na to tylko czekałem.

– To, co teraz powiem, może ci się wydać dziwne, ale postaraj się nic nie mówić, dopóki nie skończę. Po prostu spróbuj założyć, że to, co mówię, jest prawdziwe, i zastanów się, czy przypadkiem nie mam racji.

John bardzo się starał uważnie słuchać Jill, ale nieustanne rozmowy o Jeffie strasznie go znudziły. W gruncie rzeczy całkiem się z nich wyłączył. Jednak, gdy usłyszał moje słowa, ożywił się i znowu zaczął słuchać.

– Twoja opowieść jest z pewnością prawdziwa – zacząłem. – Nie mam najmniejszej wątpliwości, że sprawy toczą się tak, jak mówisz. Poza tym przez ostatnie trzy tygodnie John był świadkiem wielu z tych zdarzeń i wszystko potwierdza, prawda John? – zwróciłem się do brata.

– Jak najbardziej – powiedział. – Widziałem to i szczerze mówiąc, czułem się dziwnie w domu Jill.

– To mnie nie zaskakuje – odparłem. – Jill, chciałbym, żebyś wiedziała, że nie lekceważę ani nie neguję twojej opowieści. Jestem przekonany, że było tak, jak mówisz. Pozwól jednak, że zasugeruję ci, jaki podtekst może mieć ta sytuacja.

– Co to znaczy „podtekst"? – zapytała Jill podejrzliwie.

– Na ogół uważamy, że poza otaczającym nas światem nie ma innej rzeczywistości. To zupełnie naturalne – wyjaśniłem. – Ale może jest coś więcej. Coś, czego nie dostrzegamy, bo nasze pięć zmysłów nie zostało przystosowane do tego zadania. Nie znaczy to jednak, że tego nie ma. Weźmy twoją sytuację. Ty i Jeff macie problem. A może pod nim dzieje się coś duchowego, w czym uczestniczą ci sami ludzie i te same zdarzenia, ale co ma całkiem inne znaczenie? A jeśli wasze dusze wykonują ten sam taniec, lecz każda do zupełnie innej muzyki? A jeśli ten taniec ma was uzdrowić? Może warto spojrzeć na to jak na okazję do uleczenia i rozwoju? To byłaby całkiem inna interpretacja, nie sądzisz?

Moje rodzeństwo spojrzało na mnie, jakbym mówił w obcym języku. Postanowiłem dać sobie spokój z wyjaśnieniami i od razu przejść do rzeczy.

– Jill, przypomnij sobie ostatnie trzy miesiące – powiedziałem. – Co czułaś, widząc zachowanie Jeffa wobec córki?

– Głównie gniew – odparła. – Frustrację – dodała, a po dłuższej chwili: – I smutek. Naprawdę było mi smutno. – Łzy napłynęły jej do oczu. – Czuję się taka samotna i niekochana – powiedziała i zaczęła cicho łkać. – Nie byłoby tak źle, gdybym wiedziała, że Jeff nie potrafi okazywać uczuć, ale przecież potrafi, tylko że okazuje je córce!

Ostatnie słowa wypowiedziała gwałtownie i z wściekłością, a potem rozpłakała się, pierwszy raz od przyjazdu. Już przedtem uroniła kilka łez, jednak nie pozwoliła sobie na prawdziwy płacz. Nareszcie się rozluźniła. Cieszyłem się, że zdołała tak szybko dotrzeć do swoich uczuć. Minęło całe dziesięć minut, zanim przestała płakać. Czułem, że teraz może zacząć mówić. Zapytałem więc:

– Jill, czy pamiętasz, żebyś tak się czuła, będąc małą dziewczynką?

Bez najmniejszego wahania przytaknęła. Nie od razu chciała powiedzieć, kiedy to było, więc poprosiłem ją, by to wyjaśniła. Przez chwilę milczała.

– Tata też mnie nie kochał! – wykrztusiła wreszcie i znowu zaczęła płakać. – Tak chciałam, żeby mnie kochał. Myślałam, że nikogo nie potrafi darzyć uczuciem! A potem pojawiła się twoja córka, Colin. I on ją kochał. Dlaczego, do cholery, mnie nie mógł pokochać?! – Wykrzykując te słowa, uderzyła pięścią w stół, po czym rozszlochała się rozpaczliwie.

Jill mówiła o mojej najstarszej córce, Lorraine. Przypadkowo ona i najstarsza córka Jeffa noszą to samo imię.

Płacz pomógł Jill. Łzy przyniosły ulgę i prawdopodobnie stały się dla niej punktem zwrotnym. Pomyślałem, że prawdziwy przełom może być już blisko. Musiałem kontynuować.

– Opowiedz mi o tym incydencie z moją córką i tatą – poprosiłem.

– Dobrze – odparła Jill, uspokajając się. – Zawsze czułam, że tata mnie nie kocha, i szaleńczo pragnęłam jego miłości. Nigdy mnie nie wziął za rękę, nie posadził na kolanach. Zawsze wydawało mi się, że to moja wina. Kiedy byłam starsza, mama powiedziała mi, że według niej tata nie potrafi kochać nikogo, nawet jej. Wtedy pogodziłam się z tym do pewnego stopnia. Wytłumaczyłam sobie, że skoro nie jest zdolny do miłości, to nie jest to moja wina. Naprawdę nikogo nie kochał. Ledwo zauważał moje dzieci, a swoje wnuki, a jeszcze mniej innych ludzi czy obce dzieci. Nie był złym ojcem. Po prostu nie umiał kochać. Było mi go żal.

Znowu się rozpłakała, tym razem nie starając się powstrzymać łez. Wiedziałem, co miała na myśli, mówiąc tak o ojcu. Był dobrym, łagodnym człowiekiem, ale bardzo cichym i zamkniętym w sobie. Najczęściej zdawał się emocjonalnie niedostępny dla nikogo.

Kiedy Jill się opanowała, ponownie podjęła wątek.

– Pamiętam szczególnie jeden dzień u ciebie w domu. Twoja córka, Lorraine, miała wtedy cztery czy pięć lat. Rodzice przyjechali z Leicester i wszyscy udaliśmy się do ciebie. Zobaczyłam, jak Lorraine bierze tatę za rękę i mówi: „Chodź, dziadku, pokażę ci ogród i moje kwiaty". Był niczym plastelina w jej dłoniach. Oprowadziła go po całym ogrodzie i mówiła, mówiła, mówiła, pokazując mu swoje kwiaty. Oczarowała go. Przez cały czas obserwowałam ich przez okno. Kiedy wrócili, posadził ją sobie na kolanach i bawił się z nią wesoło. Nigdy go takim nie widziałam. Byłam załamana. Więc on jednak umie kochać! Jeśli potrafi darzyć uczuciem Lorraine, to dlaczego nie mnie?

Ostatnie słowa wypowiedziała szeptem, z żalem i smutkiem powstrzymywanym przez tyle lat.

Doszedłem do wniosku, że na razie dość już dokonaliśmy, i zaproponowałem, że zrobię herbatę. (Co u licha! W końcu jesteśmy Anglikami! Zawsze robimy herbatę, bez względu na sytuację!).

Interpretując historię Jill z punktu widzenia Radykalnego Wybaczania, z łatwością zrozumiałem, że dziwne zachowanie Jeffa podświadomie miało pomóc mojej siostrze w uzdrowieniu jej związków z ojcem. Gdyby mogła to dostrzec i zauważyć doskonałość w postępowaniu Jeffa, wyleczyłaby się z bólu, a mąż z pewnością przestałby się dziwnie zachowywać. Jednak nie bardzo wiedziałem, jak wyjaśnić to Jill na tym etapie. Na szczęście nie musiałem, bo sama zauważyła oczywisty związek między tymi dwoma zdarzeniami.

Później tego samego dnia moja siostra spytała:

– Colin, czy to nie dziwne, że obie dziewczyny, córka Jeffa i twoja, mają to samo imię? Uświadomiłam sobie też, że obie są pierworodne i obie mają jasne włosy. Czy to nie dziwny zbieg okoliczności? Sądzisz, że jest w tym jakiś sens?

Zaśmiałem się i odparłem:

– Oczywiście, to klucz do zrozumienia całej sytuacji.

Spojrzała na mnie ostro.

– Co chcesz przez to powiedzieć?

– Sama się domyśl – odparłem. – Jakie inne podobieństwa widzisz między zdarzeniem z tatą i moją Lorraine a twoim dzisiejszym położeniem?

– Hm. Obie dziewczyny mają to samo imię. I obie dostają to, czego ja nie dostaję od mężczyzn.

– Co to jest? – zapytałem.

– Miłość – wyszeptała.

– No i...? – podpowiedziałem łagodnie.

– Wygląda na to, że twoja Lorraine potrafiła zdobyć miłość taty, a ja nie. Również córka Jeffa dostaje tyle miłości od swego ojca, ile zapragnie, ale moim kosztem. O mój Boże! – wykrzyknęła. Coś zaczynało do niej docierać. – Ale dlaczego? Nie rozumiem. To trochę przerażające! Co się, u diabła, dzieje? – pytała przestraszona.

Nadeszła chwila, by wszystko jej wyjaśnić.

– Słuchaj, Jill. Zaraz ci to wytłumaczę. Masz doskonały dowód, że pod dramatem, który nazywamy życiem, kryje się całkiem inna rzeczywistość. Uwierz mi, nie ma się czego bać. Kiedy zobaczysz, jak to działa, będziesz bardziej ufna, poczujesz się bezpieczniej i spokojniej, niż kiedykolwiek wydawało ci się możliwe. Zdasz sobie sprawę, jak dobrze nas wspiera Wszechświat albo Bóg, jakkolwiek to nazwiesz. Czyni to w każdej chwili, każdego dnia, chociaż sytuacja może się czasem wydawać bardzo trudna. Z duchowego punktu widzenia – ciągnąłem – nasz dyskomfort w jakiejś sytuacji jest sygnałem, że działamy niezgodnie z duchowym prawem i właśnie mamy okazję coś poprawić. Może chodzić o jakiś głęboki ból albo szkodliwe przekonanie, które nie pozwala nam żyć w zgodzie z sobą samym. Nieczęsto patrzymy na to z tej perspektywy. Osądzamy raczej sytuację i obwiniamy innych za to, co się dzieje, a takie podejście nie pozwala nam odebrać i zrozumieć przesłania i zagradza nam drogę do uzdrowienia. Jeśli nie uleczymy tego, co uleczenia wymaga, będziemy odczuwać jeszcze większy dyskomfort, aż wreszcie zostaniemy wręcz zmuszeni do zadania sobie pytania: „Co się dzieje?". Czasami przesłanie musi stać się bardzo głośne lub ból niezwykle silny, zanim zwrócimy na nie uwagę. Zagrażająca życiu choroba to bardzo wyraźne przesłanie. A przecież niektórzy ludzie nawet w obliczu śmierci nie widzą związku między zdarzeniami w ich życiu a okazją do uzdrowienia, którą one im dają. – Umilkłem na chwilę.

– Jeśli o ciebie chodzi – znów podjąłem – to na uleczenie czeka twój ból związany z ojcem, który nigdy nie okazał ci miłości. Takie jest właśnie źródło twoich dzisiejszych odczuć. Ten ból pojawiał się już w różnych sytuacjach, ale ponieważ go nie rozpoznałaś, nigdy się od niego nie uwolniłaś. Dlatego kolejna okazja do przyjrzenia się mu i do wyzwolenia się od niego jest darem.

– Darem? – zdumiała się Jill. – Chcesz powiedzieć, że to dar, ponieważ jest w nim ukryte przesłanie dla mnie? Takie, które mogłam już dawno otrzymać, gdybym umiała je zrozumieć?

– Tak – powiedziałem. – Gdybyś je dostrzegła wcześniej, twoje cierpienie byłoby mniejsze i nie przeżywałabyś tego, co przeżywasz dzisiaj. Ale to nieważne. Dobrze, że rozumiesz to teraz. Nie będziesz musiała zapaść na śmiertelną chorobę, by to zrozumieć, jak wielu innych. Właśnie zaczynasz pojmować owo przesłanie i wyzwalać się od bólu. Pozwól, że ci wyjaśnię, co się stało i jak wpłynęło to na twoje dotychczasowe życie – dodałem.

Chciałem, by jasno zrozumiała swą sytuację.

– W dzieciństwie czułaś się opuszczona i niekochana przez tatę. To bardzo niebezpieczne uczucie dla dziewczynki, bo do jej rozwoju konieczne jest poczucie, że jest kochana przez ojca. A ponieważ ty takiego poczucia nie miałaś, doszłaś do wniosku, że sama jesteś temu winna. Uznałaś, że nie jesteś godna miłości, że nie jesteś dość dobra. To przekonanie zakorzeniło się głęboko w twojej podświadomości i później zaczęło wpływać na twoje stosunki z innymi ludźmi. Inaczej mówiąc, odzwierciedlając twoje podświadome przekonanie, że nie jesteś dość dobra, życie stwarzało ci sytuacje, w których mogłaś się o tym przekonać. Życie zawsze potwierdza nasze przekonania. W dzieciństwie ból wynikający z faktu, że tata nie okazywał ci miłości, był zbyt silny, stłumiłaś więc jego część, a resztę wymazałaś ze świadomości. Kiedy tłumisz jakieś uczucia, nadal wiesz, że je masz, lecz odsuwasz je od siebie. Natomiast uczucia wymazane z pamięci „zakopujemy" na ogół tak głęboko w podświadomości, że przestajemy sobie z nich zdawać sprawę.

– Później odkryłaś – mówiłem dalej – że twój ojciec nie potrafi kochać nikogo, zrehabilitowałaś się więc trochę we własnych oczach i zaczęłaś pozbywać bólu, wywołanego brakiem jego miłości. Prawdopodobnie uwolniłaś część stłumionego bólu oraz w pewnym stopniu zrewidowałaś przekonanie, że jesteś niegodna miłości. Skoro on nie potrafi kochać nikogo, być może to nie twoja wina, że ciebie nie kocha. A potem przyszło odkrycie, które wtrąciło cię ponownie w rozpacz. Kiedy zauważyłaś, że ojciec kocha moją Lorraine, powróciło pierwotne przekonanie. Powiedziałaś sobie: „Mój ojciec potrafi kochać, ale nie mnie. To wyraźnie moja wina. Nie jestem dość dobra dla niego i nigdy nie będę dość dobra dla żadnego mężczyzny".

– Ale jak do tego doszło? – przerwała Jill. – Nie potrafię zrozumieć, w jaki sposób przekonałam siebie, że nie jestem dość dobra.

– Jak wyglądało twoje małżeństwo z Henrym, twoim pierwszym mężem? – zapytałem. Jill była jego żoną przez piętnaście lat. Mieli czworo dzieci.

– Nieźle w wielu sprawach, ale on był taki niewierny. Ciągle romansował z innymi kobietami, nienawidziłam go za to.

– No właśnie. Uważałaś go za drania, a siebie za ofiarę. Tymczasem ściągnęłaś go do swojego życia, bo w gruncie rzeczy wiedziałaś, że potwierdzi twoje przekonanie, iż nie jesteś dość dobra. Jego niewierność utwierdzała cię tylko w słuszności osądu własnej osoby.

– Chcesz powiedzieć, że Henry czynił mi przysługę?! No nie, tego już za wiele! – powiedziała ze śmiechem, ale czułem, że jest zła.

– Przecież utwierdzał cię w twoim przekonaniu – odparłem. – Tak bardzo nie byłaś dość dobra, że ciągle szukał innych kobiet, by uzupełnić twoje braki. Gdyby potraktował cię jako osobę, której nic nie brakuje, i był ci wierny, stworzyłabyś sobie inny problem, by dowieść, że masz rację. I na odwrót, gdybyś z czasem zmieniła swoje przekonanie, uwalniając się od pierwotnego bólu wywołanego przez twego ojca, i gdybyś uwierzyła, że jesteś dość dobra, Henry przestałby się umawiać z twoimi przyjaciółkami. A nawet gdyby nie przestał, ty odeszłabyś od niego i znalazłabyś sobie kogoś, kto traktowałby cię jak osobę wystarczająco dobrą. Swoją rzeczywistość tworzymy zawsze zgodnie z własnymi przekonaniami. Jeśli chcesz je poznać, przyjrzyj się temu, co masz w życiu. Życie zawsze odzwierciedla nasze przekonania.

Jill wydawała się nieco skonsternowana, postanowiłem więc powtórzyć to, co już raz powiedziałem.

– Za każdym razem, gdy Henry cię oszukiwał, dawał ci okazję do uwolnienia się od bólu związanego z brakiem miłości ojca. Umacniał twoje przekonanie, że nigdy nie będziesz dość dobra dla żadnego mężczyzny. Na początku raniło cię to tak bardzo, że miałaś okazję dotrzeć do tego podstawowego bólu i zrozumieć swój system przekonań na własny temat. Te pierwsze akty zdrady były pierwszą szansą na wprowadzenie w życie zasad Radykalnego Wybaczania i na uzdrowienie, ale ty jej nie dostrzegłaś. Coraz bardziej obciążałaś męża winą, a z siebie robiłaś ofiarę, co uniemożliwiało uleczenie.

– Co rozumiesz przez „wybaczanie"? – zapytała Jill, nadal zbulwersowana. – Chcesz powiedzieć, że powinnam mu wybaczyć, iż uwiódł moją najlepszą przyjaciółkę, a potem każdą kobietę, która mu na to pozwoliła?

– Chcę powiedzieć, że wtedy dawał ci okazję do rozpoznania dręczącego cię bólu i do zrozumienia, jak niektóre

przekonania kierują twoim życiem. Tym samym dawał ci okazję do zmiany twego przekonania i uwolnienia się od bólu. To nazywam wybaczaniem. Czy rozumiesz, dlaczego twój mąż na nie zasługuje, Jill?
 – Chyba tak – odparła. – Henry odzwierciedlał moje przekonanie, które powstało dlatego, że czułam się niekochana przez ojca. Pokazywał mi, że uważam, iż nie jestem dość dobra. Czy tak?
 – Tak. I ponieważ dawał ci tę okazję, jest godny uznania bardziej, niż teraz ci się wydaje. Nie mamy sposobu, żeby się dowiedzieć, czy on przestałby uwodzić kobiety, gdybyś ty rozwiązała swój problem z tatą, czy też ty byś od niego odeszła. W obu wypadkach dobrze by ci się przysłużył. W tym znaczeniu zasługuje nie tylko na twoje wybaczenie, ale wręcz na wdzięczność. I wiesz co? To nie jego wina, że nie zrozumiałaś ukrytego znaczenia jego postępowania. Trudno ci zaakceptować myśl, że twój pierwszy mąż starał się przekazać ci wielki dar, wiem o tym. Nie tak nas uczono myśleć. Nie mówi się nam, byśmy przyglądali się zdarzeniom i komentowali: „Popatrzcie tylko, co stworzyłem w swoim życiu! Czy to nie ciekawe?". Uczy się nas natomiast osądzać, potępiać, oskarżać, grać rolę ofiary i mścić się. Nikt nam również nie mówi, że naszym życiem kierują inne siły niż świadomość, a przecież tak właśnie jest. W rzeczywistości to dusza Henry'ego próbowała ci pomóc w uzdrowieniu. Twój pierwszy mąż poddawał się swemu uzależnieniu od seksu, ale jego dusza, we współpracy z twoją, postanowiła tę jego słabość wykorzystać do twojego duchowego rozwoju. Uznanie tego faktu to podstawowa zasada Radykalnego Wybaczania, którego celem jest dostrzec prawdę za pozorami i zrozumieć, że ową prawdą zawsze jest miłość.

Czułem, że rozmowa o obecnej sytuacji pomoże Jill dokładnie zrozumieć opisane przeze mnie zasady.

– Przyjrzyjmy się teraz Jeffowi – zaproponowałem – i zobaczmy, jak to, co powiedziałem, ma się do twojego aktualnego związku. Na początku Jeff bardzo cię kochał. Świata poza tobą nie widział, zabiegał o twoje względy i dużo z tobą rozmawiał. Pozornie życie z nim było wspaniałe. Pamiętaj jednak, że to nie pasowało do twoich wyobrażeń o sobie samej. Zgodnie z twoim najgłębszym przekonaniem, żaden mężczyzna nie powinien okazywać ci tyle miłości. Nie jesteś dość dobra, pamiętasz?

Jill przytaknęła, ale widziałem, że wciąż ma wątpliwości.

– Twoja dusza wie, że musisz się pozbyć tego przekonania, dogaduje się więc z duszą Jeffa, by jakoś ci to uświadomić. Pozornie Jeff zaczyna zachowywać się dziwnie i zupełnie inaczej niż zwykle. Na dodatek kocha inną Lorraine, wywołując w tobie takie same przeżycia jak ojciec wiele lat wstecz. Prześladuje cię bez litości, a ty czujesz się bezbronną ofiarą. Czy tak w przybliżeniu opisałabyś swoją dzisiejszą sytuację?

– Chyba tak – powiedziała Jill cicho. Zmarszczyła czoło, starając się zatrzymać w umyśle nowy obraz swych doświadczeń.

– No i znowu musisz dokonać wyboru. Albo się uleczysz i rozwiniesz, albo będziesz miała rację – powiedziałem z uśmiechem. – Dokonując takiego wyboru, jakiego zwykle dokonuje większość ludzi, będziesz ofiarą, a Jeff katem, co z kolei da ci poczucie, że masz rację. Nie ma wątpliwości, że jego zachowanie jest okrutne i nierozsądne. Wiele kobiet poparłoby cię, gdybyś podjęła stanowcze działania przeciw swemu mężowi. Czy większość twoich przyjaciółek nie doradza ci, żebyś od niego odeszła?

– Tak – przyznała. – Wszyscy uważają, że powinnam się rozwieść, jeśli Jeff się nie zmieni. W gruncie rzeczy spodziewałam się, że i ty tak powiesz. – W jej głosie zabrzmiało rozczarowanie.

– Kilka lat temu tak bym prawdopodobnie zrobił – odparłem ze śmiechem – jednak kiedy poznałem duchowe zasady Radykalnego Wybaczania, moje spojrzenie na takie sytuacje całkowicie się zmieniło, jak sama widzisz.

Uśmiechnąłem się z przymusem, patrząc na Johna. Odpowiedział uśmiechem, ale nic nie odrzekł.

– Tak więc, jak się pewnie domyślasz – ciągnąłem – drugi wybór polega na zrozumieniu, że pod przykrywką zdarzeń dzieje się coś bardziej znaczącego, co może ci naprawdę pomóc. Drugi wybór polega na zaakceptowaniu faktu, że w zachowaniu Jeffa ukryte może być przesłanie, znaczenie czy zamiar i że ta sytuacja jest darem dla ciebie.

Jill pomyślała przez chwilę, po czym powiedziała:

– Zachowanie Jeffa jest tak dziwaczne, że trudno będzie znaleźć jakieś sensowne wyjaśnienie. Może coś się pod tym kryje, czego nie widzę. Przypuszczam, że jest podobnie jak z Henrym, ale nie potrafię odnieść tego do Jeffa, bo na razie nie mogę się w tym wszystkim odnaleźć i nie dostrzegam nic poza bezpośrednimi zdarzeniami.

– Nic nie szkodzi – uspokoiłem ją. – Wcale nie musisz tego problemu rozwiązywać od razu. Już sama chęć zrozumienia, że dzieje się coś więcej niż to, co widzisz, jest ogromnym krokiem naprzód. W gruncie rzeczy twoja gotowość spojrzenia na swoje położenie pod innym kątem to klucz do uzdrowienia. W dziewięćdziesięciu procentach zależy ono od tego, czy dopuścisz do siebie myśl, że twoja kochająca dusza stworzyła daną sytuację specjalnie dla ciebie. Gdy to zrobisz, oddajesz się Bogu we władanie, a on zajmuje się pozostałymi dziesięcioma procentami. Jeśli potrafisz naprawdę zrozumieć, że Bóg rozwiąże twój problem, gdy się z nim do Niego zwrócisz, jeśli poddasz się tej myśli, nie będziesz musiała już nic więcej robić. Twoja sytuacja zmieni się na lepsze i zostaniesz uzdrowiona zupełnie automatycznie. Zanim jednak wykonasz ten krok, możesz zrobić coś, co od razu pozwoli ci spojrzeć inaczej na tę sprawę. Możesz racjonalnie oddzielić rzeczywistość od fikcji, czyli uznać, że twoje przekonanie nie ma żadnych faktycznych podstaw, że jest to po prostu twoje wyobrażenie, oparte na kilku zdarzeniach i twojej nadinterpretacji. Wszyscy tak postępujemy: doświadczamy czegoś, dokonujemy interpretacji tego zdarzenia, a następnie łączymy obie części układanki i tworzymy wizję tego, co się wydarzyło, w znacznym stopniu nieprawdziwą. Wizja ta staje się przekonaniem, którego bronimy, jakby było prawdą. A przecież nią nie jest. Jeśli chodzi o ciebie, tata rzeczywiście nigdy cię nie przytulał, nie bawił się z tobą, nie obejmował i nie sadzał na kolanach. Nie zaspokajał twojej potrzeby czułości. Takie są fakty. Na ich podstawie oparłaś swoje najważniejsze założenie: „Tata mnie nie kocha". Czy tak?

Jill przytaknęła.

– Tymczasem to, że nie zaspokajał twoich potrzeb – mówiłem dalej – wcale nie znaczy, że cię nie kochał. To twoja interpretacja, a nie prawda. Taty seksualność była stłumiona i bliskość go przerażała, wiemy przecież o tym. Być może po prostu nie potrafił wyrazić swojej miłości tak, jak byś chciała. Czy pamiętasz ten wspaniały dom dla lalek, który ci zrobił na którąś Gwiazdkę? Pracował nad nim długie godziny, gdy ty już byłaś w łóżku. Może tylko tak potrafił pokazać, że cię kocha. Nie próbuję go usprawiedliwić ani wykazać, że to, co powiedziałaś, czy to, co czujesz, jest błędne. Po prostu staram się zwrócić ci uwagę na fakt, że wszyscy popełniamy błąd, biorąc swoją interpretację faktów za rzeczywistość.

Umilkłem na chwilę.

– Następne twoje założenie – ciągnąłem – oparte na faktach i na twojej interpretacji pierwszego założenia, czyli: „Tata mnie nie kocha", brzmiało: „To moja wina. Coś musi być ze mną nie w porządku". To jeszcze większe kłamstwo niż tamto przekonanie, nie uważasz? – Jill przytaknęła. – Nic dziwnego, że doszłaś do takiego wniosku, ponieważ dzieci na ogół tak myślą. Skoro wydaje się im, że świat kręci się wokół nich, zawsze sądzą, że jeśli dzieje się coś niedobrego, jest to ich wina. Tej myśli towarzyszy wielki ból, który dziecko tłumi, chcąc go zmniejszyć, co z kolei sprawia, że trudniej mu pozbyć się owej myśli. W rezultacie, nawet gdy dorośniemy, nie opuszcza nas przekonanie: „To moja wina, coś jest ze mną nie tak". Za każdym razem, gdy jakaś sytuacja przypomina nam o tym cierpieniu lub o związanym z nim przekonaniu, emocjonalnie cofamy się w czasie i zaczynamy zachowywać się jak małe dziecko po raz pierwszy odczuwające ten ból. Tak właśnie się stało, gdy zobaczyłaś, że ojciec okazuje miłość mojej córce. Miałaś wtedy dwadzieścia siedem lat, ale stałaś się dwuletnią Jill, która czuła się niekochana i która postępowała zgodnie z tym odczuciem. I nadal tak postępujesz, tyle że tym razem chodzi o twego męża. Twoje związki z mężczyznami oparte są na pozbawionej realnych podstaw interpretacji dwuletniej dziewczynki. Czy to dostrzegasz?

– Teraz tak – odparła. – Podjęłam kilka niemądrych decyzji, opierając się na tych podświadomych założeniach, prawda?

— Faktycznie, ale zrobiłaś tak, bo cierpiałaś i byłaś zbyt młoda, żeby to rozumieć. Chociaż stłumiłaś ból, by się od niego uwolnić, twoje przekonanie działało cały czas w podświadomości. Wtedy twoja dusza postanowiła stworzyć dramatyczną sytuację, by ci je unaocznić i dać ci okazję do pozbycia się go. Przyciągałaś do siebie ludzi, którzy sprawiali, że musiałaś bezpośrednio stawić czoło swemu cierpieniu i ponownie przeżyć pierwsze doświadczenie. To właśnie robi Jeff — dodałem. — Oczywiście nie twierdzę, że jest tego świadomy. Prawdopodobnie jego własne zachowanie bardziej peszy jego niż ciebie. Pamiętaj, że wszystko rozgrywa się na poziomie dusz. Jego dusza wie o twoim bólu i zdaje sobie sprawę, że nie uwolnisz się od niego, dopóki jeszcze raz nie przeżyjesz doświadczenia, które leży u jego podstaw.

— Ojej! — westchnęła głęboko Jill. Jej ciało rozluźniło się po raz pierwszy od chwili, gdy zaczęliśmy omawiać jej sytuację. — To z pewnością inny punkt widzenia! Ale wiesz, co? Czuję się lżej, tak jakbyś mi zdjął ciężar z ramion.

— To dlatego, że podniósł ci się poziom energii — odparłem. — Wyobraź sobie, ile życiowej siły musiałaś zużywać na samo podtrzymywanie pamięci o zdarzeniu między tatą i moją córką. A ile energii potrzebowałaś, by ukryć związany z nim żal i urazę. Łzy, które wylałaś na początku naszej rozmowy, pozwoliły ci się uwolnić od dużej części tych uczuć. Na dodatek właśnie się dowiedziałaś, że twoje przekonanie było czystą wyobraźnią, cóż to musi być za ulga! Ponadto dużo energii pochłaniało obwinianie Jeffa i siebie samej, a także podtrzymywanie w sobie świadomości ofiary. Sama chęć spojrzenia na swój problem z innego punktu widzenia sprawia, że uwalniasz tę energię. Nic dziwnego, że czujesz się lżej! — powiedziałem z uśmiechem.

– A co by się stało, gdybym nie zrozumiała tego, co się dzieje, i po prostu odeszła od Jeffa?

– Twoja dusza wprowadziłaby do twojego życia kogoś innego, kto pomógłby ci w uzdrowieniu – odpowiedziałem szybko. – Ale przecież nie zostawiłaś Jeffa, lecz przyjechałaś tutaj. Zrozum, ta twoja podróż to nie przypadek. W tym systemie przypadki nie istnieją. Ty, czy raczej twoja dusza, wymyśliłaś tę wizytę u mnie, stworzyłaś okazję do zrozumienia, na czym polega cała sprawa z Jeffem. Sprowadziła cię tutaj twoja dusza. A dusza Johna zdecydowała, że jego podróż odbędzie się właśnie teraz, byś mogła z nim przyjechać.

– A co z dwiema Lorraine? – spytała Jill. – Jak to się stało? To musi być zwykły zbieg okoliczności.

– W tym systemie nie ma także zbiegów okoliczności. Musisz wiedzieć, że twoja dusza i dusze innych ludzi zmówiły się, by stworzyć tę sytuację, i dostrzegły korzyść płynącą z faktu, że obie związane z nią osoby miały na imię Lorraine. Nie można sobie wyobrazić bardziej doskonałej podpowiedzi. Trudno przypuszczać, że to nie zostało jakoś uzgodnione, nie uważasz?

– I co teraz? – spytała Jill. – Czuję się lepiej, to fakt. Ale co mam zrobić, gdy wrócę do domu i zobaczę Jeffa?

– W gruncie rzeczy niewiele – odparłem. – Z tego punktu widzenia ważniejsze jest, jak ty się czujesz. Czy rozumiesz, że nie jesteś już ofiarą? Że Jeff nie jest twoim prześladowcą? Czy widzisz, że ta sytuacja odpowiada twoim potrzebom i pragnieniom? Czy czujesz, jak bardzo ten człowiek cię kocha – na poziomie dusz, oczywiście?

– Co chcesz przez to powiedzieć? – spytała Jill.

– Jeff był gotów zrobić wszystko, co trzeba, by doprowadzić cię do punktu, z którego będziesz mogła ponownie przyjrzeć się swojemu przekonaniu i zobaczyć, że jest ono nieprawdziwe. Czy zdajesz sobie sprawę, ile się zgodził wycierpieć, by ci pomóc? Przecież z natury nie jest okrutnikiem, takie zachowanie musiało mu więc sprawiać trudność. Niewielu mężczyzn zrobiłoby dla ciebie to co on, ryzykując przy tym, że może cię stracić w wyniku swego działania. Jeff, czy raczej jego dusza, to twój prawdziwy anioł stróż. Kiedy to naprawdę zrozumiesz, odczujesz dla niego wdzięczność! Ponadto przestaniesz wysyłać sygnały, że jesteś niegodna miłości. Zdobędziesz umiejętność dopuszczania miłości do siebie, może po raz pierwszy w życiu. Wybaczysz Jeffowi, ponieważ będzie dla ciebie jasne, że nie stało się nic złego. Wszystko było doskonałe. Zapewniam cię – ciągnąłem – że kiedy tak rozmawiamy, Jeff już się zmienia i przestaje zachowywać się dziwacznie. Jego dusza już wie, że mu wybaczyłaś i uwolniłaś się od mylnego wyobrażenia o sobie. W miarę jak przekształca się twoja energia, zmienia się też energia Jeffa. Jesteście połączeni energiami. Fizyczna odległość nie ma znaczenia.

Wracając do jej pytania, powiedziałem:

– Nie będziesz więc musiała nic robić po powrocie do domu. Wręcz przeciwnie, obiecaj mi, że nic nie zrobisz, gdy wrócisz. Zwłaszcza nie dziel się z Jeffem swoim nowym spojrzeniem na sytuację. Chcę, żebyś zobaczyła, jak wszystko się zmieni automatycznie dlatego, że inaczej postrzegasz zdarzenia. Ty też się poczujesz odmieniona – dodałem. – Będziesz spokojniejsza, bardziej zrównoważona i zrelaksowana. Twoja nowa świadomość będzie dziwić Jeffa przez chwilę. Będzie potrzebował trochę czasu, żeby na nowo odnaleźć się w waszym związku. Mogą cię jeszcze czekać trudne chwile, ale wszystko się ułoży – zakończyłem z przekonaniem.

Przed odlotem Jill do Anglii omówiliśmy jeszcze kilka razy jej nowe spojrzenie na sytuację. Komuś, kto właśnie przeżywa emocjonalne problemy, trudno jest zaakceptować perspektywę Radykalnego Wybaczania. Osiągnięcie stanu, w którym może ono zacząć działać, wymaga ogromnego wysiłku i wielu prób. Chcąc pomóc siostrze, nauczyłem ją kilku technik oddechowych, które zmniejszają napięcie i pomagają zaakceptować nowe zachowania, i poprosiłem o wypełnienie arkusza Radykalnego Wybaczania (zob. część IV, „Narzędzia Radykalnego Wybaczania").

W dniu odlotu Jill była wyraźnie zdenerwowana powrotem do sytuacji, którą zostawiła za sobą. Idąc korytarzem do samolotu, odwróciła się i pomachała mi ręką, by pokazać, że jest pewna siebie, ale wiedziałem, że się boi, czy znowu nie pogrąży się w dawnych problemach.

Spotkanie z Jeffem chyba się udało. Jill poprosiła go, by nie wypytywał, co się działo, gdy była u mnie. Chciała również mieć kilka dni na ponowne odnalezienie się w sytuacji. Ale zmianę zauważyła od razu. Jeff był uprzejmy, miły i delikatny – taki, jakiego znała przedtem.

Po kilku dniach Jill powiedziała Jeffowi, że już go o nic nie obwinia i nie chce, by się zmieniał, bo zrozumiała, że tylko ona odpowiada za swoje uczucia i że powinna rozwiązywać swoje problemy, nie winiąc go za nie. Nie rozwinęła tego tematu ani nie starała się tłumaczyć.

Sprawy układały się dobrze po powrocie Jill do domu, a zachowanie Jeffa w stosunku do córki, Lorraine, całkowicie się zmieniło. Wszystko zdawało się wracać do normy, jednak napięcie między Jeffem i Jill trwało. Rzadko też ze sobą rozmawiali. Dwa tygodnie później Jill spojrzała na męża i powiedziała:

– Czuję się, jakbym straciła przyjaciela.

– Ja też – odparł Jeff.

Po raz pierwszy od wielu miesięcy nawiązali kontakt. Objęli się i zaczęli płakać.

– Porozmawiajmy – zaproponowała Jill. – Muszę ci wyjaśnić, czego się dowiedziałam u Colina w Ameryce. Może wyda ci się to dziwne, ale chcę się z tobą tym podzielić. Nie musisz w to wierzyć. Po prostu mnie wysłuchaj. Zgadzasz się?

– Oczywiście – odparł. – Zdaję sobie sprawę, że przytrafiło ci się tam coś ważnego, i chcę wiedzieć co. Zmieniłaś się na korzyść. Nie jesteś tą samą osobą, która wsiadła z Johnem do samolotu. Opowiedz mi więc, co się stało.

Jill mówiła bardzo długo. Starała się wyjaśnić, na czym polega Radykalne Wybaczanie, tak by Jeff mógł to zrozumieć. Czuła się silna, pewna siebie i swej wiedzy, bezpieczna, z jasnym umysłem.

Jeff, człowiek o praktycznym podejściu do życia, sceptyczny wobec wszystkiego, czego nie da się racjonalnie wyjaśnić, tym razem nie protestował i uważnie słuchał, co żona mu proponuje do rozważenia. Stwierdził, że jest otwarty na możliwość istnienia duchowego świata pod codzienną rzeczywistością, i dostrzegł pewną logikę w koncepcji Radykalnego Wybaczania. Nie zaakceptował jej bez zastrzeżeń, niemniej był gotów słuchać, zastanowić się i przyznać, jak bardzo Jill się zmieniła.

Po tej rozmowie obydwoje byli przekonani, że ich miłość odżyła, a związek ma szansę przetrwać. Nic sobie nie obiecywali, tylko postanowili częściej ze sobą rozmawiać i jednocześnie obserwować rozwijanie się ich związku.

A rozwijał się całkiem dobrze. Jeff nadal zabiegał o względy Lorraine, ale już nie tak bardzo jak przedtem. Jill odkryła natomiast, że jej to nie obchodzi. Nie wywoływało to żadnych emocjonalnych zaburzeń ani nie przywoływało jej dawnego przekonania o sobie samej.

W miesiąc po rozmowie o Radykalnym Wybaczaniu dawne zachowanie Jeffa wobec córki całkowicie ustąpiło. Lorraine także przestała dzwonić i odwiedzać ich tak często. Zajęła się własnym życiem. Wszystko powoli wracało do normy, a związek Jeffa i Jill stał się pewniejszy i silniejszy niż przedtem. Jeff znowu stał się łagodnym, wrażliwym mężczyzną, jakim był z natury, Jill nie była tak wymagająca, a Lorraine czuła się szczęśliwsza.

Jestem pewien, że Jill i Jeff by się rozeszli, gdyby dusza mojej siostry nie przywiodła jej do Atlanty, by stworzyć okazję do naszej rozmowy. Zgodnie z wielkim schematem świata, to także byłoby w porządku. Jill po prostu musiałaby znaleźć kogoś innego, z kim stworzyłaby dramatyczną sytuację i kolejną okazję do uzdrowienia. Ale wykorzystała ją tym razem i jej związek z Jeffem przetrwał.

Dzisiaj, wiele lat później, nadal są razem i stanowią szczęśliwe małżeństwo. Nieraz tworzą dramatyczne sytuacje w swoim życiu, jak wszyscy, ale teraz już potrafią dostrzec ich uzdrawiającą moc i rozwiązywać problemy szybko i z wdziękiem.

PS Rysunek na następnej stronie pokazuje historię Jill w formie graficznej. Bardzo jej to pomogło, gdy zobaczyła, w jaki sposób pierwotny ból wynikający z poczucia braku ojcowskiej miłości doprowadził ją do przekonania, że nie jest dość dobra, i jaką rolę to przekonanie odegrało w jej życiu. Możesz również z tego skorzystać, jeśli uważasz, że podobny problem rządzi twoim życiem.

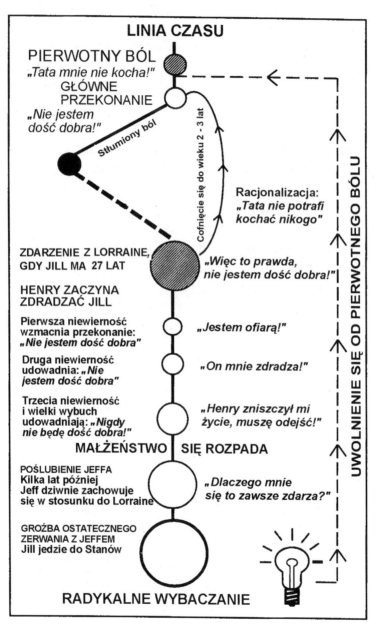

Rys. 1. Uzdrawiająca podróż Jill.

CZĘŚĆ II

ROZMOWY NA TEMAT RADYKALNEGO WYBACZANIA

Rozdział 2

Podstawowe założenia

Wszystkie teorie opierają się na pewnych przesłankach, trzeba więc zrozumieć duchowe założenia leżące u podstaw teorii i praktyki Radykalnego Wybaczania.

Zanim jednak się temu przyjrzymy, warto zauważyć, że wiele nawet najbardziej rozpowszechnionych teorii opiera się na założeniach, dla których nie ma najmniejszego uzasadnienia. Czy wiesz na przykład, że nie istnieje nawet najmniejszy dowód na poparcie teorii ewolucji Darwina? Historycznie rzecz biorąc, jest ona prawdopodobnie największym założeniem w dziejach ludzkości. Służy za podstawę wszystkich nauk biologicznych i za fundament wielu powszechnie uznanych p r a w d naukowych. To, że nie ma dowodu na prawdziwość tej teorii, nie znaczy, iż jest ona zła lub nieużyteczna.

To samo można powiedzieć o liczących tysiące lat podstawowych założeniach na temat Boga, natury ludzkiej oraz królestwa duchowego. Chociaż nie ma naukowych dowodów na ich prawdziwość, przez wieki uznawano je za uniwersalne prawdy czy zasady i legły u podstaw wielkich tradycji duchowych na całym świecie. Bez wątpienia stanowią fundament Radykalnego Wybaczania.

Wiele z tych założeń zostało obecnie udowodnionych przez fizyków i ma solidne podstawy naukowe.

Wypunktowałem moje założenia w nadziei, że pomogą ci one zrozumieć logikę Radykalnego Wybaczania. Każde z nich jest rozwinięte w różnych miejscach w książce. Przedstawiam je tutaj nie jako prawdy ani nawet przekonania, ale jako założenia, które są dla mnie pewną podstawą techniki Radykalnego Wybaczania.

Moje założenia
- Mamy ciała, które umierają, ale nasze dusze są nieśmiertelne i przezwyciężają śmierć (dlatego śmierć jest iluzją).
- Chociaż nasze ciało i zmysły mówią nam, że jesteśmy odrębnymi istotami, to wszyscy stanowimy **jedność**. Każdy z osobna wibruje jako część całości.
- N i e jesteśmy istotami ludzkimi, które miewają duchowe doświadczenia, lecz **istotami duchowymi doświadczającymi ludzkiego życia**.
- Na poziomie wibracji żyjemy jednocześnie w dwóch światach:
  1) Boskiej Prawdy (duchowym),
  2) Ludzkim.
- Zdecydowaliśmy się w pełni doświadczyć Świata Ludzkiego po to, by docenić wartość i piękno tego, że jesteśmy częścią **jedności** w świetle i miłości, poprzez doświadczenie ich przeciwieństw (strachu, oddzielenia, ciemności) w świecie fizycznym. Ten świat jest więc duchową szkołą, a życie – nauką. Celem tej nauki jest przebudzenie, odkrycie prawdy o tym, kim naprawdę jesteśmy, i powrót do domu.

Podstawowe założenia

- Kiedy zdecydowaliśmy się uczyć i rozwijać poprzez inkarnację do Świata Ludzkiego, Bóg dał nam całkowicie **wolną wolę**, byśmy doświadczali życia w wybrany przez nas sposób i znaleźli swoją drogę do domu.
- Życie nie jest przypadkiem. Ma swój cel i przyczynia się do odkrycia Boskiego Planu, dając nam możliwość wyboru i podejmowania decyzji, w każdym momencie.
- Całkiem inne i mniej atrakcyjne od poprzedniego jest założenie, że kiedy byliśmy jednością ze *Wszystkim, Co Istnieje*, zastanawialiśmy się nad tym, czy oddzielenie jest możliwe (grzech pierworodny). Dokonaliśmy projekcji tej myśli, stała się ona naszą (fałszywą) rzeczywistością – tym światem – i narodziło się ego (nasza wiara w oddzielenie). Teraz ego zapewnia sobie przetrwanie, „chroniąc" nas – za pomocą mechanizmów wyparcia i projekcji – przed przytłaczającym poczuciem winy. Nie pozwala nam także lękać się gniewu Bożego (zob. rozdział 7.).
- Tworzymy naszą rzeczywistość zgodnie z prawem przyczyny i skutku. Myśli to przyczyny, które objawiają się w naszym świecie pod postacią fizycznych skutków. Rzeczywistość jest lustrem dla naszej świadomości, nasz świat stanowi odbicie naszych przekonań (zob. rozdział 9.).
- Na poziomie duchowym dostajemy dokładnie to, czego potrzebujemy do naszego rozwoju duchowego. Od naszej oceny tego, co otrzymujemy, zależy, czy życie odbieramy jako bolesne, czy radosne.
- Dzięki relacjom z innymi rozwijamy się i uczymy. Dzięki relacjom z innymi zostajemy uzdrowieni i powracamy do pełnej jedności i prawdy. Potrzebujemy

innych ludzi, by odzwierciedlali nasze błędy i projekcje, a także pomogli nam w uzdrowieniu, uświadamiając nam wyparte przez nas treści.
- Zgodnie z prawem rezonansu, przyciągamy ludzi, którzy ukazują nam nasze problemy, byśmy mogli się od nich uwolnić. Jeśli naszym problemem jest porzucenie, będziemy przyciągać ludzi, którzy będą nas porzucali. W tym sensie służą nam za nauczycieli. (zob. rozdz. 8.).
- Każdy z nas przychodzi na świat z misją doświadczenia konkretnej formy energii, tak byśmy mogli poczuć uczucia związane z tą formą energii, a później przekształcić tę energię dzięki miłości (zob. rozdział 11.).
- Rzeczywistość fizyczna jest iluzją wykreowaną przez naszych pięć zmysłów. Materia składa się z wzajemnie powiązanych ze sobą pól energetycznych wibrujących z różną częstotliwością (zob. rozdział 13.).

Jeśli nie możesz zaakceptować któregoś z tych założeń, po prostu nie zważaj na nie. Nie będzie to miało wpływu na efektywność techniki Radykalnego Wybaczania.

Rozdział 3

Oddzielne światy

Historia Jill nauczyła nas, że sprawy nie zawsze wyglądają tak, jak się nam zdaje. Czyjeś na pozór złe i okrutne zachowanie może być dokładnie tym, czego potrzebujemy i o co w gruncie rzeczy prosiliśmy.

W najgorszej sytuacji, jaka się nam może przydarzyć, bywa ukryty klucz do uzdrowienia jakiejś głęboko skrywanej rany, która nie pozwala nam odczuwać szczęścia i powstrzymuje w rozwoju. Ludzie, których najmniej lubimy, którzy sprawiają nam najwięcej kłopotów, mogą się okazać najlepszymi nauczycielami.

Jeśli mam rację, to prawdziwa jest również myśl, że to, co się nam przytrafia, rzadko jest prawdziwe. Pod pozorami kryje się zupełnie inna rzeczywistość, do której mamy dostęp tylko na krótką chwilę.

Historia Jill doskonale to ilustruje. Na samej powierzchni zdarzeń toczyła się dramatyczna walka między nią, Jeffem i jego córką, Lorraine. Z pewnością nie było to miłe. Wyglądało na to, że Jeff jest bezduszny i okrutny. W takiej sytuacji łatwo było określić Jill jako ofiarę, Jeffa zaś jako jej prześladowcę. Tymczasem wiele elementów tej historii wskazywało, że na duchowym poziomie dzieje się coś bardziej pozytywnego.

W miarę rozwoju sytuacji stało się jasne, że dusza Jill weszła w porozumienie z duszami Jeffa i Lorraine, a całe zdarzenie miało doprowadzić do uzdrowienia mojej siostry. Co więcej, Jeff nie tylko nie był draniem, ale był wręcz bohaterem, który z duchowej perspektywy nie postępował nagannie. Po prostu odegrał swoją rolę w tym dramacie, zgodnie ze wskazówkami swojej duszy, wspierając proces uzdrawiania żony.

Jeśli spojrzymy na historię Jill z takiej perspektywy, zobaczymy wyraźnie, że nie stało się nic złego i w gruncie rzeczy nie było czego wybaczać. Na tym właśnie polega istota Radykalnego Wybaczania. Takie podejście sprawia, że jest ono skuteczne.

Gdybym zasugerował siostrze tradycyjne wybaczanie, nie doszlibyśmy do możliwości odkrycia „innego świata". Posłużylibyśmy się świadectwem naszych pięciu zmysłów i rozumem, by dojść do przekonania, że Jill została skrzywdzona przez Jeffa i że jeśli chce mu wybaczyć, musi zaakceptować jego postępowanie i dołożyć starań, by o wszystkim zapomnieć na zasadzie „co było, to było".

Jak widać, tradycyjne wybaczanie opiera się na założeniu, że zdarzyło się coś złego. Radykalne Wybaczanie natomiast zakłada, że n i c złego się nie stało, w związku z czym niczego nie trzeba wybaczać. Można to ująć w następujący sposób:

TRADYCYJNE WYBACZANIE – mamy w sobie chęć wybaczenia, ale także potrzebę potępienia. Świadomość ofiary nadal istnieje i nic się nie zmienia.

RADYKALNE WYBACZANIE – mamy chęć wybaczenia, ale n i e mamy potrzeby potępienia. Odrzucamy świadomość ofiary i wszystko się zmienia.

(Świadomość ofiary to przekonanie, że ktoś uczynił nam coś złego, w wyniku czego bezpośrednio odpowiada za nasz brak spokoju i szczęścia w życiu).

Oddzielne światy – różne punkty widzenia

Nie należy postrzegać tradycyjnego wybaczania jako gorszego od Radykalnego Wybaczania. Jest ono po prostu inne. Stosowane w ramach pewnego zbioru przekonań – silnie zakorzenionych w świecie fizycznym i w codziennej rzeczywistości człowieka – jest jedyną możliwą formą wybaczania i samo w sobie ma wielką wartość. Odwołuje się bowiem do najlepszych ludzkich cech, takich jak współczucie, miłosierdzie, tolerancja, pokora i dobroć. Joan Borysenko w swojej książce *Guilt is the Teacher, Love is the Lesson* (Warner Books, 1990) nazywa wybaczanie „doświadczaniem współczucia".

Radykalne Wybaczanie różni się od tradycyjnego, gdyż jego korzenie tkwią w metafizycznej rzeczywistości świata duchowego, który ja nazywam Światem Boskiej Prawdy.

Dzięki temu rozróżnienie między dwoma sposobami wybaczania jest bardzo wyraźne – każde z nich wymaga spojrzenia na świat z zupełnie innej perspektywy. I od niej zależy, czy w danej sytuacji zastosujemy wybaczanie tradycyjne, czy też radykalne.

Nie wolno nam jednak myśleć o tym w kategoriach „albo – albo". Żyjemy jednocześnie w obu światach (skoro jesteśmy duchowymi istotami doświadczającymi ludzkiego losu) i możemy spojrzeć na daną sytuację albo z każdej perspektywy z osobna, albo z obu naraz. Stojąc mocno na ziemi w Świecie Ludzkim, pozostajemy za pośrednictwem naszej duszy związani ze Światem Boskiej Prawdy.

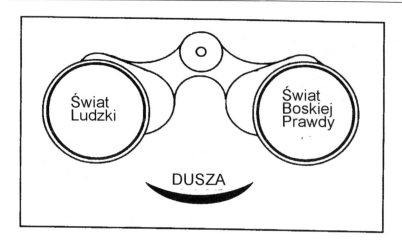

Rys. 2. Spojrzenie na dwa światy.

Ponieważ rozróżnienie tych dwóch światów jest niezwykle ważne, pomocne będzie jeszcze kilka wyjaśnień. Świat Ludzki i Świat Boskiej Prawdy prezentują dwa końce energetycznej skali drgań. Kiedy nasze drgania mają niską częstotliwość, nasze ciała są jedynie materialne i istniejemy wyłącznie w Świecie Ludzkim. Drgania o wysokiej częstotliwości sprawiają, że nasze ciała stają się lżejsze, a wtedy istniejemy także w Świecie Boskiej Prawdy. W zależności od zmiany częstotliwości drgań w czasie przemieszczamy się z jednego końca skali na drugi, czyli z jednego świata do drugiego.

Świat Ludzki to obiektywna rzeczywistość, postrzegana przez nas jako zewnętrzna. Jako świat form dostarcza on nam otoczenia, w którym płynie nasze ludzkie życie, a które odbieramy za pomocą pięciu zmysłów. W jego ramach zawierają się takie wzorce energetyczne jak śmierć, zmiana, lęk, ograniczenie i dwoistość. W tym świecie my, istoty duchowe, doświadczamy ludzkiego losu, czyli posiadamy ciało

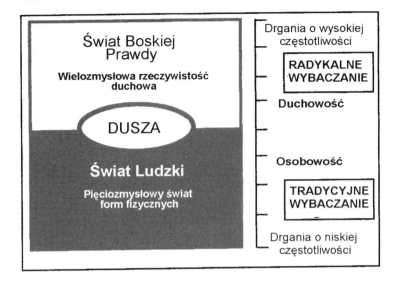

Rys. 3. Egzystencjonalny łańcuch istnienia.

fizyczne i funkcjonujemy w konkretnym wzorcu energetycznym (być może go przekraczamy) kojarzonym ze Światem Ludzkim. Możliwe, że zaistnieliśmy w nim specjalnie po to, by działać zgodnie z tym właśnie wzorcem.

Świat Boskiej Prawdy nie ma formy fizycznej, zawiera natomiast w sobie energetyczny wzorzec wiecznego życia, niezmienności, nieskończonej obfitości, miłości i jedności z Bogiem. Chociaż nie możemy dostrzec tego świata za pomocą zmysłów, a nasze zdolności umysłowe są zbyt skromne, by go w pełni zrozumieć, mamy na tyle zdrowego rozsądku, by zdawać sobie sprawę z jego istnienia. Modlitwa, medytacja i Radykalne Wybaczanie podwyższają częstotliwość naszych drgań, umożliwiając nam dostęp do Świata Boskiej Prawdy.

Te dwie rzeczywistości nie różnią się ani miejscem, ani czasem, lecz tylko poziomem drgań. Fizyka kwantowa dowiodła, że każda rzeczywistość składa się z wzorców energetycznych, które są podtrzymywane przez świadomość. Świat formy istnieje jako mocno skoncentrowana energia o częstotliwościach drgań, które możemy odbierać zmysłami fizycznymi. Świata Boskiej Prawdy doświadczamy natomiast dzięki wewnętrznej wiedzy i poznaniu pozazmysłowemu.

Ponieważ te dwa światy istnieją w tym samym czasie, nie żyjemy raz w jednym, a raz w drugim, lecz w obu jednocześnie. To, którego z nich doświadczamy w danej chwili, zależy jednak od naszej świadomości ich istnienia. Jesteśmy istotami ludzkimi, a więc łatwiej się nam odnaleźć w Świecie Ludzkim. To nasze zmysły kierują nas w tę stronę, przekonując, że to jest właśnie rzeczywistość. Chociaż niektórzy ludzie są mniej niż inni związani ze światem zewnętrznym, postrzeganym zmysłami, ludzkie istoty w większości zakorzeniły się mocno przy tym końcu kontinuum, i tak powinno być.

Nasze poznanie Świata Boskiej Prawdy jest ograniczone i to także jest zgodne z planem. Dusza przychodzi na ten świat, by doświadczyć ludzkiego losu, więc świadomość istnienia Świata Boskiej Prawdy oraz pamięć o nim muszą być ograniczone, byśmy mogli w pełni przeżywać ludzkie doświadczenia. Nie potrafilibyśmy przetworzyć energii zmian, lęku, śmierci, ograniczenia i rozdwojenia, gdybyśmy wiedzieli, że są iluzją. Gdybyśmy zachowali pamięć o Świecie Boskiej Prawdy, odebralibyśmy sobie możliwość przekroczenia tych wzorców energii i odkrycia, że są one złudzeniem. Wchodząc w ciało fizyczne, zapominamy, kim jesteśmy, i w ten sposób stwarzamy okazję do tego, byśmy zdali sobie sprawę, że jesteśmy duchowymi istotami przeżywającymi fizyczne doświadczenie.

Oddzielne światy

W trakcie spotkania, które odbyło się w 1990 roku w Atlancie, słyszałem, jak Gerald Jampolsky, znany autor i autorytet w kwestii *Kursu cudów*, opowiadał prawdziwą historię pewnego małżeństwa, które powróciło ze szpitala z drugim nowo narodzonym dzieckiem.

Opowieść ta dowodzi, że mamy prawdziwą wiedzę o naszym związku z Bogiem i z własną duszą, ale zapominamy o tym bardzo szybko po wejściu w ludzkie ciało. Małżonkowie zdawali sobie sprawę, że ich trzyletnia córeczka powinna także wziąć udział w powitaniu nowego dziecka, jednakże zaniepokoiło ich, że chciała pozostać sama z niemowlakiem. Zgodzili się na to, ale chcąc kontrolować sytuację, włączyli „elektroniczną nianię", dzięki czemu mogli słyszeć, co się dzieje w pokoju. To, co usłyszeli, wprawiło ich w zdumienie. Dziewczynka podeszła do łóżeczka, spojrzała na noworodka i powiedziała: „Opowiedz mi o Bogu, bo ja zaczynam już zapominać".

W zasadzie dusza nie zna ograniczeń. Gdy jednak wchodzi w ciało człowieka, tworzy osobowość, czyli ego, obdarzone specyficznymi cechami koniecznymi w uzdrawiającej podróży, jaką jest życie, i decyduje się zapomnieć o Świecie Boskiej Prawdy.

Mimo zasłony niepamiętania naszej jedności z Bogiem, którą – jak wykazuje powyższa historia – opuszczamy w wieku około trzech lat, zachowujemy łączność ze Światem Boskiej Prawdy. Nasza dusza wpada w drgania, które przez rezonans łączą nas z tym światem.

Możemy wzmocnić ten związek za pomocą medytacji, modlitwy, jogi, ćwiczeń oddechowych, tańca i monotonnego śpiewu. Dzięki tym technikom wibracje naszej duszy podnoszą się na tyle, by tworzyć rezonans z wibracjami Świata Boskiej Prawdy.

Istnieją dowody, że nawet to szybko się zmienia. Uczestnikom moich warsztatów zadaję zawsze to samo pytanie: „Ilu z was ma świadomość, że nasza ewolucja duchowa przyśpiesza, że Duch prosi nas o szybszą naukę, byśmy byli gotowi na istotnie głębokie przemiany?". Zgłaszają się niemal wszyscy. Coraz więcej ludzi przyznaje, że są w kontakcie ze swoim „przewodnikiem" i coraz bardziej pragną mu zaufać. Przegroda dzieląca oba światy zdecydowanie staje się cieńsza. Radykalne Wybaczanie przyczynia się do tego zarówno na poziomie jednostki, jak i świadomości zbiorowej.

Dwa rodzaje wybaczania należą jednak do dwóch oddzielnych światów. Każdy z nich wymaga spojrzenia na świat i życie pod innym kątem. Tradycyjne wybaczanie to sposób na życie w Świecie Ludzkim, natomiast Radykalne Wybaczanie stanowi duchową drogę.

Jeśli chodzi o naszą zdolność uzdrawiania siebie samych i przeprowadzania duchowych przemian, Radykalne Wybaczanie zawiera w sobie ogromny potencjał przekształcania świadomości, dużo większy niż tradycyjne wybaczanie.

Musimy jednak pamiętać, że nadal żyjemy w Świecie Ludzkim i czasami nie dorastamy do własnego ideału duchowego. Kiedy na przykład odczuwamy ogromny ból, zastosowanie Radykalnego Wybaczania może okazać się praktycznie niemożliwe. Jeśli od kogoś doznaliśmy krzywdy, na przykład gwałtu, trudno oczekiwać, byśmy od razu potraktowali to wydarzenie jako coś, czego pragnęliśmy i co stanowi część Boskiego planu. Ta myśl przyjdzie nam do głowy dopiero później, w chwili spokojnej refleksji, a nie w gorączce gniewu, gdy pozostajemy pod wpływem wielkiego stresu.

Musimy jednak stale sobie uświadamiać, że to, co sami stworzyliśmy, jest idealne z perspektywy duchowej. Sami tworzymy w życiu okoliczności, które pomagają nam rozwijać się i uczyć, a nauki, które musimy sobie przyswoić, biorą się z konkretnych sytuacji, których przeżycie jest jedynym sposobem, by te doświadczenia przyczyniły się do naszego rozwoju.

Wybór, jaki mamy, nie polega na tym, czy mieć doświadczenia (o tym decyduje Duch), ale jak długo będziemy tkwić z ich powodu w pozycji ofiary. Jeśli chcemy się jej szybko pozbyć, dobrze wiedzieć, że istnieją techniki, które nam pomogą w tym zamiarze. Natomiast tradycyjne wybaczanie niewiele ma nam do zaoferowania w tej kwestii.

Podsumowanie
- **Tradycyjne wybaczanie** jest mocno zakorzenione w Świecie Ludzkim, a ponieważ wszystko, co ludzkie, zawiera w sobie energię dwoistości, jest ono spolaryzowane i każde wydarzenie podlega osądowi jako dobre lub złe, słuszne lub niesłuszne. *Według Radykalnego Wybaczania nic nie jest słuszne/niesłuszne lub dobre/niedobre. To tylko my tak myślimy.*
- **Tradycyjne wybaczanie** zawsze zakłada, że zdarzyło się coś złego, że ktoś komuś „coś zrobił". Archetyp ofiary ciągle pozostaje w mocy. *Radykalne Wybaczanie zaczyna się od przekonania, że nie zdarzyło się nic złego i nie ma ofiar.*
- **Tradycyjne Wybaczanie** jest skuteczne o tyle, o ile odwołuje się do najwyższych cnót człowieka, takich jak współczucie, tolerancja, dobroć, miłosierdzie oraz pokora, które prowadzą do darowania win i mają uzdrawiający potencjał. Jednak same w sobie nie

są wybaczeniem. ***Radykalne Wybaczanie nie różni się w tym względzie, ponieważ odwołuje się do tych samych zalet.***
- **Tradycyjne wybaczanie** zależy całkowicie od umiejętności odczuwania współczucia, jest więc z tego powodu ograniczone. Bez względu na to, ile współczucia i tolerancji budzi w nas ktoś taki jak Hitler, i bez względu na to, jak bardzo potrafimy wczuć się w jego nieszczęśliwe dzieciństwo, w żaden sposób nie umiemy mu wybaczyć (za pomocą tradycyjnego wybaczania) zabójstwa sześciu milionów Żydów. ***Radykalne Wybaczanie, zakładając, że wszystko ma duchowy sens, nie ma żadnych ograniczeń i jest całkowicie bezwarunkowe. Jeśli nie potrafi wybaczyć Hitlerowi, nie potrafi wybaczyć nikomu. Taka jak zasada bezwarunkowej miłości: wszystko albo nic.***
- W **tradycyjnym wybaczaniu** decyzje zawsze podejmuje ego i nasza osobowość. Dlatego problem zdaje się zawsze mieć źródło na zewnątrz, w kimś innym. ***Radykalne Wybaczanie wskazuje na nas – za każdym razem to my sami jesteśmy źródłem własnych kłopotów.***
- Według reguł **tradycyjnego wybaczania** świat fizyczny jest realny i całkowicie zgodny z tym, „co się wydarza". Człowiek zawsze próbuje więc odkryć przyczynę i w ten sposób zapanować nad sytuacją. ***W procesie Radykalnego Wybaczania człowiek rozpoznaje złudzenie, dostrzega, że to, co się wydarzyło, jest tylko pozorem, i reaguje na sytuację, pogrążając się niejako w jej doskonałości.***
- **Tradycyjne wybaczanie** nie bierze pod uwagę pojęcia duchowej misji i podtrzymuje powszechną wiarę

w śmierć i strach przed nią. *Dla Radykalnego Wybaczania śmierć jest jedynie złudzeniem, a życie trwa wiecznie.*
- **Tradycyjne wybaczanie** widzi życie jako problem lub karę do uniknięcia. Traktuje życie jako przypadkowy zbiór okoliczności, które przytrafiają się nam bez żadnego powodu. *Dla Radykalnego Wybaczania życie ma określony cel, a jego motywacją jest miłość.*
- **Tradycyjne wybaczanie** uznaje wrodzoną niedoskonałość człowieka, ale nie dostrzega doskonałości w niedoskonałości, nie potrafi rozwiązać tego paradoksu. *Radykalne Wybaczanie ucieleśnia ten paradoks.*
- **Tradycyjne wybaczanie** może zawierać wibrację podobną do wibracji Radykalnego Wybaczania, gdy odwołuje się do najwyższych cnót ludzkich, takich jak dobro, pokora, współczucie, cierpliwość i tolerancja. Portalem, który przekraczamy, rozpoczynając podróż i podnosząc częstotliwość drgań, tak aby połączyć się ze Światem Boskiej Prawdy, jest nasze serce i w nim doświadczamy *Radykalnego Wybaczania.*
- **Tradycyjne wybaczanie**, kiedy charakteryzują je bardzo wysokie wibracje, dostrzega głębię duchowego przesłania, według którego wszyscy jesteśmy niedoskonali, bo niedoskonałość jest jedną z cech ludzkiej natury. Patrząc w ten sposób na kogoś, kto postąpił źle, możemy z całą pokorą, tolerancją i współczuciem powiedzieć: „Ależ na miłość boską, ja też taki jestem!". Zdajemy sobie sprawę, że sami jesteśmy zdolni do podobnych uczynków. Jeśli znamy swoje ciemne strony, wiemy, że i w nas drzemie potencjał czynienia krzywdy, mordowania, gwałcenia, molestowania dzieci i unicestwienia sześciu milionów ludzi. Ta wiedza pozwala

nam stać się pokornymi i sprawia, że okazujemy dobroć i miłosierdzie nie tylko oskarżonemu, ale i sobie, gdyż dostrzegamy w nim naszą wrodzoną niedoskonałość, naszą własną ciemną stronę. To spostrzeżenie może z kolei spowodować, że przestaniemy osądzać innych i uczynimy pierwszy, najważniejszy krok ku **Radykalnemu Wybaczaniu, które pozwala dostrzec z miłością wrodzoną niedoskonałość człowieka, ale też zauważyć doskonałość w niedoskonałości.**

- **Radykalne Wybaczanie** opiera się na zasadzie, że darowania win nie można wymusić. Trzeba chcieć wybaczyć i powierzyć sytuację Wyższej Sile. Żaden rodzaj wybaczania nie następuje dzięki wysiłkom, ale dzięki gotowości do tego przeżycia.

Co NIE jest wybaczaniem

Skoro mówimy o definicjach, powinniśmy uściślić, co n i e jest wybaczaniem. Wiele z tego, co powszechnie uchodzi za wybaczanie, ja nazywam pseudowybaczaniem.

Zjawisko to, któremu brak autentyczności, jest tylko ładnie zapakowanym osądem i skrywaną urazą. Brak tu chęci przebaczenia, a świadomość ofiary nie tylko się nie zmniejsza, ale wręcz umacnia. Jednak wyznaczenie granicy między pseudowybaczaniem a zwykłym wybaczaniem może być trudne.

Przykłady pseudowybaczania

Poniższe przykłady zostały ułożone w kolejności od najbardziej oddalonego od tradycyjnego wybaczania do najbardziej do niego zbliżonego.

ODDZIELNE ŚWIATY 59

- **Wybaczanie z poczucia obowiązku** – całkowicie nieautentyczne, chociaż wielu ludzi tak postępuje. Uważamy, że wybaczanie jest słuszne lub wręcz duchowe. Sądzimy, że n a l e ż y wybaczać.
- **Wybaczanie płynące z poczucia racji** – całkowite przeciwieństwo wybaczania. Jeśli wybaczasz ludziom, ponieważ sądzisz, że to ty masz rację, a oni są głupi, albo budzą w tobie litość, jesteś po prostu arogancki.
- **Obdarzanie wybaczaniem lub przebaczanie** – oszukiwanie samego siebie w czystej postaci. Nie mamy mocy obdarowywania nikogo wybaczaniem. Kiedy to robimy, odgrywamy rolę Boga. Nie sprawujemy kontroli nad wybaczaniem – następuje, jeśli tego pragniemy.
- **Udawanie wybaczania** – utrzymywanie, że się nie gniewamy, choć w istocie przepełnia nas złość, nie prowadzi do wybaczania, lecz do zanegowania gniewu, czyli jest swego rodzaju poniżaniem samego siebie. Kiedy tak postępujemy, inni nie będą nas poważać. Takie zachowanie ma na ogół źródło w lęku przed nieumiejętnością wybaczenia, porzuceniem lub też w przekonaniu, że wyrażanie gniewu jest naganne.
- **Wybacz i zapomnij** – to po prostu negacja. Wybaczyć nie znaczy wymazać z pamięci. Mądrzy ludzie wybaczają, ale nie zapominają. Starają się docenić dar zawarty w konkretnej sytuacji i zapamiętać płynącą z niej naukę.
- **Usprawiedliwianie** – kiedy wybaczamy, często towarzyszą temu wyjaśnienia lub usprawiedliwianie osoby, której wybaczamy. Na przykład: „Mój ojciec mnie bił, ponieważ jego rodzice go bili. Postępował najlepiej, jak potrafił". Kiedy wybaczamy, uwalniamy się

od przeszłości, nie pozwalamy, by miała nad nami władzę. Jeśli wyjaśnienie w tym pomaga, to do pewnego stopnia dobrze, jednak nadal pozostaje przekonanie, że stało się coś złego, czyli w najlepszym wypadku może dojść tylko do tradycyjnego wybaczenia. W wyjaśnieniu ukryte jest także pewne przekonanie o własnej racji, co może maskować gniew. Z drugiej strony zrozumienie motywów czyjegoś postępowania i empatia dla tej osoby kierują nas ku własnej niedoskonałości i otwierają drzwi współczuciu i miłosierdziu, dwóm cechom prowadzącym do wyższej wibracji tradycyjnego wybaczania, ale ciągle jeszcze nie do Radykalnego Wybaczania.

- **Wybaczanie osobie, ale niedarowanie zachowania** – takie, głównie intelektualne, podejście udaje tylko wybaczanie, ponieważ nadal jest osądem i opiera się na przekonaniu o własnej racji. Występują tu także problemy praktyczne i semantyczne: jak oddzielić mordercę od morderstwa?

Ostatni punkt wiąże się z zagadnieniem poczucia obowiązku i odpowiedzialności, które jest tematem następnego rozdziału.

TRADYCYJNE WYBACZANIE	RADYKALNE WYBACZANIE
Świat Ludzki (ego)	Świat Boskiej Prawdy
Drgania o niskiej częstotliwości	Drgania o wysokiej częstotliwości
Wydarzyło się coś złego	Nie wydarzyło się nic złego
Oparte na osądzaniu	Wolne od osądu i potępiania
Skierowane ku przeszłości	Skierowane ku teraźniejszości
Potrzeba zrozumienia problemu	Poddanie się wydarzeniu
Świadomość ofiary	Świadomość łaski
Osądza ludzką niedoskonałość	Akceptuje ludzką niedoskonałość
Zdarzyło się to, co widać	Symboliczne znaczenie zdarzenia
Tylko fizyczna rzeczywistość	Metafizyczna rzeczywistość
Problem ma źródło na zewnątrz	Problem tkwi we mnie
Puszczanie urazy w niepamięć	Przyjęcie (zaakceptowanie) urazy
Ty i ja jesteśmy odrębni	Ty i ja stanowimy jedność
„Wypadki chodzą po ludziach"	Nie ma przypadków
Życie to ciąg przypadkowych zdarzeń	Życie ma sens i cel
Wszystko pod kontrolą osobowości	Dusza realizuje Boski plan
Rzeczywistość to zbiór zdarzeń	Tworzymy własną rzeczywistość
Śmierć jest realna	Śmierć jest złudzeniem

Więcej wyjaśnień na temat tych różnic znajdziesz w rozdziale 15.

Rys. 4. Różnice między wybaczaniem tradycyjnym a radykalnym.

Rozdział 4

Odpowiedzialność

Należy jasno powiedzieć, że Radykalne Wybaczanie nie uwalnia nas od odpowiedzialności. Jesteśmy duchowymi istotami przeżywającymi ludzki los w świecie, którym rządzą zarówno prawa fizyczne, jak i te stworzone przez człowieka, i odpowiadamy za wszystkie swoje działania. Stanowi to nieodłączną część ludzkiego życia, której nie można uniknąć.

Innymi słowy, gdy stwarzamy okoliczności krzywdzące innych ludzi, musimy zaakceptować fakt, że w Świecie Ludzkim takie postępki mają konsekwencje. Z punktu widzenia Radykalnego Wybaczania można powiedzieć, że wszystkie strony zaangażowane w daną sytuację dostają to, czego potrzebują. Jednak prawdą jest również to, że ponoszenie konsekwencji swoich czynów – na przykład więzienie, grzywna, zawstydzenie lub potępienie – stanowi część nauki i jest doskonałe, patrząc z duchowej perspektywy.

Wyobraźmy sobie, że ktoś kogoś skrzywdził. Normalną reakcją w tej sytuacji byłoby podanie tej osoby do sądu. Często słyszę pytanie: czy człowiek, który wybacza, podjąłby takie działanie? Odpowiedź brzmi: tak. Żyjemy w Świecie Ludzkim, który funkcjonuje zgodnie z prawem przyczyny i skutku. Oznacza to, że każde działanie wywołuje odpowiednią reakcję. Wcześnie w życiu uczymy się, że nasze uczynki spotykają się z określonymi konsekwencjami. Gdybyśmy nigdy nie odpowiadali za krzywdę, którą wyrządzamy, wybaczanie byłoby bez znaczenia i wartości. Gdybyśmy nie ponosili żadnej odpowiedzialności, mogłoby się wydawać, że nasze uczynki nikogo nie obchodzą. Na przykład dzieci zawsze interpretują słuszne działania dyscyplinujące ze strony rodziców jako wyraz troski i miłości. Natomiast, mając całkowitą swobodę, dzieci uważają, że rodzice nie troszczą się o nie.

O zakresie naszego wybaczania decyduje to, jak bardzo jesteśmy oburzeni, rozżaleni, żądni zemsty i pełni urazy wobec postępowania innych ludzi i w jakim stopniu jesteśmy gotowi odwołać się do zasad bezstronności, wolności i szacunku dla innych. Przekonanie o własnej racji i chęć zemsty obniżają poziom naszych wibracji, natomiast obrona zasad i uczciwe postępowanie podnoszą go. Im wyższa wibracja, tym bardziej zbliżamy się do Świata Boskiej Prawdy i tym łatwiej jest nam radykalnie wybaczyć.

Alan Cohen, autor wielu bestsellerów, opowiedział historię, która dobrze to ilustruje. Jeden z jego przyjaciół znalazł się kiedyś w okolicznościach, które doprowadziły do śmierci pewnej dziewczyny. Spędził w więzieniu wiele lat. Czuł się odpowiedzialny za to, co się wydarzyło, i był wzorowym więźniem. Tymczasem ojciec dziewczyny, bogaty człowiek mający wysoko postawionych przyjaciół, poprzysiągł sobie, że zatrzyma tego mężczyznę w więzieniu jak najdłużej. Za każdym razem, gdy uwięziony mógł prosić o przedterminowe zwolnienie, ojciec jego ofiary poświęcał dużo czasu i pieniędzy, pociągając za wszelkie polityczne sznurki w zasięgu jego ręki, by do zwolnienia nie doszło. Po wielu nieudanych próbach przyjaciela Cohen spytał go, co czuje, wiedząc, że nadal odsiaduje karę z powodu działań ojca dziewczyny. Więzień powiedział, że wybaczył mu i modli się za niego, ponieważ zdał sobie sprawę, że w gruncie rzeczy w więzieniu siedzi bogacz, nie on.

Ojciec dziewczyny, niezdolny uwolnić się od wściekłości, smutku i żalu, pozostawał we władaniu swej żądzy zemsty. Nie potrafił wyzwolić się z więzienia swojego poczucia, że jest ofiarą. Nawet tradycyjne wybaczenie było poza jego zasięgiem. Natomiast przyjaciel Cohena nie chciał być ofiarą i zrozumiał, że miłość może okazać się jedynym rozwiązaniem. Jego wibracje były wyższe i mógł wprowadzić w czyn Radykalne Wybaczanie.

Wróćmy do pytania, czy w poszukiwaniu zadośćuczynienia mamy oddawać sprawę do sądu. Otóż powinniśmy się starać, by ludzie odpowiadali za swoje czyny. Pamiętaj jednak, że kiedy zdecydujesz się na sąd, musisz, jak mówią Anonimowi Alkoholicy, „modlić się za skurczybyka" i za siebie samego. (A tak na marginesie – nie musimy kogoś lubić, by mu wybaczyć!). Innymi słowy, powierzamy sprawę Wyższej Sile. Uznajemy, że Boska Miłość działa w każdej sytuacji i że każdy człowiek dostaje dokładnie to, czego pragnie. Uznajemy, że każde zdarzenie zawiera gdzieś w sobie doskonałość, choć w danej chwili może ona być niewidoczna.

Sam miałem okazję tego doświadczyć, gdy właśnie skończyłem pisać tę książkę i szukałem kogoś, kto pomógłby mi w jej dystrybucji. Pojechaliśmy z żoną spotkać się z osobą poleconą nam przez znajomego. Kobieta wydawała się godna zaufania, nie miałem więc powodu wątpić w jej umiejętności czy uczciwość. Jednak – zabawne jak funkcjonuje wszechświat – następnego dnia wypadał ostateczny termin umieszczenia mojego tytułu w „Books in Print". Jest to periodyk, do którego zaglądają księgarze, zamawiając książki, jeśli więc nie znalazłaby się tam informacja o *Radykalnym Wybaczaniu*, straciłbym cały rok. Znaczyło to także, że trzeba szybko podpisać umowę z tą panią. Za swe usługi zażądała czterech tysiący dolarów zaliczki plus piętnastu procent od zysku ze sprzedaży. Nie mieliśmy tych czterech tysięcy, ale JoAnnie udało się zebrać dwa tysiące dziewięćset. Resztę mieliśmy spłacać w miesięcznych ratach. Podpisałem umowę. Chociaż zrobiłem to w pośpiechu, byłem rad, że podzieliłem się odpowiedzialnością za sprzedaż książki.

Mijały miesiące, a ja jeszcze długo po opublikowaniu tej książki, ciągle miałem dużo zajęć, które według mnie powinna wykonywać zakontraktowana osoba. Sam organizowałem wieczory autorskie, sam wysyłałem książki do recenzentów itd. Nie widziałem żadnego rezultatu jej wysiłków. Przymykałem na to oko, lecz po pewnym czasie zdecydowałem się z nią porozmawiać. Okazało się, że prawie nic nie zrobiła. Oczywiście zaprzeczała i broniła się, ale kiedy poprosiłem o kopie listów i potwierdzenia jej działań, niczego mi nie przedstawiła. Zwolniłem ją, unieważniłem umowę z powodu niewykonania zobowiązań i zażądałem zwrotu pieniędzy. Oczywiście odmówiła. Oddałem więc sprawę do sądu, by odzyskać wyłożoną sumę.

Możesz sobie wyobrazić, jak mi było przykro. Utknąłem tam, dokąd dochodzą wszyscy ludzie uważający się za pokrzywdzonych – w „krainie ofiar"! I zupełnie tego nie byłem świadomy. Opowiadałem tę nieprzyjemną historię każdemu, kto tylko chciał słuchać. Uważałem, że ukradła mi te pieniądze, i chciałem wyrównać z nią rachunki. Zawziąłem się na kilka długich tygodni. I to ja miałem się nazywać „Pan Wybaczanie"!

Na szczęście odwiedziła mnie znajoma, która kiedyś uczestniczyła w moich pierwszych warsztatach. Kiedy jej to opowiedziałem, zapytała:

– Popracowałeś nad tym?

Oczywiście, że nie. Przez myśl mi to nie przeszło.

– Nie – odparłem zirytowany.

– A nie sądzisz, że powinieneś? – zapytała Lucy.

– Nie mam najmniejszego zamiaru! – burknąłem.

Włączyła się do rozmowy JoAnna.

– Powinieneś robić to, co zalecasz innym!

Poczułem się osaczony, pognałem na górę, by wziąć odpowiedni arkusz, ale byłem zły. Wiedziałem, i one też, że postępuję wbrew sobie. To była ostatnia rzecz na świecie, którą chciałem zrobić, ale one by mi nie darowały. Wypełniałem arkusz z rozdrażnieniem i bez zaangażowania. Nagle, gdzieś w połowie, odczytałem zdanie: „Uwalniam się od potrzeby potępiania i poczucia, że zawsze mam rację". Olśniło mnie. „Potrzeba poczucia, że mam rację!". Nagle zrozumiałem, w jakim przekonaniu chciałem się utwierdzić. Święcie wierzyłem, że wszystko muszę robić sam! Całe to zdarzenie było kolejnym potwierdzeniem, że tak jest w istocie. Przypomniały mi się wszystkie te chwile, gdy ludzie mnie zawodzili. Pojąłem wtedy, że ta kobieta wspiera mnie w mojej walce ze szkodliwym przekonaniem, tak bym mógł się od niego uwolnić i otworzyć na większą obfitość.

Nagle cały mój gniew gdzieś zniknął. Zrozumiałem, że odciąłem się od wszystkiego, w co naprawdę wierzę i czego nauczam. Było mi strasznie wstyd. Ale przynajmniej znowu byłem świadomy – dostrzegłem, że ta kobieta to mój

„anioł uzdrowiciel". Złość i uraza zmieniły się we wdzięczność i miłość.

Wydarzenie to nie tylko w cudowny sposób mnie uzdrowiło, ale także pokazało mi wyraźnie, jak łatwo można zapomnieć o duchowym prawie i jak szybko nasze ego zamyka nas w dramatycznych zdarzeniach, nie pozwalając poza nie wykroczyć. Była to przerażająca demonstracja siły mojego ego, które oddzieliło mnie od Źródła i od wszystkiego, co prawdziwe. Wydarzenie to wykazało też, dlaczego potrzebujemy duchowych przyjaciół, którzy będą nas wspierać, nie akceptując opowieści ofiary i starając się zmusić nas do zastanowienia.

Pewnie zadajesz sobie pytanie, czy kiedy zrozumiałem, że ta kobieta jest moim uzdrawiającym aniołem, zrezygnowałem z dochodzenia swych praw w sądzie. Długo nie wiedziałem, co zrobić.

W końcu uświadomiłem sobie, że chociaż teraz podchodzę do problemu z perspektywy Świata Boskiej Prawdy, sama sytuacja była głęboko zakorzeniona w Świecie Ludzkim. Zaproponowałem więc dwukrotnie ugodę, ale ona za każdym razem odmówiła.

Postanowiłem zatem nie rezygnować z procesu, ponieważ uznałem, że jej dusza potrzebuje tego doświadczenia. Gdyby było inaczej, kobieta przyjęłaby moją propozycję ugody. Poszedłem jednak do sądu z otwartym sercem, przekonany, że rozwiązanie będzie słuszne i doskonałe. Sędzia przyznał mi rację i zasądził zwrot większej części czterech tysięcy dolarów. Nigdy tych pieniędzy nie dostałem, ale to już nie ma znaczenia. Ważne, że zaufaliśmy Radykalnemu Wybaczaniu i zrobiliśmy to, co należało.

A tak naprawdę, moja decyzja też nie miała znaczenia. Duch rozwiązałby to w jakiś inny sposób i wszystko dobrze by się skończyło, jak zawsze. Przekonanie, że nasze decyzje są ważne w całościowym schemacie spraw, wynika z wysiłków naszego ego, które stara się wpoić nam poczucie odrębności i wyjątkowości. Wszechświat zajmuje się wszystkim bez względu na to, co my zdecydujemy. Jednak nasza motywacja przy podejmowaniu decyzji – miłość czy strach, pazerność czy szczodrość, fałszywa duma czy pokora, uczciwość czy jej brak – ma znaczenie dla każdego z nas, ponieważ każda decyzja wpływa na nasze wibracje.

Często słyszę pytanie, co robić, gdy ktoś stosuje przemoc wobec dziecka. Jeśli takie doświadczenie przyczynia się do jego duchowego rozwoju, czy powinniśmy interweniować? Przecież nasza ingerencja mogłaby zahamować rozwój jego duszy. Uważam, że jako istoty ludzkie musimy robić to, co jest zgodne z naszą aktualną wiedzą na temat dobra i zła, tak jak to określają ludzkie prawa. Postępujmy więc zgodnie z nimi, pamiętając, że według prawa duchowego nie dzieje się nic złego. Czyli należy interweniować. Nie mamy wyboru. Ale nasza interwencja nie jest ani dobra, ani zła, ponieważ sprawą i tak zajmuje się Duch.

Sądzę, że gdyby w interesie duszy dziecka nasza interwencja nie była wskazana, Duch stworzyłby taką sytuację, w której nie musielibyśmy nic robić. Inaczej mówiąc, po prostu nie wiedzielibyśmy o tej sytuacji. Lecz jeśli Duch uświadamia nam pewne okoliczności, powinniśmy interweniować. W końcu to nawet nie nasza decyzja.

Kiedy jednak postanawiamy działać, nie osądzajmy nikogo i nie potępiajmy. Działajmy ze świadomością, że Wszechświat miał swoje powody, by stworzyć daną sytuację, i że gdzieś w niej ukryta jest doskonałość.

Rozdział 5

Terapia Radykalnego Wybaczania

W historii Jill nie ma niczego niezwykłego. W gruncie rzeczy mogłoby to spotkać każdego. Od chwili pierwszego wydania tej książki, w 1997 roku, telefonowało do mnie wiele tysięcy osób, by powiedzieć, że tak bardzo identyfikują się z tym, co przeczytali, iż ta wzruszająca historia stała się dla nich początkiem uzdrowienia.

To, co się przytrafiło Jill, jest typowe dla wielu pozornych problemów powstających w relacjach międzyludzkich, dlatego stanowi dobry przykład, w jaki sposób Radykalne Wybaczanie można zastosować w odniesieniu do zwykłych codziennych kłopotów. Wykazuje też jego skuteczność jako alternatywy dla tradycyjnego doradztwa rodzinnego i psychoterapii. Zostało nazwane Terapią Radykalnego Wybaczania (TRW).

Jest w tym pewna ironia, ponieważ jedna z zasad Radykalnego Wybaczania głosi, że mimo pozorów nic złego się nie dzieje i niczego nie trzeba zmieniać. Jak więc taka metoda może być terapią? W końcu u podstaw Radykalnego Wybaczania leży przekonanie, że wszystko, co nas spotyka, jest celowe, służy naszemu dobru i pieczę nad tym sprawuje Bóg. Samo słowo „terapia" zakłada, że coś jest złe i trzeba to zmienić. Kiedy udajemy się do terapeuty, oczekujemy, że zada on sobie trzy podstawowe pytania:

1. Co dolega tej osobie lub dlaczego okoliczności są niekorzystne?
2. Co sprawiło, że ta osoba znalazła się w takim stanie?
3. Jak można jej problem rozwiązać?

Żadne z tych pytań nie ma zastosowania w Radykalnym Wybaczaniu, jak więc może ono stać się terapią? Odpowiedź leży w sposobie, w jaki Radykalne Wybaczanie pomogło Jill.

Być może pamiętasz, że najpierw zgodziłem się z nią, iż istotnie ma problem, którego zasadniczą przyczyną jest zachowanie Jeffa, i koniecznie trzeba znaleźć rozwiązanie. Przez pewien czas podążałem z nią tą tradycyjną drogą. Dopiero kiedy uznałem, że nadeszła odpowiednia chwila, zasugerowałem inne (zgodne z Radykalnym Wybaczaniem) podejście do sprawy.

W tym momencie musiałem jej jasno powiedzieć, że całkowicie zmieniam kierunek naszej rozmowy i zamierzam przyjąć zupełnie inne założenia. A dokładnie mówiąc, postawić te oto nowe pytania:

1. Na czym polega doskonałość tego, co się jej przytrafia?
2. W jaki sposób ta doskonałość się objawia?
3. Jak Jill może zmienić swój punkt widzenia, aby dopuścić do siebie myśl, że w jej sytuacji kryje się pewna doskonałość?

Zapewniam, że początkowo w oczach mojej siostry zarówno jej aktualna sytuacja, jak i zdarzenia związane z jej pierwszym mężem były z pewnością dalekie od doskonałości. W gruncie rzeczy uważała, że wszystko to było ewidentnie złe. Większość ludzi przyznałaby jej rację.

Jednak, jak widzieliśmy, uzdrowienie przyszło dopiero wówczas, gdy zdała sobie sprawę, że nic nie było słuszne ani niesłuszne, że nikt nie zrobił jej krzywdy i że Jeff nie tylko nie był jej wrogiem, ale był wręcz uzdrawiającym aniołem. Powoli zrozumiała, że Bóg pomagał jej zmienić uprzednie błędne mniemanie i związany z nim zbiór przekonań, który latami powstrzymywał ją przed wyrażaniem prawdziwej siebie. Z takiego punktu widzenia każda sytuacja, również to, co przeżywała z Jeffem, była darem łaski.

To wszystko sprawia, że Terapia Radykalnego Wybaczania jest w mniejszym stopniu terapią, a w większym procesem kształcenia. Terapeuta lub nauczyciel, trener, które to określenia osobiście wolę, nie działa z chęci naprawienia czy oświecenia kogoś. Radykalne Wybaczanie to filozofia duchowa, która ma praktyczne zastosowanie w życiu, dając ludziom duchową perspektywę, którą mogą przyjąć w razie jakichkolwiek problemów czy trudności.

Boski plan nie został ustalony raz na zawsze. W każdej chwili człowiek ma wybór. Radykalne Wybaczanie pomaga ludziom zmienić punkt widzenia i podejmować nowe decyzje oparte na własnych przemyśleniach.

Historia Jill dowodzi, jak trudna może być zmiana sposobu postrzegania świata. Mimo wyraźnych wskazówek potrzebne były długie rozmowy i praca nad przezwyciężeniem bólu, zanim Jill zaakceptowała inną interpretację zdarzeń, zwłaszcza w odniesieniu do zdrad jej pierwszego męża.

Wyobraź sobie, jak trudno jest przekonać do Radykalnego Wybaczania ofiarę holokaustu, kogoś, kogo właśnie zgwałcono lub kto doznał innej brutalnej przemocy. Praca wstępna w dużym stopniu polega na wzbudzeniu chęci choćby do przyjrzenia się myśli, że w przeżytym doświadczeniu mogą kryć się elementy doskonałości. Lecz nawet wówczas – zależnie od okoliczności – doprowadzenie do takiego otworzenia się zajmuje dużo czasu i niemal zawsze wymaga ciężkiej pracy nad rozładowaniem emocji. Niemniej jest to możliwe. Mogę to powiedzieć, bo sam widziałem, jak ludzie po strasznych przejściach zmieniali swój punkt widzenia w krótkim czasie.

Istnieją jednak osoby, które nigdy nie otworzą się na Radykalne Wybaczanie. Po prostu nie potrafią zwalczyć poczucia, że są ofiarą. Natomiast ludzie, którym uda się dostrzec, nawet na krótką chwilę, doskonałość w ich sytuacji, mają siłę, by pozbyć się tej postawy i odzyskać wolność. Jill była jedną z nich. Ona i Jeff zostali razem i do dziś są szczęśliwym małżeństwem.

W tym właśnie leży siła tej metody. Jak zobaczymy w dalszych rozdziałach, uwolnienie się od świadomości ofiary stanowi klucz do zdrowia, siły wewnętrznej i rozwoju duchowego. Przez stulecia ulegaliśmy archetypowi ofiary. Przechodząc do Ery Wodnika (następne dwa tysiące lat duchowego rozwoju), musimy uwolnić się od przeszłości, zapomnieć o świadomości ofiary i osiągnąć większą świadomość życia tu i teraz.

Jest jednak kilka wstępnych warunków, by tak się stało. Przede wszystkim otwartość na Radykalne Wybaczanie zależy od naszej gotowości postrzegania rzeczy z duchowego punktu widzenia. Nie opiera się ono na żadnej religii ani też żadnej nie wyklucza, jednak wymaga przynajmniej wiary w Wyższą Moc lub Inteligencję oraz w istnienie duchowej rzeczywistości poza naszym światem fizycznym. U człowieka o czysto ateistycznym podejściu Radykalne Wybaczanie

nie jest możliwe i nie da żadnych rezultatów jako metoda terapeutyczna. Zobaczymy, że aby Radykalne Wybaczanie stało się realną częścią naszego życia, musimy przyjąć za podstawę myśl, że istniejemy jednocześnie w dwóch światach.

Radykalne Wybaczanie można wyjaśnić, używając neutralnych terminów, językiem, który będzie respektować uczucia religijne wszystkich ludzi, i to w sposób pasujący do ich systemu przekonań, dzięki czemu będą mogli słuchać bez obaw. Ponadto wartość znacznej części Terapii Radykalnego Wybaczania (TRW) nie zależy od mistyki czy ezoteryki. Tłumienie, wymazanie z pamięci i projekcja to pojęcia głęboko zakorzenione w psychologii. Odnoszą się one do mechanizmów, które można wyjaśnić naukowo.

Muszę mocno podkreślić, że mieszanie tradycyjnej terapii z Terapią Radykalnego Wybaczania nie daje efektów. Założenia obu metod zbyt się od siebie różnią. Każdy terapeuta, który ma zamiar stosować TRW, musi mieć świadomość różnic między tymi sposobami pomocy i wyraźnie je przedstawić swojemu klientowi, a ponadto musi używać ich oddzielnie.

Terapia Radykalnego Wybaczania przeznaczona jest głównie dla ludzi, którzy nie są psychicznie chorzy, ale po prostu potrzebują pomocy w problemach codziennego życia. Jeśli jednak u kogoś odkryjemy głęboko ukryte problemy i stłumiony ból, któremu towarzyszy złożony mechanizm obronny, należy skierować tę osobę do wykwalifikowanego terapeuty stosującego także Radykalne Wybaczanie.

Technika Radykalnego Wybaczania jest niezwykle prostą i zdumiewająco skuteczną terapią dla duszy, zarówno pojedynczych osób, jak i grup, ras czy całych krajów. Prowadziłem na przykład warsztaty dla Żydów oraz innych prześladowanych ludzi, odczuwających ból całej swej rasy czy grupy, którzy przechodzili niezwykłą przemianę świadomości. Potrafili uwolnić się od zbiorowego bólu, dzięki czemu przyczynili się do uzdrowienia zbiorowej świadomości tej grupy wiele pokoleń wstecz. Obecnie za pomocą mojej metody staram się uzdrowić sytuację, która sięga dwustu lat i pojawiła się wówczas, gdy pierwsi angielscy skazańcy przybyli do Australii i zaczęli systematycznie dziesiątkować Aborygenów. Biała ludność Australii pragnie teraz powiedzieć: „Wybaczcie", natomiast Aborygeni chcą wybaczyć, by obie grupy mogły wreszcie stworzyć jednolity kraj. W mojej książce *Reconciliation Through Radical Forgiveness* (Pojednanie dzięki Radykalnemu Wybaczaniu), wydanej tylko w Australii, napisałem, że jedynie duchowa technika, taka jak Radykalne Wybaczanie, może doprowadzić do pojednania, i przedstawiłem narzędzia duchowe, które mogą w tym pomóc. Mam zamiar zastosować je w każdym kraju na świecie, w którym istnieją podziały rasowe, także w USA.

Radykalnego Wybaczania jako terapii można nauczyć się w Institute for Radical Forigveness Therapy and Coaching, Inc., znajdującym się w Atlancie w stanie Georgia. Tam również można zdobyć dyplom terapeuty. Kursy są przeznaczone zarówno dla profesjonalistów, którzy pragną zdobyć dyplom specjalisty Radykalnego Wybaczania, jak i dla zwykłych ludzi zamierzających po prostu pomagać innym w stosowaniu tej metody w codziennym życiu. Radykalne Wybaczanie można wykorzystać nawet w biznesie, gdyż jest ono doskonałą techniką tropienia zablokowanej w firmie energii i jej uwalniania. Wzrost dochodów bywa nieraz gwałtowny, dlatego wielu doradców biznesowych przeszło już szkolenie w tym zakresie.

Rozdział 6

Mechanizm działania ego

Rozmawiając o duchowości, na ogół nie trzeba długo czekać, by pojawiła się kwestia ego. Radykalne Wybaczanie niczym się tu nie różni, skoro ego zdaje się odgrywać w nim główną rolę. Co więc składa się na nasze ego i jaką rolę odgrywa ono w mojej metodzie?

Uważam, że na to pytanie można odpowiedzieć co najmniej na dwa sposoby. Pierwszy z nich traktuje ego jako naszego wroga, drugi – jako przyjaciela.

Ego-nieprzyjaciel nie pozwala nam połączyć się ze Źródłem, ponieważ boi się o własne przetrwanie. Czyli jest naszym duchowym wrogiem, z którym prowadzimy wojnę. Taka jest główna idea wielu dyscyplin duchowych, w których rezygnacja z ego stanowi wstępny warunek rozwoju duchowego.

Ego-przyjaciel jest częścią naszej duszy i prowadzi nas z miłością poprzez życiowe doświadczenia.

Według mnie każdy z tych poglądów zawiera nieco prawdy, chociaż na pierwszy rzut oka zdają się ze sobą sprzeczne. Wyjaśnię je po kolei, tak jak je rozumiem, a ty sam zdecydujesz, który jest słuszny.

1. Ego-nieprzyjaciel

Zgodnie z tym poglądem, ego istnieje w postaci głęboko ukrytego zbioru przekonań na temat tego, kim jesteśmy w odniesieniu do Ducha. Przekonania te ukształtowały się wówczas, gdy eksperymentowaliśmy z myślą o oddzieleniu się od Boskiego Źródła. W gruncie rzeczy można by powiedzieć, że ego to przekonanie, iż owo oddzielenie naprawdę nastąpiło.

Zgodnie z tym założeniem, ego miało nas jakoby przekonać, że Bóg bardzo się zagniewał z powodu naszego eksperymentu, co od razu wywołało w nas ogromne poczucie winy. Ego powiedziało nam wtedy, że Bóg będzie się mścił i ukarze nas surowo za nasz wielki grzech. Poczucie winy oraz przerażenie wywołane przekonaniem, że ta historia jest prawdziwa, były tak duże, że nie mieliśmy innego wyboru, jak ukryć te uczucia głęboko w podświadomości, uwalniając tym samym od nich naszą świadomość.

Taktyka ta zadziałała całkiem nieźle, ale pozostał w nas lęk, że stłumione uczucia mogą znowu kiedyś się ujawnić. Chcąc temu zapobiec, ego wymyśliło nowe przekonanie: winę ponosi ktoś inny, nie my. Inaczej mówiąc, zaczęliśmy dokonywać projekcji naszego poczucia winy na inne osoby, by się go całkiem pozbyć. Bliźni stali się naszymi kozłami ofiarnymi. Następnie, chcąc mieć pewność, że zawsze będą winni, zaczęliśmy się na nich gniewać i nieustannie ich atakować (więcej szczegółów o zjawiskach wymazywania z pamięci i projekcji znajdziesz w rozdziale 7.).

Tutaj leży źródło archetypu ofiary i nieustannej potrzeby, jaką odczuwa ludzka rasa, by atakować jedni drugich i bronić się przed nimi. Kiedy występujemy przeciwko ludziom, na których zrzuciliśmy winę, boimy się, że oni z kolei

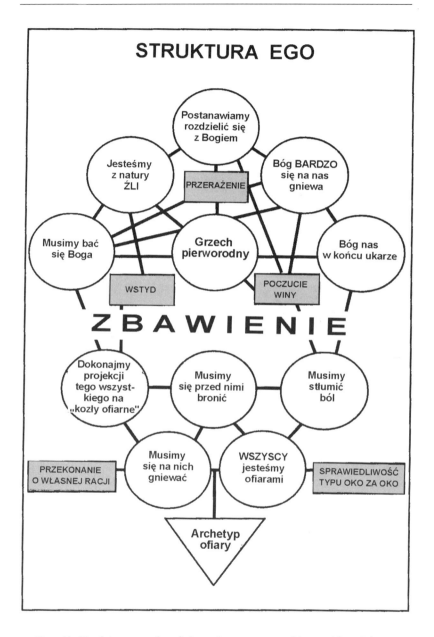

Rys. 5. Struktura ego (zgodnie z pierwszym punktem widzenia).

nas zaatakują. Wytwarzamy zatem silny mechanizm obronny, aby chronić siebie i swoją, jak sądzimy, całkowitą niewinność. W głębi duszy wiemy, że jesteśmy winni, im bardziej więc się bronimy przed atakiem, tym bardziej wzmacniamy swoje poczucie winy. Dlatego ciągle musimy znajdować kogoś, kogo możemy nienawidzić, krytykować, osądzać i atakować, żeby samemu czuć się lepiej. Proces ten stale wzmacnia system przekonań naszego ego i w ten sposób gwarantuje mu przetrwanie.

Biorąc ten wzorzec zachowań za punkt odniesienia, widzimy teraz, dlaczego w ciągu swej historii ludzkość tak dużo „inwestowała" w gniew i odczuwała tak wielką potrzebę podziału świata na ofiary i prześladowców, złoczyńców i bohaterów, zwycięzców i zwyciężonych, wygrywających i przegranych.

Postrzeganie świata w kategoriach „my – oni" jest odzwierciedleniem naszego wewnętrznego podziału na ego – czyli wiarę w rozdzielenie z Bogiem, lęk, karę i śmierć – i na Ducha, czyli przekonanie o miłości i wiecznym życiu. Dokonujemy projekcji tego podziału na świat fizyczny, zawsze upatrując wroga na zewnątrz, a nie w sobie samych.

Ego – jak wszystkie systemy przekonań – jest niezwykle odporne na zmiany. Ma niewiarygodną władzę nad naszą podświadomością i silnie wpływa na nasz wizerunek własny. Jest tak potężne, że wydaje się stanowić odrębną istotę, dlatego nazwaliśmy je „ego".

Do tego stopnia daliśmy się schwytać w pułapkę przeświadczenia o rozdzieleniu z Bogiem, że stało się ono rzeczywistością. Ten mit panuje od stuleci, a myśl o tym, że wybraliśmy to rozdzielenie, nazwaliśmy grzechem pierworodnym.

W rzeczywistości nie było żadnego rozdziału. Jesteśmy i zawsze byliśmy częścią Boga. Jesteśmy duchowymi istotami doświadczającymi ludzkiego losu, czyż nie? W tym znaczeniu nic takiego jak grzech pierworodny nie istnieje.

Jezus objawił nam tę prawdę – prawdę o naszym złudzeniu – w trzytomowym dziele *Kurs cudów*, wykorzystując Helen Schucman jako pośrednika w procesie channellingu. Księga ta ma na celu uzmysłowić nam błąd popełniany przez ego i nauczyć nas, że do Boga dochodzi się przez wybaczanie (nawiasem mówiąc, Helen była bardzo niechętnym pośrednikiem i nigdy nie uwierzyła w ani jedno słowo, które przekazała). Wbrew powszechnie obowiązującej chrześcijańskiej teologii, wielu badaczy znajduje te same idee w Biblii.

W przeciwieństwie do tego, co wmawia nam ego, przybywamy na ten świat z błogosławieństwem Boga i Jego bezwarunkową miłością. Bóg zawsze uszanuje naszą wolną wolę i wybór, na najwyższym poziomie; nie będzie interweniować, chyba że o to poprosimy.

Na szczęście, Radykalne Wybaczanie wspiera nas w takiej prośbie o pomoc. Dzięki temu procesowi pokazujemy Bogu, że spojrzeliśmy poza własne ego i dostrzegamy prawdę, iż tylko miłość jest rzeczywista, oraz że uświadamiamy sobie, iż wszyscy stanowimy jedność z Bogiem, łącznie z tymi, których początkowo uważaliśmy za swoich wrogów.

2. Ego-przyjaciel

Zgodnie z drugim, bardziej życzliwym sposobem postrzegania ego – który zresztą uważam za równie prawdopodobny – nie tylko nie jest ono naszym wrogiem, ale wręcz stanowi część naszej duszy. Część ta oddziela się, by odgrywać rolę naszego przewodnika w Świecie Ludzkim, będąc doskonałym i celowym przeciwieństwem Wyższego Ja.

Ego stanowi swego rodzaju kotwicę w Świecie Ludzkim, która ma za zadanie wypróbować naszą zdolność pozostawania duchowymi istotami w trakcie doświadczania ludzkiego losu. Wartość ludzkiego doświadczenia polega wyłącznie na przeżywaniu tego, co tylko ego może nam zapewnić: wiary w dwoistość, rozdzielenia i lęku. Co więcej, musimy doświadczyć tych uczuć w pełni, aby się przebudzić i zapamiętać, iż prawdą jest coś wręcz przeciwnego.

Zgodnie z tym punktem widzenia, ego jest przewodnikiem, który prowadzi nas w krainę iluzji i próbuje udzielić nam wielu nieprawdziwych nauk, byśmy nadal żyli w złudzeniu. Jednak nie postępuje tak z czystej złośliwości ani nawet z obaw o własne przetrwanie, lecz dlatego, że nas kocha i wie, iż potrzebujemy tych przeżyć do naszego duchowego rozwoju.

Ego nie działa w pojedynkę. Drugim przewodnikiem jest nasze Wyższe Ja, które cierpliwie czeka, aż ego przeprowadzi nas przez gąszcz złudzeń i aż będziemy gotowi usłyszeć prawdę. Budzi nas stopniowo, łagodnym szeptem, dopóki nie przypomnimy sobie, kim jesteśmy, i nie powrócimy do domu. Na tym polega transformacja i oświecenie.

Taką drogę odbywa nasza dusza w fizycznym ciele. I nie ma możliwości, by pójść na skróty. Bez magicznego działania ego i Wyższego Ja po prostu nigdzie byśmy nie dotarli.

Proponuję uznać obie definicje za prawdziwe. Sądzę, że pierwsza z nich w trafny sposób wyjaśnia moment przybrania przez nas kształtu fizycznego i błędne zrozumienie tego wydarzenia, natomiast druga definicja ma swe korzenie w głębszej prawdzie, która mówi, że nie jesteśmy rozdzieleni z Bogiem.

Być może są to dwie różne sprawy, nie wiem. Ale to nie ma znaczenia. Każda z tych definicji pomaga mi zrozumieć ludzkie doświadczenia w kategoriach duchowej prawdy i wierzę, że podobnie będzie z tobą.

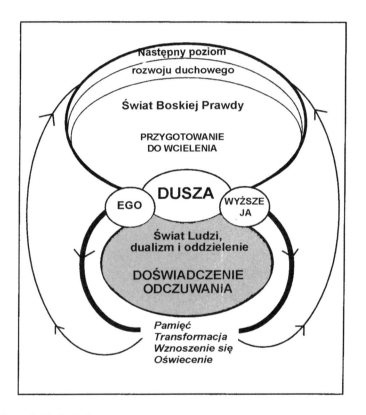

Rys. 6. Podróż duszy.

Rozdział 7

Kryjówki i kozły ofiarne

Zrozumienie roli, jaką w procesie uzdrawiania naszych kontaktów z innymi ludźmi odgrywają bliźniacze mechanizmy wymazania z pamięci i projekcji, ma zasadnicze znaczenie dla Radykalnego Wybaczania. Dlatego pomocne może być bliższe zapoznanie się z tymi psychologicznymi mechanizmami występującymi u każdego człowieka.

Wymazanie z pamięci i projekcja wspólnie wprowadzają chaos do naszych związków z bliźnimi i do naszego życia. Tworzą i podtrzymują archetyp ofiary. Zrozumienie, jak działają, pozwoli nam powstrzymać nasze ego przed wykorzystywaniem ich do oddzielenia nas od innych i od Boga.

1. Wymazanie z pamięci

Wymazanie z pamięci jest zwykłym psychologicznym mechanizmem obronnym, który zaczyna funkcjonować, gdy takie uczucia jak przerażenie, poczucie winy czy gniew stają się zbyt silne. Umysł blokuje wtedy świadomości dostęp do nich, co stanowi doskonałą obronę naszej psychiki. Bez tego mechanizmu moglibyśmy oszaleć. System działa tak skutecznie, że w naszej pamięci nie pozostaje żaden ślad tych uczuć lub zdarzenia, które je wywołało. Blokada może trwać dni, tygodnie lub lata, a czasami przez całe życie.

Stłumienie

Wymazania z pamięci nie należy mylić z innym, podobnym, ale mniej głębokim mechanizmem obronnym – stłumieniem. Mówimy o nim wtedy, gdy ś w i a d o m i e negujemy istnienie emocji, których nie chcemy odczuwać bądź wyrazić. Wiemy, że one są, ale staramy się je od siebie odepchnąć i nie chcemy im stawić czoła. Jeśli jednak robimy to przez dłuższy czas, możemy doprowadzić do stanu odrętwienia równoważnego z wymazaniem z pamięci.

Wymazane z pamięci poczucie winy i wstyd

Poczucia winy doświadczają wszyscy ludzie. Myśl – niezgodna z prawdą – o rozdzieleniu z Bogiem (grzech pierworodny), ukryta głęboko w naszym umyśle, wywołuje tak wielkie poczucie winy i wstyd, że jedynym wyjściem jest odrzucenie tych emocji. Nie potrafilibyśmy sobie z nimi poradzić w żaden inny sposób.

Zwróćmy uwagę, że poczucie winy i wstyd to nie to samo. Winni czujemy się wtedy, gdy wiemy, że p o s t ą p i l i ś m y źle. Wstyd natomiast sięga do głębszych pokładów poczucia winy, gdy uważamy, że j e s t e ś m y źli. Za pomocą wstydu ego sprawia, że czujemy się źli z samej swojej natury. Najgłębiej zakorzeniony jest wstyd i poczucie winy z powodu grzechu pierworodnego, całkowicie błędnej podstawy całego systemu przekonań naszego ego.

Wstyd blokuje energię

Małe dzieci łatwo zawstydzić, gdy się zmoczą, mają erekcję, złoszczą się, są nieśmiałe itp. Chociaż mogą to być jak najbardziej naturalne zdarzenia, dzieci odczuwają wstyd, który się kumuluje, aż stanie się trudny do zniesienia. Wówczas zostaje wymazany z pamięci, pozostając jednak zarówno w podświadomości dzieci, jak i w ciele. Wyparty wstyd tworzy blokadę energii na poziomie komórkowym. Jeśli trwa to zbyt długo, wpływa szkodliwie na zdrowie psychiczne lub fizyczne. Dzisiaj wielu badaczy uważa wymazane z pamięci emocje za jedną z podstawowych przyczyn raka.

Wymazane z pamięci uczucia

Traumatyczne przeżycie, na przykład śmierć jednego z rodziców, może skłonić dziecko do wyparcia uczuć, podobnie jak jakaś pozornie nieznacząca, przypadkowa krytyka, uznana za ważną, lub zdarzenie, za które dziecko błędnie obciąża się winą. Dzieci niemal zawsze uważają, że rodzice rozwiedli się z ich winy. Badania wskazują, że pamiętają one rozmowy swych rodziców nawet z czasów, gdy były w łonie matki. Rozmowa o niepożądanej ciąży przed narodzinami może u nienarodzonego jeszcze człowieka wywołać poczucie, że jest dzieckiem niechcianym, i obawę przed odtrąceniem. Takie uczucia ulegną wymazaniu z pamięci nawet na tak wczesnym etapie życia.

Pokoleniowe poczucie winy

Grupy, a nawet całe nacje, tłumią skumulowane pokoleniowe poczucie winy. Taki problem mają bez wątpienia dzisiejsi biali i czarni Amerykanie w kwestii niewolnictwa. Problemy rasowe, których obecnie doświadczają Stany Zjednoczone, mają źródło w skrywanym poczuciu winy białych ludzi i w nieprzezwyciężonym, wypartym gniewie czarnych.

Ciemna strona

Czujemy również wielki wstyd z powodu tych aspektów naszej osobowości, których nie lubimy, a więc się ich wypieramy. Carl Jung, słynny psychiatra szwajcarski, nazywał to naszą „strefą cienia", ponieważ jest ona mroczną stroną naszej psychiki, której ani nie chcemy sami dostrzec, ani jej pokazać innym. Ta część nas samych mogłaby kogoś zabić. Ta część wie, że mogłaby uczestniczyć w mordowaniu sześciu tysięcy Żydów, gdybyśmy byli Niemcami w czasie wojny; wie, że mogłaby mieć niewolników i znęcać się nad nimi, gdybyśmy urodzili się na południu Stanów przed wojną domową; wie, że mogłaby kogoś zranić lub zgwałcić. Ta część nas samych jest pazerna lub skąpa, wściekła i żądna zemsty, zboczona lub w jakiś inny sposób nie do zaakceptowania. Każdą z cech lub dziedzin życia, której się wstydzimy, uważamy za swoją strefę cienia i wymazujemy ją ze świadomości.

Siedząc na wulkanie

Tłumienie tego typu energii można porównać do pikniku na wulkanie! Nie możemy przewidzieć, kiedy zbraknie nam sił i lawa (strefa cienia) wyleje się, niszcząc cały nasz świat. To wyjaśnia, do czego potrzebny jest nam kozioł ofiarny, na którego możemy przelać cały swój wstyd, uwalniając się od niego przynajmniej na jakiś czas.

2. Projekcja

Chociaż wymazaliśmy ze świadomości uczucia i wspomnienie o wydarzeniu, które je wywołało, nasza podświadomość zdaje sobie sprawę, że związany z nim wstyd, poczucie winy lub krytyczne nastawienie do siebie nadal w nas tkwią. Próbujemy więc pozbyć się bólu, przenosząc go na kogoś lub coś poza nami. Mechanizm projekcji pozwala nam zapomnieć, że kiedykolwiek mieliśmy takie uczucia.

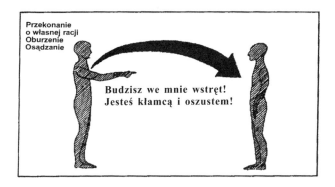

Rys. 7. Projekcja wymazanego z pamięci wstydu.

Po dokonaniu projekcji niechcianych uczuć na innego człowieka uważamy, że to on je posiada, a nie my. Jeśli więc wymażemy z pamięci swoje poczucie winy, po czym dokonamy jego projekcji, to obarczymy winą drugą osobę. Jeśli stłumimy złość i przeniesiemy ją na kogoś innego, będziemy go postrzegać jako zagniewanego. Możemy obciążyć innych winą za wszystko to, za co obwinialibyśmy siebie.

Nic dziwnego, że czujemy ulgę! W ten sposób ktoś inny odpowiada za te wszystkie straszne rzeczy, które nam się przytrafiają, lub za cechy, których w sobie nie lubimy.

Możemy potem zażądać dla tych ludzi kary i poczuć się jeszcze bardziej komfortowo, bo nikt nas nie zaatakuje.

To wyjaśnia, dlaczego lubimy oglądać wiadomości w telewizji. Pozwalają nam one dokonać projekcji całego naszego poczucia winy i wstydu na morderców, gwałcicieli, skorumpowanych polityków i innych złych ludzi, których widzimy na ekranie. Potem możemy iść do łóżka, mając dobre zdanie o sobie. Wiadomości oraz wszystkie inne programy opowiadające o złych ludziach i niedobrych sytuacjach dostarczają nam doskonałych kozłów ofiarnych, na których możemy dokonywać projekcji.

Bądź świadomy, kiedy dokonujesz projekcji

Kiedy zaczniesz kogoś osądzać, wiedz, że dokonujesz projekcji. Gniew jest stałym towarzyszem tego procesu, gdyż ego używa go jako usprawiedliwienia projekcji poczucia winy. Kiedy więc wpadasz w gniew, pamiętaj, że znowu przenosisz na kogoś swoje poczucie winy.

To, co tak bardzo cię razi w drugim człowieku, jest po prostu odbiciem tej części twojej osobowości, którą odrzuciłeś i wymazałeś ze świadomości (twojej strefy cienia), a następnie przerzuciłeś na tę osobę. W przeciwnym razie nie byłbyś tak zirytowany.

Myśl, że w innych krytykujemy i osądzamy to, co w rzeczywistości potępiamy w sobie, jest podstawą Radykalnego Wybaczania i kluczem do uzdrowienia naszej duszy.

Rezonans

Czujemy się ofiarą innych ludzi, ponieważ rezonują oni z naszym poczuciem winy, gniewem, lękiem lub wściekłością (zob. rozdział 8.). Czujemy, że oni wyrządzają nam coś złego, i to wywołuje w nas gniew. Kiedy zdamy sobie sprawę, że to uczucie ma źródło w nas samych, nie w nich, porzucimy potrzebę, by czuć się ofiarą.

Cykl: atak/obrona

Chociaż wymazanie z pamięci i projekcja mają przynieść psychice chwilową ulgę, ego wykorzystuje je jako sposób na swoje przetrwanie. Pamiętaj, że ego to po prostu zbiór przekonań, z których najważniejszym jest nasza wiara w oddzielenie od Boga. Konsekwencją owego przeświadczenia jest pewność, że Bóg nas ściga, a kiedy nas dopadnie, srogo ukarze. Ego używa mechanizmów wymazania z pamięci i projekcji, by ukryć przed naszą świadomością zarówno te przekonania, jak i towarzyszące im poczucie winy i lęk. Dlatego wymazanie z pamięci i projekcja stały się naszym sposobem życia, podtrzymywanym przez niekończące się cykle lęk/atak oraz obrona/atak. A to jest doskonały przepis na wieczny konflikt wewnętrzny.

Dążenie do uzyskania pełni

Na szczęście, wbrew nieprawdopodobnej skuteczności mechanizmów wymazania z pamięci i projekcji, z naszej duszy emanuje wrodzone dążenie do pełni, które jest silniejsze niż ego. Ma ono swe źródło w tej części nas samych, która zna prawdę i nie chce jej skrywać ani dokonywać jej projekcji. Tą częścią jest dusza pragnąca powrócić do miłości, niosąca w sobie tę samą energię, która stwarza nam szansę nauki i uzdrowienia – energię Radykalnego Wybaczania.

Lęk przed bliskością

Każdy napotkany człowiek daje nam okazję do wyboru między projekcją a wybaczeniem, zjednoczeniem a oddzieleniem. Jednak, im ktoś staje się nam bliższy i im lepiej poznaje nasze prawdziwe ja, tym bardziej jest prawdopodobne, że pozna winę, jaką w sobie nosimy. Niebezpieczeństwo „odkrycia" prawdy o nas budzi w nas ogromne przerażenie i nieodpartą pokusę dokonania projekcji. I tu kończy się miesiąc miodowy. Ów lęk przed bliskością jest tak silny, że grozi zerwaniem znajomości z drugim człowiekiem. Większość związków tego nie przetrzymuje.

Wszystkie związki służą uzdrawianiu partnerów

Jeśli chcemy się rozwijać duchowo i nadal pozostać w związku, musimy zrozumieć to zjawisko i stosować Radykalne Wybaczanie, którego celem jest uzdrowić związanych ze sobą ludzi.

Jak pokazała historia Jill, Radykalne Wybaczanie potrafi uratować małżeństwo! Nie taki jest jednak jego cel. Jeśli związek spełnił swoje zadanie, a więc jeśli ludzie zostali uzdrowieni, on sam może w naturalny i spokojny sposób ulec rozwiązaniu.

Rozdział 8

Przyciąganie i rezonans

Jak widzieliśmy w poprzednim rozdziale, dokonujemy projekcji własnego poczucia winy i gniewu na ludzi, którzy mają zdolność rezonowania z naszymi uczuciami. Tacy ludzie są bardzo poręcznymi kozłami ofiarnymi.

Tak jak stacja radiowa wykorzystuje konkretną częstotliwość do nadawania swych programów, tak nasze emocje drgają z pewnymi częstotliwościami. Ludzie, którzy tworzą rezonans z naszymi uczuciami, drgają na tej samej „fali" co my, a ich wzorzec emocjonalny – który odzwierciedlają nam jak lustro – jest podobny do naszego lub dokładnie przeciwny.

Nasze najgłębsze przekonania także mają pewną częstotliwość. Wypowiadając je głośno, dodajemy im jeszcze więcej energii, przez co nabierają znaczenia we wszechświecie. W ten sposób wypowiadane przekonania wywierają skutek w naszym świecie. Poza tym inni ludzie rezonują z energetyczną częstotliwością tego przekonania, czyli współbrzmią z nim. Zostają wówczas włączeni do naszego życia, aby unaocznić nam jak w lustrze nasze przekonania. Daje to nam możliwość przyjrzenia się im i w razie potrzeby dokonania zmiany. Pokazywane są nam nie tylko negatywne przeświadczenia. Jeśli na przykład jesteś kochającym, ufnym człowiekiem, będziesz przyciągać do swojego życia podobnych ludzi.

Przypomnij sobie historię mojej siostry, Jill, która była przekonana, że nigdy nie będzie dość dobra dla żadnego mężczyzny. To przekonanie rezonowało z jej pierwszym mężem uzależnionym od seksu. Był dla niej doskonałym partnerem, ponieważ, nieustannie zdradzając ją z innymi kobietami, udowadniał jej, że istotnie nie jest dla niego dość dobra. Jill nie dostrzegła w tym żadnej zależności i w rezultacie nie uwolniła się od bólu, który leżał u podstaw tego przekonania. Znalazła zatem innego mężczyznę, Jeffa, który tworzył rezonans z jej przekonaniem. Utwierdzał ją w nim inaczej – używając swego uzależnienia od córki, Lorraine, jako katalizatora. Tym razem dostrzegła współzależność i zdała sobie sprawę, że Jeff odzwierciedla jej przeświadczenie, iż nie jest dość dobra, i obydwoje zostali uleczeni.

Jeśli chcesz wiedzieć, jakich cech w sobie nie lubisz i jakich się prawdopodobnie wyparłeś, po prostu zastanów się, co cię drażni w otaczających cię ludziach. Spojrzyj w lustro, które ci dają. Jeśli przyciągasz wiele osób zagniewanych, być może nie rozwiązałeś kwestii własnego gniewu. Jeśli ludzie nie darzą cię miłością, to pewnie jakaś część ciebie nie jest skłonna dawać miłości. Jeśli ludzie cię okradają, jakaś część ciebie zachowuje się nieuczciwie lub tak się czuje. Jeśli cię zdradzają, może ty sam zdradziłeś kogoś w przeszłości.

Przyjrzyj się także sprawom, które cię denerwują. Jeśli problem aborcji wprawia cię w furię, być może jakaś część ciebie okazuje mało szacunku dla życia albo wie, że mógłbyś molestować dziecko. Jeśli namiętnie występujesz przeciw homoseksualistom, być może część ciebie czasami czuje pociąg do osób tej samej płci.

Sala krzywych luster

Odzwierciedlenia nie zawsze ukazują się tak łatwo i prosto. Czasami na przykład nie utożsamiamy się z konkretnym zachowaniem tak bardzo, jak z ukrytym pod nim znaczeniem. Mężczyzna, który się złości, że żona je zbyt dużo i jest gruba, może wcale nie mieć skłonności do obżarstwa. Reaguje natomiast na fakt, że spożywanie obfitych posiłków jest dla żony sposobem ucieczki od problemów emocjonalnych, ponieważ on sam ma skłonność uciekać od swoich. Przyglądanie się temu, co inni nam odzwierciedlają, może przypominać wizytę w sali krzywych luster.

Automatyczne odwrócenie projekcji

Piękno Radykalnego Wybaczania polega na tym, że nie musimy wiedzieć, czego projekcji dokonujemy. Wybaczamy po prostu danej osobie to, co się właśnie dzieje, i automatycznie likwidujemy projekcję, bez względu na to, jak trudna jest sytuacja. Przyczyna tego zjawiska jest prosta – nasz bliźni uosabia pierwotny ból, który doprowadził nas do projekcji. Kiedy więc mu wybaczamy, uwalniamy się od tego bólu. Ponadto, niezależnie od tego, co uważamy za swój problem, w rzeczywistości podstawowy problem jest tylko jeden: nasze poczucie winy związane z oddzieleniem od Boga. Wszystkie pozostałe mają w nim swe źródło.

Jak na ironię, ludzie, którzy najbardziej nas irytują, to ci, którzy najbardziej nas kochają i wspierają na poziomie duszy. Niemal zawsze, płacąc za to wielką cenę, próbują nauczyć nas czegoś o nas samych i zachęcić do uzdrowienia. Pamiętaj, że nie jest to wymiana osobowości z osobowością. Istnieje nawet duże prawdopodobieństwo, że takie osobowości gwałtownie się ze sobą ścierają. W istocie to ich dusze stworzyły odpowiedni scenariusz w nadziei, że zainteresowana osoba dostrzeże ostatecznie swój problem i go rozwiąże.

Nieważne, kto to jest

Całkowicie bez znaczenia jest to, kto nam pomaga wykonać nasze zadanie. Nie będzie ten, to będzie inny. Smutne, że czując się ofiarą, rzadko potrafimy to zrozumieć. Wyobrażamy sobie, że przypadkiem staliśmy się obiektem czyichś prześladowań. Nie przychodzi nam na myśl, że być może (na poziomie duszy) z jakiejś przyczyny zaprosiliśmy do swego życia określoną osobę i wywołaliśmy jakąś sytuację, a wybór tej osoby jest całkiem przypadkowy. Wydaje się nam niesłusznie, że gdyby nie pojawił się w naszym życiu ten właśnie człowiek, nie byłoby problemu. Inaczej mówiąc, źródło naszego cierpienia i nieszczęścia widzimy w drugiej osobie, co upoważnia nas do odczuwania wobec niej nienawiści i urazy.

Obwinianie rodziców

Często słyszymy, jak ludzie obwiniają swoich rodziców: „Gdyby nie moi rodzice, byłbym dziś zupełnie innym człowiekiem". To nieprawda. Może mogli sobie wybrać innych rodziców, ale ci stworzyliby im takie same warunki, ponieważ tego właśnie pragnęła ich dusza.

Powtarzanie wzorców dotyczących związków międzyludzkich

Kiedy postrzegamy siebie jako ofiarę, pragniemy tylko zabić posłańca, nie zwracając uwagi na przesłanie. To wyjaśnia, dlaczego ludzie wchodzą tak często w związki małżeńskie, odtwarzając nieustannie ten sam wzorzec kontaktów międzyludzkich. Przesłanie nie dociera do nich, gdy są z pierwszym małżonkiem, szukają więc innego, który znowu próbuje przekazać im wiadomość.

Współzależność i wzajemna projekcja

Znajdujemy także innych, na których przerzucamy nienawiść do samych siebie, a oni nie tylko ją przyjmują, ale dokonują jej projekcji z powrotem na nas. Nazywamy ten układ związkiem współzależnym lub uzależnionym. Ta szczególna osoba rekompensuje nam to, czego według nas nam brak, powtarzając, że nie jesteśmy źli, dzięki czemu nie odczuwamy wstydu. Odwdzięczamy się jej tym samym. W ten sposób dwoje ludzi uczy się manipulować sobą nawzajem za pomocą miłości opartej na ukrytym poczuciu winy. W chwili gdy druga osoba przestaje nas aprobować, znowu musimy stawić czoło poczuciu winy i nienawiści do siebie samego i wszystko się wali. Miłość natychmiast zmienia się w nienawiść i strony atakują się wzajemnie. To wyjaśnia, dlaczego tak często ludzie, którzy żyli w związkach na pozór pełnych troski i wsparcia, niemal w jednej chwili stają się wrogami.

Rozdział 9

Przyczyna i skutek

Podstawą przekonania, że sami tworzymy swoją rzeczywistość, jest prawo przyczyny i skutku, według którego każde działanie wywołuje reakcję. Wynika stąd, że każda przyczyna musi mieć swój skutek, a każdy skutek – przyczynę. A skoro myśli są przyczynowe z natury, każda myśl ma swój skutek w świecie. Inaczej mówiąc, my sami, najczęściej nieświadomie, tworzymy swój świat za pomocą myśli.

Kiedy nasze drgania mają dużą częstotliwość, na przykład podczas modlitwy, medytacji lub kontemplacji, możemy świadomie i intencjonalnie tworzyć rzeczywistość, używając do tego myśli. Jednak najczęściej czynimy to całkiem nieświadomie. Poszczególne, przypadkowe myśli nie niosą w sobie wielkiego ładunku energetycznego, a więc ich skutek też jest stosunkowo mały, ale myśli, którym towarzyszy większa energia, zwłaszcza emocjonalna lub twórcza, wywołują znacznie poważniejsze reperkusje w świecie, czyli odgrywają większą rolę w procesie tworzenia rzeczywistości.

Myśl, która gromadzi wystarczająco dużo energii, by stać się przekonaniem, ma jeszcze większy oddźwięk w świecie. Zmienia się w obowiązującą nas zasadę, po czym wywołuje skutki – okoliczności, sytuacje, a nawet wydarzenia fizyczne, które podtrzymują to przekonanie. Świat jest zawsze taki, za jaki go uważamy.

Zaakceptowanie zasady, że myśl jest twórcza, ma podstawowe znaczenie dla zrozumienia Radykalnego Wybaczania, ponieważ pozwala nam dostrzec, że sami stworzyliśmy swoimi myślami i przekonaniami to, co się dzieje w naszym życiu, że po prostu dokonujemy projekcji swoich myśli i przekonań na temat świata.

Projekcja złudzenia

Użyjmy metafory: puszczamy sobie w myślach film pod tytułem „Rzeczywistość" (*Reality*). Kiedy zrozumiemy, że to, co tak nazywamy, jest tylko naszą projekcją, wówczas zamiast obwiniać innych, weźmiemy odpowiedzialność za stworzony przez nasze myśli świat. Gdy zmienimy kąt widzenia i zrezygnujemy z przekonania, że obraz widoczny na ekranie jest rzeczywistością, doświadczymy Radykalnego Wybaczania.

Rys. 8. Projekcja naszej rzeczywistości.

Świadomość decyduje o tym, co się nam przydarza

Chociaż może być trudno dostrzec działanie zasady przyczyny i skutku w naszym życiu, staje się to jasne, gdy przeanalizujemy to, co już się zdarzyło. Inaczej mówiąc, jeśli chcesz poznać swoje przekonania, po prostu zwróć uwagę, co się wokół ciebie dzieje. Bieżące wydarzenia powiedzą ci, jakich dokonujesz projekcji. Na przykład, jeśli ciągle ktoś na ciebie napada albo stale przytrafiają ci się jakieś nieszczęścia, jest bardzo prawdopodobne, że uważasz świat za miejsce niebezpieczne. Wywołujesz te zdarzenia, by udowodnić sobie samemu, że masz rację, a ludzie wspierają cię w twoim przekonaniu, zachowując się groźnie lub wywołując niebezpieczeństwo.

Moi znajomi prowadzą ośrodek konferencyjny w górach Karoliny Północnej. Werner, człowiek ostrożny z natury, pomyślał, że wraz z żoną, Jean, powinni ubezpieczyć budynki od skutków ognia, burzy i tornad, częstych o każdej porze roku. Jean była temu przeciwna. Uważała, że takie ubezpieczenie jasno ukaże wszechświatu, iż nie ufają jego opiece. Nie popieram tego, ale zdecydowali nie wykupywać polisy ubezpieczeniowej.

Rok później gwałtowna burza przeszła nad górami i zniszczyła okolicę. Tysiące drzew zostało wyrwanych z korzeniami. Kiedy dwa tygodnie później pojechaliśmy z żoną ich odwiedzić, nie mogliśmy uwierzyć własnym oczom. Teren wyglądał jak po bombardowaniu. Byli odcięci od świata. Burza zdarzyła się w czasie, gdy w ośrodku na konferencji przebywało trzydzieści sześć osób, które nie mogły stamtąd wyjechać przez całe dwa dni. Jednak mimo powalonych tam drzew ani jeden samochód, ani jeden budynek nie uległ uszkodzeniu. Roztrzaskane pnie padały o kilka centymetrów od domów i aut, w cudowny sposób niczego nie niszcząc. Wydarzenie to utwierdziło moich przyjaciół w wierze i zaufaniu do wszechświata.

Patrząc na to z punktu widzenia zasady przyczyny i skutku, Jean zrozumiała, że wykupienie ubezpieczenia wzmocni ich przekonanie (przyczyna) o zagrożeniu i stworzy energię, która doprowadzi do czegoś złego (skutek). Zamiast tego wzbudziła w sobie przeświadczenie: „Wykonujemy tu dzieło Boże i jesteśmy całkiem bezpieczni". W rezultacie w samym środku chaosu nic im się nie stało.

Jak już powiedziałem, jeśli chcesz poznać swoje przekonania, przyjrzyj się swojemu życiu – co w nim osiągnąłeś, a czego ci brak. Jeśli na przykład nie ma w nim miłości, jeśli nie potrafisz z nikim stworzyć dobrego związku, przeanalizuj swoje poczucie własnej wartości lub zastanów się, czy czujesz się bezpiecznie z osobami przeciwnej płci. Oczywiście to nie musi być tak łatwe, jak się wydaje, ponieważ nasze przekonania bywają ukryte bardzo głęboko w podświadomości.

Nie musisz rozumieć dlaczego

Mam dla ciebie dobrą wiadomość: nie musisz wiedzieć, dlaczego stworzyłeś daną sytuację ani jakie przekonanie doprowadziło cię do tego. Samo spojrzenie na okoliczności pod innym kątem widzenia – chęć zauważenia w nich doskonałości – wystarczy, by wywołać konieczną zmianę w postrzeganiu i doprowadzić do uzdrowienia pierwotnego bólu.

Prawdą jest, że patrząc z perspektywy Świata Ludzkiego, nie możemy wiedzieć, dlaczego coś się dzieje, ponieważ odpowiedź na to pytanie znajduje się w Świecie Boskiej Prawdy, o którym wiemy bardzo niewiele, dopóki przebywamy w ludzkiej postaci. Jedyne, co możemy uczynić, to poddać się sytuacji.

Po prostu poddaj się zdarzeniom

Jeśli nowe spojrzenie, nowe więzi, dawne wspomnienia, emocjonalne odruchy i inne objawy psychiczne okażą się konieczne do pożądanej zmiany, pojawią się automatycznie, bez naszego świadomego udziału. Jeśli będziemy próbować w to ingerować i manipulować toczącym się procesem, wytworzymy opór, który całkowicie zablokuje przemianę, oddając nas z powrotem pod wpływy ego.

Uwolnienie się od prawa

Trzeba pamiętać, że prawo przyczyny i skutku odnosi się wyłącznie do Świata Ludzkiego. Jest to prawo fizyczne, a nie duchowe. Tworzenie za pomocą myśli miejsca do parkowania lub jakichkolwiek fizycznych zjawisk, których pragniemy, jest tylko manipulacją złudzeniem i ma niewiele wspólnego z duchowością. Jeśli wyobrażamy sobie, że jesteśmy wyjątkowi, bo świetnie realizujemy swoje zamiary, to wzmacniamy tylko swoje poczucie oddzielenia i dajemy siłę swojemu ego.

Z drugiej strony, jeśli naprawdę porzucimy potrzebę zrozumienia przyczyn wszystkich zdarzeń, kontrolowania świata i szczerze poddamy się biegowi rzeczy – wiedząc, że miłość Boga jest wszechobecna – wyjdziemy poza prawo przyczyny i skutku. Zrozumiemy wówczas, że karma istnieje tylko w naszym umyśle w Świecie Ludzkim. W Świecie Boskiej Prawdy nie ma ani karmy, ani przyczyny czy skutku. Istnieje tylko pierwsza przyczyna, którą jest Bóg.

Jednakże, kiedy angażujemy się w pewne działania i konsekwentnie postępujemy w sposób, który sprawia, że nasza energia znacząco wzrasta (na przykład dzięki ciągłemu, wytrwałemu praktykowaniu Radykalnego Wybaczania przez dłuższy okres), możemy zauważyć, że stajemy się „przyczyną".

Będzie to zupełne przeciwieństwo tego, jak w tej chwili żyje większość z nas, zawsze stojąc po stronie „skutków" w tym przyczynowo-skutkowym świecie, zawsze musząc reagować na to, co wydaje się dziać „tam".

Być może w niedalekiej przyszłości, kiedy podniesie się poziom naszych wibracji i cała nasza energia będzie obecna w teraźniejszości, zamiast być uwięziona w przeszłości lub przyszłości, dojdziemy do tego, że nie tyle będziemy dostrzegali synchroniczność zdarzeń, ile sami staniemy się częścią tej synchroniczności.

Rozdział 10

Misja „Wybaczanie"

Nikt z nas nie może sądzić, że podróż jego duszy dobiegła końca, dopóki ludzkość (jako gatunek) nie dopełni misji, którą dla siebie stworzyła. A polega ona na przekształceniu energii strachu, śmierci i dwoistości dzięki zrozumieniu, że nie jesteśmy rozdzieleni z Bogiem, a te wszystkie energie są tylko złudzeniem. Taka jest nasza wspólna misja. Każdy z nas stanowi indywidualny jej wyraz, a życie, które tworzymy dla siebie w Świecie Ludzkim służy wyłącznie temu celowi. Nie ma wyjątków. Bez względu na to, czy jesteśmy tego świadomi, czy nie, wszyscy podążamy duchową drogą.

Indywidualna misja każdego z nas

Nie my podejmujemy decyzję, z jakimi energiami będziemy współdziałać. Wyprzedza ona nasze wcielenie, a podejmuje ją grupa dusz, do której należymy. Są to dusze przybierające ciało w tym samym czasie co my albo nasi duchowi przewodnicy w procesie naszej inkarnacji.

Kiedy decyzja o tym, z jakimi energiami będziemy działać, zostanie podjęta, starannie wybieramy sobie rodziców, którzy zadbają, byśmy w dzieciństwie doznali potrzebnych nam doświadczeń, i wyznaczamy innych ludzi, by pojawili się w odpowiednim czasie i odegrali swoją rolę w przeżyciach koniecznych nam do spełnienia misji. Następnie tworzymy dramatyczne sytuacje w swoim życiu, dzięki którym doświadczymy uczuć lub działania energii wchodzących w skład tej misji. Dzięki tym sytuacjom mamy okazję dostrzec to złudzenie, wybaczyć, uzdrowić się i przypomnieć sobie, kim jesteśmy.

Misja „Amnezja"

Misja, rozpatrywana przed wcieleniem, z perspektywy Świata Boskiej Prawdy, zdaje się łatwa. Jednak po naszym wcieleniu staje się zdecydowanie trudniejsza. Nie chodzi tu tylko o większą gęstość energii w Świecie Ludzkim. Dodatkowym utrudnieniem jest to, że naszą misję musimy spełniać całkowicie pozbawieni świadomości, iż sami wybraliśmy swoje przeżycia. Gdybyśmy znali (pamiętali) prawdę o celu naszego życia, nasze doświadczenia nie miałyby sensu. Jak możemy sobie przypomnieć, kim jesteśmy, jeśli nigdy tego nie zapomnieliśmy? Duch tworzy więc ludzkie doświadczenie w taki sposób, by w chwili narodzin człowiek tracił wszelką świadomość swojej misji oraz wiedzę, że życie na poziomie fizycznym jest w istocie inscenizacją.

Chcąc wypełnić swoją misję, czyli przekształcić energie, musimy owych energii doświadczyć. Na przykład, chcąc przeobrazić energię ofiary, musimy w pełni stać się ofiarą; by przekształcić energię strachu, musimy przeżyć największe przerażenie; by przekształcić energię nienawiści, nienawiść musi nas wręcz żreć. Inaczej mówiąc, musimy w pełni przeżyć ludzki los. Tylko odczuwając emocje związane z daną energią, możemy zyskać zdolność całkowitego jej wybaczenia. A wybaczając, możemy przypomnieć sobie, kim jesteśmy.

Wynika z tego jasno, że nigdy nie mamy podstaw, by kogokolwiek osądzać. Ktoś na pozór pełen nienawiści mógł zdecydować, że jego misją będzie przekształcenie tej właśnie energii. Tak więc jego odpychające zachowanie, nawet gdy zdaje się krzywdzić innych (którzy z kolei mogli wybrać znoszenie nienawiści jako swoją misję), nie jest ani dobre, ani złe, lecz po prostu symbolizuje to, co musi się zdarzyć, by energia nienawiści uległa przeobrażeniu.

Energia nienawiści przekształca się wtedy, gdy ktoś, kto czuje się znienawidzony, dostrzega miłość pod przykrywką odpychającego zachowania i wybacza nienawidzącemu jego nienawiść. W takiej chwili serca się otwierają i między ludźmi przepływa miłość. Wtedy nienawiść staje się miłością.

Historia Janet

Rak nie był jedyną dolegliwością, która dręczyła Janet, jedną z uczestniczek moich wczesnych warsztatów dla osób dotkniętych tą chorobą. Niszczyła ją również złość na dwudziestotrzyletnią córkę, Melanie.

Bez wątpienia Melanie wykazywała wszelkie cechy zbuntowanego dziecka. Ubliżała Janet i jej nowemu mężowi, Jimowi, związała się też z okropnym mężczyzną. „Nienawidzę jej z całego serca – mówiła Janet. – Jej zachowanie wobec mnie i Jima jest po prostu wstrętne, nie mogę tego dłużej znieść. Naprawdę jej nie cierpię".

Poszperaliśmy nieco w życiu Janet i okazało się, że podobne stosunki łączyły ją z jej matką. Nie było to tak wyraźne i dramatyczne, ale mechanizm był podobny. Janet miała do matki pretensję za nadmierną kontrolę i próby kierowania jej życiem, jednak nie zbuntowała się jak Melanie. Odsunęła się natomiast od matki i traktowała ją chłodno.

Zaczęliśmy analizować, w jaki sposób sytuacja z córką pokazuje, że dusza Janet pragnie pomóc w rozwiązaniu jej problemu z matką. Jednak Janet nie chciała tego dostrzec. Była zbyt wściekła, by wysłuchać czegoś, co nie zgadzało się z jej odczuciami. Poprosiliśmy ją więc, by postarała się wczuć w swój gniew i by go wyraziła, uderzając rakietą tenisową w poduszki i krzycząc. (Złości można się skutecznie pozbyć, stosując połączenie fizycznego wysiłku i głosu). Częściowo przestała się gniewać na swoją matkę, ale gniew na Melanie pozostał.

Satori Janet

Tego wieczoru warsztaty były poświęcone oddychaniu *satori*. Aby doświadczyć uzdrawiającego wpływu tej metody, cała grupa leży na podłodze i przez godzinę świadomie i głęboko oddycha, słuchając głośnej muzyki (zob. rozdział 27.). Może to brzmi dziwnie, ale ten sposób oddychania często przynosi emocjonalne rozluźnienie, oświecenie oraz wchłonięcie zmiany na poziomie komórkowym. Tego wieczoru Janet miała swoje *satori* – swoje przebudzenie.

Po ćwiczeniu oddechowym ludzie zaczęli sobie opowiadać, co im się przytrafiło, gdy je wykonywali. Kiedy Janet zaczęła mówić, od razu wiedzieliśmy, że zdarzyło się coś ważnego. Jej głos stał się cichy i łagodny, podczas gdy przedtem był głośny i ostry. Była zrelaksowana i otwarta, choć przedtem jej postawa wyrażała napięcie. Nie było śladu gniewu, który przepełniał całą jej istotę i który z niej wcześniej emanował. Wyglądała na spokojną i wyciszoną. Wcale nie przypominała siebie takiej, jaka była dawniej.

– Nie wiem, co to wszystko znaczy – zaczęła. – Podczas ćwiczenia oddechowego zobaczyłam coś, co było bardziej realne, niż mogłabym opisać. Najpierw nic specjalnego się nie działo, ale potem nagle poczułam, że unoszę się w przestrzeni. Nie miałam ciała i byłam pewna, że doświadczam ponownie tego, co się działo, zanim rozpoczęłam moje aktualne życie. Byłam czystym duchem. Nigdy jeszcze nie czułam takiego spokoju. A potem uświadomiłam sobie, że obok mnie jest Melanie, także w postaci duchowej. Przybliżyła się do mnie i zaczęłyśmy tańczyć, po prostu tańczyć w bezkresnej przestrzeni.

Janet umilkła na chwilę.

– Rozmawiałyśmy o naszym wspólnym życiu – ciągnęła swoją opowieść. – Tym życiu. Trzeba było podjąć decyzję, kto będzie odgrywał rolę matki, a kto córki. W zasadzie jest to bez znaczenia, obie role są dla nas trudne. Miała to być próba naszej miłości. Musiałyśmy coś zdecydować, ustaliłyśmy więc, że ja będę matką, a ona córką i że wcielimy się w te role jak najszybciej. To wszystko. Może się wydawać, że to nie było nic ważnego, ale było. Nie potrafię tego opisać słowami. Nie umiem oddać głębi i znaczenia mojego przeżycia.

Przekształcona energia

Omówiliśmy doświadczenie Janet i przyjrzeliśmy się pojęciu misji zasugerowanemu w jej wizji. To, co przydarzyło się Janet, wywarło duże wrażenie na kilkorgu uczestnikach, bo dostrzegli w tym odniesienie do swojego życia. Zasugerowałem Janet, żeby nic nie mówiła córce, gdy wróci do domu po warsztatach. Minęło kilka dni i Melanie zadzwoniła do matki z zapytaniem, czy może przyjść porozmawiać. Chociaż to pierwsze spotkanie było niezręczne, stosunki między nimi zmieniły się po nim diametralnie. Melanie przestała się agresywnie zachowywać, zerwała ze swoim chłopakiem i wróciła do domu, by opiekować się Janet w czasie choroby. Stały się wręcz nierozłącznymi przyjaciółkami. Oprócz tego do Janet zaczęła częściej dzwonić jej matka i ich stosunki także bardzo się poprawiły.

W tym przykładzie przekształcenie energii odbyło się okrężną drogą. Janet było niezwykle trudno wybaczyć Melanie. Jej dusza przywiodła ją na moje warsztaty, by mogła sobie przypomnieć o swojej misji, co z kolei pozwoliło jej dostrzec doskonałość sytuacji. Wybaczając Melanie, przekształciła nienawiść panującą w jej związku z córką i w rezultacie uleczyła pierwotny ból występujący między nią a jej matką.

Misja uzdrowienia zbiorowości

Chociaż wszyscy przychodzimy na świat, by uzdrowić poszczególne aspekty duszy własnej lub należącej do naszej grupy, to niektórzy ludzie mają podczas swojej inkarnacji większą rolę do odegrania. Może ona polegać na pracy z poszczególnymi energiami występującymi na poziomie społecznym, politycznym, narodowym lub międzynarodowym i na stwarzaniu wielkim grupom ludzi okazji do uzdrowienia.

Oczywiście, jak w przypadku wszystkich misji, może to nie wyglądać jak okazja do uzdrowienia. Może się objawić w postaci wojny lub głodu czy klęski żywiołowej. Kiedy jednak otworzymy się na prawdopodobieństwo, że oto ofiarowana jest możliwość uleczenia duszy całej społeczności i że wszystkim kieruje Duch dla dobra zainteresowanych dusz, zaczniemy postrzegać sytuację zupełnie inaczej. Oto kilka szokujących przykładów.

1. Załóżmy, że dusza, która stała się Adolfem Hitlerem, pojawiła się na świecie z misją przekształcenia świadomości ofiary narodu żydowskiego i poczucia wyższości Niemców.

2. A może Saddam Hussein ma za zadanie pomóc Amerykanom przekształcić ich poczucie winy spowodowane niewolnictwem i złym traktowaniem własnych obywateli?

3. Wyobraźmy sobie, że Slobodan Milošević przyszedł na świat po to, by Ameryka mogła dokonać na niego projekcji nienawiści, jaką czuje do siebie samej za etniczne czystki przeprowadzane wśród jej rdzennej ludności.

4. A może rząd Chin musiał zaatakować Tybet po to, by Dalaj Lama został zmuszony podróżować po świecie i propagować swoje piękne przesłanie poza granicami swej ojczyzny?

5. Załóżmy, że księżna Diana zdecydowała się zginąć w ten sposób i w tym czasie, by otworzyć czakrę serca Anglii.

(W pierwszym wydaniu tej książki historia księżnej Diany znalazła się w epilogu, ponieważ zginęła ona kilka dni przed oddaniem mojej pracy do druku. Jednak teraz włączam tę historię do tego rozdziału, gdyż ma bezpośredni związek z tematem misji.

Pierwszy raz pisałem o śmierci Diany krótko po wypadku i tuż po pogrzebie, kiedy emocje jeszcze nie opadły. Ciągle bardzo to przeżywam i sądzę, że można to w tekście wyczuć. Dlatego postanowiłem nie zmieniać jego pierwotnej wersji, byś mógł doświadczyć *satori* niejako pośrednio).

Żegnaj, Angielska Różo

Zacząłem tę książkę od historii mojej siostry, Jill. Chciałem pokazać, jak można zmienić na pozór rozpaczliwą sytuację, stosując Radykalne Wybaczanie. Kilka dni przed oddaniem książki do druku los dał mi okazję zakończyć ją opowieścią równie pouczającą i otwartą na Radykalne Wybaczanie.

W odróżnieniu od historii Jill zdarzenie to było znane dosłownie wszystkim ludziom na całym świecie i wszyscy mieli do niego emocjonalny stosunek. Chodzi mi oczywiście o niespodziewaną śmierć księżnej Diany wczesnym rankiem w niedzielę, 31 sierpnia 1997 roku.

Dla mnie tragedia zaczęła się wówczas, gdy mój stary przyjaciel, Peter Jollyman, obudził mnie telefonem z Anglii. U niego zbliżało się południe, ale w Atlancie było bardzo wcześnie, nie czytałem więc jeszcze gazet ani nie słuchałem radia. „Słyszałeś o wypadku?" – spytał. „Jakim wypadku?" – zdziwiłem się, ciągle jeszcze zaspany, ale świadomy, że musiało to być coś ważnego, skoro do mnie dzwoni. „Księżna Di zginęła wczoraj w nocy w wypadku samochodowym w Paryżu. Gonili ją paparazzi. Jej samochód uderzył w betonowy słup. I ona, i Dodi zginęli".

Odczułem przelotne ukłucie żalu, gdy słuchałem jego relacji, ale nie mogę powiedzieć, by trwało ono dłużej niż kilka chwil. Starałem się być stosownie zszokowany, lecz moje odczucia nie były jednoznaczne.

Wielu ludzi zmarło w ciągu ostatniej doby, pomyślałem po skończonej rozmowie. Dlaczego jej śmierć miałaby być bardziej lub mniej tragiczna niż jakakolwiek inna? Nastał czas, by odeszła, i tyle. Oczywiście, szkoda jej synów. I poszedłem zrobić sobie śniadanie.

Potem włączyłem telewizor i powoli dałem się wciągnąć w trwającą następne kilka dni huśtawkę emocjonalną, która osiągnęła swój szczyt w sobotę rano, w czasie pogrzebu.

Dni mijały, a ja zdałem sobie sprawę, że dzieje się coś niezwykłego. Reakcja na śmierć księżnej Diany nie tylko w Anglii, ale na całym świecie była wprost zdumiewająca. Kiedy na ekranie telewizora zobaczyłem swoich rodaków publicznie okazujących ból i żal, a nawet płaczących – Anglicy po prostu tak się nie zachowują – poczułem te same emocje i płakałem wraz z nimi. Byłem zaskoczony, że i ja cierpię. Śmierć tej kobiety, której nigdy nie spotkałem, o której nie myślałem zbyt często, zwłaszcza w ciągu tych trzynastu lat w Stanach, głęboko mnie poruszyła. Odczułem stratę, co bardzo mnie zdziwiło.

Zacząłem się zastanawiać, co się naprawdę dzieje. Było to coś niezwykle głębokiego, postanowiłem więc przeprowadzić wewnętrzne poszukiwanie, by odnaleźć przesłanie i znaczenie tego wydarzenia. Śmierć Diany miała wyraźnie większe znaczenie niż – dramatyczne, to fakt – okoliczności, w jakich się zdarzyła. Pomyślałem, że miała jakiś wyższy cel.

W środę mnie olśniło. Obserwując sceny rozgrywające się w Anglii i wyczuwając silny strumień emocji płynący od ludzi słynnych z powściągliwości w okazywaniu uczuć, nagle zdałem sobie sprawę, na czym polegała duchowa misja Diany: wcieliła się w ludzką postać, by otworzyć czakrę serca Wielkiej Brytanii i przyśpieszyć duchową ewolucję Brytyjczyków. Nie mam najmniejszych wątpliwości, że jej się to udało.

Każdy, kto obserwował wydarzenia tamtego tygodnia, mógł być pewny, że księżna Di przekształciła cały kraj, a także dużą część świata. Przychodzi mi na myśl zaledwie kilka osób w całej historii ludzkości, które wywarły taki efekt, oddziałując czystą energią miłości: być może Ghandi, Martin Luther King i Nelson Mandela, a z pewnością Matka Teresa i Jezus (nic dziwnego, że królowa skłoniła głowę przed trumną Diany, rzecz dotąd niespotykana).

Jeśli chodzi o ludzkie osiągnięcia i duchowy wpływ na innych, nie można porównać Diany do Matki Teresy. Ciekawe jednak, że śmierć tej drugiej kobiety, której życie i praca w oczach wielu ludzi czyniły z niej świętą, nie odwróciła uwagi ludzi od Diany nawet na chwilę. Fakt, że te dwie osoby, których istnienie tak głęboko odmieniło świat dzięki autentycznej miłości, odeszły niemal jednocześnie, ma ogromne duchowe znaczenie. Brytyjczycy mimo dwóch wojen, w których odnieśli ogromne straty i przeżyli wielkie cierpienie, zachowywali swoje słynne poczucie humoru i powściągliwość, ale nie cechowała ich przy tym otwartość serca. Ta przemiana musiała poczekać nie tylko na pojawienie się królowej serc, lecz także na jej zgodną z Boskim planem, dla nas tragiczną, śmierć.

Komentatorzy starali się bezskutecznie wyjaśnić oddziaływanie Diany na świat, tłumacząc je naszą skłonnością do wynoszenia na piedestał ludzi znanych nam tylko z mediów. Najbliższy prawdy był Jonathan Alter z „Newsweeka", który odwołał się do „ideologii bliskości", nazwanej tak przez Richarda Sennetta w *The Fall of Public Man* – według niego ludzie „szukają osobistych znaczeń w bezosobowych sytuacjach". To prawda, że większość z nas nie znała Diany osobiście, a więc do pewnego stopnia była to sytuacja bezosobowa. Jednak księżna wyszła poza granice na-

Misja „Wybaczanie"

rzucone przez czas i przestrzeń i głęboko poruszyła serca wszystkich ludzi w sposób, który niełatwo wyjaśnić.

Klucz do zrozumienia jej siły jako istoty ludzkiej leży w archetypie zranionego uzdrowiciela, który mówi nam, że nasze rany są naszą siłą, gdyż budzą w nas moc uzdrawiania zarówno siebie, jak i innych. Wszyscy jesteśmy zranionymi uzdrowicielami, ale nie zdajemy sobie z tego sprawy. Ukrywając swoje rany przed innymi, odmawiamy uleczenia nie tylko siebie, ale także niezliczonej rzeszy innych ludzi. Powściągliwość to straszny sposób powstrzymywania miłości, który niszczy serce i duszę. Swoją gotowością dzielenia się swymi najgłębszymi ranami z całym światem księżna Diana obudziła uzdrowiciela w każdym z nas, otworzyła nasze serca i uleczyła poturbowane dusze.

Wszyscy patrzyli, jak ludzie, biorąc przykład z Diany, otwierali się, dzieląc się żalem i bólem, tak jak ona to robiła. Przekazała ludziom język bliskości, którego mogli używać do otwartego i szczerego wyrażania swoich uczuć. Nie przypominam sobie, by choć jedna osoba sprawiła na mnie wrażenie nieautentycznej w swoim bólu, a jest to doprawdy niezwykłe w dzisiejszej telewizji.

W miarę jak opada ból i żal po stracie, gniew i poczucie winy za naszą niezaspokojoną potrzebę oglądania Diany i ciekawość, jaką budzi w nas jej życie (prasa i paparazzi tylko odzwierciedlają to uczucie), zaczynamy dostrzegać boską doskonałość tej historii. Im głębiej analizujemy misję, której księżna się podjęła, i sukces, jaki w niej odniosła, tym bardziej jesteśmy skłonni uznać tę doskonałość.

Zaczynamy odczuwać nowy rodzaj spokoju, wykraczając poza emocje i myśli, które niegdyś na zawsze związałyby nas ze Światem Ludzkim, oddając we władanie archetypowi ofiary. Zaczynamy rozumieć, że wszystko stało się tak, jak stać się miało. Misja Diany wymagała takiego wychowania, jakie otrzymała, nieudanego małżeństwa, odrzucenia ze strony rodziny królewskiej, krytycznego nastawienia prasy, pościgu paparazzich, gwałtownej śmierci – wszystko do najmniejszego szczegółu było potrzebne.

W miarę upływu czasu zobaczysz, że Diana wróciła „do domu", wypełniwszy swą misję, a energia, która stworzyła całą tę sytuację, zacznie się rozpraszać. Nie tylko ona została uwolniona, ale także inni ludzie zaangażowani w wydarzenia, o których wiemy, że są złudzeniem. Książę Karol może teraz być pełnym ciepła, kochającym ojcem dla swoich synów – i bez wątpienia tak się stanie. (W prasie pojawiają się uwagi, że zmienił się z powodu minionych wydarzeń, ale my wiemy, jaka jest prawda). Królowa prawdopodobnie będzie mniej sztywna, bardziej otwarta i mniej oderwana od rzeczywistości. Sama monarchia porzuci kult osobowości, dzięki czemu będzie instytucją silniejszą, o większym znaczeniu. I stanie się tak nie dzięki temu, co się zdarzyło, ale z powodu przemiany energii po zakończeniu misji.

Nie ma gwarancji, że czakra serca pozostanie otwarta tylko dlatego, że ktoś ją otworzył. Jest to kwestia nieustannego wyboru. To samo odnosi się do zbiorowości. Brytyjczycy i reszta świata albo pozostaną w wibracji miłości, wywołanej przez śmierć Diany, i wykorzystają tę siłę, by dokonać przemiany samych siebie, królewskiej rodziny i społeczeństwa, albo skoncentrują się na złudnym zdarzeniu, oskarżając o nie księcia Karola, królewską rodzinę, kierowcę, prasę i tak dalej. Jeśli zdecydują się na to drugie, ten wybór także będzie doskonały na swój sposób, ale zbiorowa czakra serca zamknie się na powrót.

Być może ta książka choć w części przyczyni się do tego, by czakra serca pozostała otwarta. Może wiedza, którą zyskasz po jej przeczytaniu, pozwoli ci się skoncentrować na rzeczywistym znaczeniu historii księżnej Diany i jej misji zamiast na tym, co się stało pewnej nocy w paryskim tunelu.

Być może każdy, kto przeczyta tę książkę, zrozumie, że tak jak Jeff odgrywał konkretną rolę w historii Jill, tak książę Karol robił to, co do niego należało, w stosunku do Diany, podobnie zresztą jak Camilla Parker-Bowles i królowa. Może stanie się jasne, ile odwagi i miłości wymagało od ich dusz odgrywanie tych ról w taki właśnie sposób, powiedzmy to otwarcie – własnym wielkim kosztem. (Poświęcenie księcia Karola dla misji otwarcia czakry serca Wielkiej Brytanii nie było mniejsze niż Diany – w istocie, mierząc ludzką miarą, było prawdopodobnie nawet większe. Mogło go kosztować utratę korony!).

Być może dla każdego stanie się oczywiste, że wszystko, co się zdarzyło, zostało uzgodnione, zanim dusza każdego z bohaterów tego dramatu wcieliła się w ludzką postać, i że paparazzi także odegrali znaczącą i pełną miłości rolę, podobnie jak wydawcy publikujący niedyskretne zdjęcia Diany.

Ludzie, którzy potrafią do tego stopnia wybaczać, uznając, że nikt tu nie jest ofiarą, będą jak światło przewodnie dla tych, którzy wybiorą złudzenie, zamkną serce i utracą wibrację miłości. Mam szczerą nadzieję, że każdy czytelnik mojej książki stanie się takim światłem przewodnim miłości, podejmując misję Diany w punkcie, w którym ją przerwała, i pomagając ludziom pozostać w zasięgu tej nowej, wyższej wibracji, wywołanej przez jej śmierć.

Wierzę, że przeżyłaś swoje życie
niczym świeczka na wietrze,

*której nie gasi zachód słońca ani wiatr.
A ślady twoich stóp pozostaną przez wieczność
na zielonych wzgórzach Anglii.
Twoja świeczka zgasła,
ale twoja legenda będzie trwać wiecznie.*

(Fragment piosenki *Candle in the Wind*, Polygram International, Inc., napisanej przez Eltona Johna, którą wykonano w Westminster Abbey podczas pogrzebu Diany, księżnej Walii, 6 września 1997 roku).

Rozdział 11

Zmiana archetypu ofiary

Jak widzieliśmy w poprzednim rozdziale, nasza podstawowa misja polega na przekształcaniu archetypu ofiary i pogłębianiu świadomości naszej planety. Ale co to znaczy zmieniać i w jaki sposób pogłębia się świadomość?

Po pierwsze, musimy zrozumieć, że zdołamy coś przekształcić tylko wtedy, gdy wybierzemy taką przemianę na swoją duchową misję. Decyzji w tej sprawie nie podejmujemy na Ziemi, ale w Świecie Boskiej Prawdy, przed wcieleniem się w ludzką postać.

Po drugie, musimy zrozumieć, że przekształcanie to nie zwykła zmiana. Chcąc coś przekształcić, musimy tego doświadczyć i pokochać to takim, jakie jest.

Powiedzmy, że przyszedłeś na świat w dysfunkcyjnej rodzinie, by doświadczyć przemocy jako jej ofiara lub jako sprawca. Pamiętaj, że w chwili inkarnacji przestajesz pamiętać o swojej misji. Gdybyś o niej pamiętał, nie mógłbyś w pełni doświadczyć energii i uczuć ofiary, a tylko przez takie doświadczenie możesz zdać sobie sprawę, co kryje to złudzenie – projekcję twojego poczucia winy. Jeśli zdołasz spojrzeć poza iluzję sprawcy i rozpoznasz w tych czynach wołanie o miłość, jeśli odpowiesz na to wołanie miłością oraz bezwarunkową akceptacją, to energia ofiary zostanie przekształcona, a świadomość wszystkich osób zaangażowanych w tę sytuację pogłębi się. Poza tym energia zawarta we wzorcu przemocy zniknie, a niepożądane zachowania nagle ustaną. Na tym polega prawdziwa transformacja.

Ale jeśli nie rozpoznajemy prawdy lub nie umiemy wyjrzeć poza nasze złudzenie i próbujemy odmienić okoliczności, to blokujemy energię, która podtrzymuje wzorzec przemocy, i nic się nie zmienia.

Tylko miłość ma moc transformacji

Tylko miłość może przeobrazić takie energie jak przemoc wobec dzieci, zachłanność korporacji, morderstwo i każde inne tak zwane zło świata. Nic innego nie pomoże. Takie działania jak zabranie dziecka ze środowiska, w którym panuje przemoc, chociaż same w sobie bardzo humanitarne, nie powodują przekształceń z bardzo prostej przyczyny. Po pierwsze, ich źródłem jest lęk, a nie miłość. Po drugie, nasze intencje i osąd podtrzymują wzorzec energii przemocy i blokują go tym skuteczniej.

To wyjaśnia, dlaczego decyzja o dokonaniu transformacji może zapaść wyłącznie w Świecie Boskiej Prawdy. My, ludzie, mamy swoje przekonania o bólu i cierpieniu, strachu i śmierci i nawet, jeśli wierzymy, że dusza jakiegoś dziecka przyszła na świat, by doświadczyć przemocy, i że naprawdę tego chce, po prostu nie potrafimy stać z boku i obojętnie na to patrzeć. Misja, która zdaje się łatwa z perspektywy Świata Boskiej Prawdy, wcale taka nie jest z naszego ludzkiego punktu widzenia. Kto potrafi pozostawić samo sobie dziecko doświadczające przemocy? Musimy się temu przeciwstawiać. Jesteśmy ludźmi!

Musimy również – jak wspominaliśmy w poprzednich rozdziałach – poddać się idei, iż Duch dokładnie wie, co czyni. Gdyby interwencja nie leżała w najwyższym interesie dziecka, sytuacja wyglądałaby tak, że nikt by przemocy nie zauważył. Jeśli natomiast Duch uważa, że trzeba interweniować dla dobra duszy, stworzy okoliczności, w których stanie się to możliwe, ale nie będzie to nasza decyzja. Nasze reakcje, jako istot ludzkich, muszą zawsze być jak najbardziej humanitarne, pełne troski i współczucia, ale zarazem musimy wiedzieć, że każda sytuacja zawiera w sobie Miłość.

Radykalne Wybaczanie ma moc transformacji

Jako ludzie nie jesteśmy jednak całkiem bezsilni w tej kwestii, ponieważ możemy przekształcać taką energię jak przemoc wobec dziecka za pomocą Radykalnego Wybaczania. Jeśli naprawdę wybaczymy wszystkim uczestnikom takich zdarzeń, zdecydowanie wywrzemy wpływ na wzorzec energii. Ostatecznie tylko dziecko będzie musiało wybaczyć, by w pełni zmienić ów wzorzec, ale każdy z nas, bez względu na to, czy jest osobiście zaangażowany, czy nie, dostrzegając w danej sytuacji doskonałość, od razu zmienia jej energię.

Poproszono mnie kiedyś o wykład w czasie dorocznego spotkania Krajowego Towarzystwa Mediatorów. Dostałem na to tylko czterdzieści pięć minut, a słuchacze mieli równocześnie jeść lunch! Przyszedłem wcześniej, by się zorientować, o czym dyskutują, i wczuć się w ich sposób myślenia. Doszedłem do wniosku, że połowa z nich jest prawnikami, druga zaś doradcami, a prowadzone przez nich mediacje sprawiają, że mają otwarty umysł i elastyczne podejście do rozwiązywania problemów.

Przez pierwsze dwadzieścia minut starałem się wyjaśnić podstawowe założenia Radykalnego Wybaczania. Potem przedstawiłem poniższy rysunek, by uzmysłowić im energię łączącą ich z klientami.

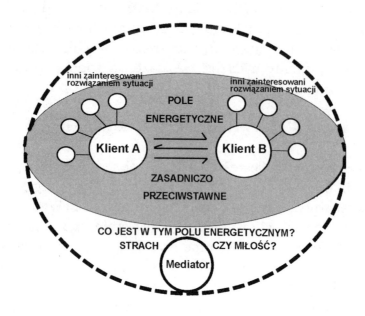

Rys. 9. Pola energetyczne mediacji.

Powiedziałem im następnie, że postrzegają sytuację, w której są mediatorami, jako w najlepszym wypadku niefortunną dla klienta A i B, a w najgorszym – tragiczną. Ich rola polega na robieniu dobrej miny do złej gry i szukaniu rozwiązań, które spowodują jak najmniejsze szkody u obu stron konfliktu.

Przyznali, że to dobra charakterystyka ich zadania i że pole energetyczne wokół sytuacji klientów wypełnia wrogość i brak zaufania. Przecież w przeciwnym razie mediator nie byłby potrzebny. Z tym też się zgodzili.

Następnie omówiłem udział ich własnej energii. Zobaczyli, że ich pole energetyczne na ogół zawiera myśli i uczucia związane z postrzeganiem sytuacji jako „złej". Zasugerowałem, że chociaż starają się pomóc, ich negatywna percepcja, współgrając z polem energetycznym klientów, wzmacnia ich świadomość ofiary.

– A gdybyście – zaproponowałem – zamiast uważać daną sytuację za tragiczną i niepożądaną, zaakceptowali myśl, że to Boski plan rozwinął się zgodnie z zamierzeniem i każda ze stron, włączając w to na pozór zupełnie przypadkowe osoby, otrzymała w rzeczywistości dokładnie to, czego chciała jej dusza? Gdybyście uwierzyli, że tak jest naprawdę, bez względu na rozwój sytuacji? Myślicie, że to by coś zmieniło? Wasze pole energetyczne wypełniłoby się miłością, a nie myślami i emocjami pełnymi lęku. Jaki według was miałoby to wpływ na ostateczne rozwiązanie problemu?

Ku mojemu zaskoczeniu zrozumieli. Nawet prawnicy! Bardzo wielu zaakceptowało myśl, że ich spojrzenie na sprawę ma duży wpływ na jej rozwój. Nie chodziło o to, że zrobią coś inaczej czy wyraźnie zmienią. Mieli tylko pomyśleć, że wszystko jest takie, jakie być powinno, a energia będzie mogła swobodnie płynąć tam, dokąd musi. Na tym polega transformacja energii.

Rezonans morficzny

Opisałem właśnie teorię pól morficznych i rezonansu sformułowaną przez Ruperta Sheldrake'a. Według tego angielskiego biologa w naturze istnieją samoorganizujące się pola i samoregulujące się układy, które zarządzają wzorcami wibracji i je podtrzymują. Rezonans morficzny przyciąga do siebie poszczególne elementy, które tworzą wciąż zmieniające się i ewoluujące pola. Zmiana jednego składnika wpływa na całe pole. Idea ta ma zastosowanie na wszystkich poziomach, od zjawisk kwantowych do zachowań grup społecznych.

Jeśli chodzi o ludzi, pola morficzne łączą poszczególnych członków grupy za pomocą rezonansu pozazmysłowego i energetycznego (świadomości), a proces ten przebiega niezależnie od czasu i przestrzeni. Dlatego, kiedy ktoś wybacza, winowajca od razu odczuwa tego skutki, nawet jeśli znajduje się bardzo daleko.

Wracając do naszych mediatorów, możemy nazwać sytuację, w jakiej najczęściej się znajdują, polem morficznym, w którym poszczególne jednostki cementuje świadomość ofiary. Kiedy jeden z członków tej grupy dokonuje zmiany świadomości w kierunku miłości i akceptacji prawdziwej rzeczywistości, pole natychmiast zmienia się w nowy układ wibracji wyższego rzędu. Dzięki morficznemu rezonansowi pozostali uczestnicy mogą się do tego dostosować, a sytuacja rozwija się zupełnie inaczej niż w przypadku, gdy świadomość nie uległaby transformacji.

Wspominam o tym szczególnym badaniu, ponieważ chcę pokazać, że sposób, w jaki mówimy tu o energii i świadomości, ma solidne podstawy we współczesnej nauce i teorii.

Przykład Nelsona Mandeli

Sposób, w jaki Nelson Mandela radził sobie z sytuacją w Afryce Południowej, gdy na początku lat dziewięćdziesiątych skończyła się epoka apartheidu, stanowi dla nas lekcję, jak przekształcać energię za pomocą Radykalnego Wybaczania. Apartheid, system politycznej dominacji stworzony przez białych, istniejący przez blisko siedemdziesiąt pięć lat, rozdzielał białą i czarną ludność, przy czym biali żyli w luksusie, a czarni w nędzy. Sam Mandela spędził w więzieniu dwadzieścia sześć lat. Po uwolnieniu został prezydentem kraju. Afryka Południowa dyszała żądzą krwawej zemsty, a przecież Mandeli udało się przeprowadzić zmiany w zdumiewająco pokojowy sposób – ich znamieniem było wybaczanie, nie zemsta.

Od rozlewu krwi ustrzegły kraj nie tyle działania prezydenta, ile sposób, w jaki zarządzał energią. W imieniu całego narodu zrezygnował z zemsty i wyszedł poza archetyp ofiary. To z kolei spowodowało rozpad energetycznego wzorca potencjalnej przemocy, który już istniał i tylko czekał na odpowiednią chwilę. Afryka Południowa nadal jest w okresie przejściowym i ma swoje problemy, ale jej rozwój przekroczył nasze najśmielsze marzenia sprzed kilku dziesiątków lat.

Nasza zbiorowa misja przekształcenia archetypu ofiary wymaga od nas, byśmy naśladowali Mandelę. Jeśli tego nie uczynimy, będziemy beznadziejnie uzależnieni od tego archetypu i od naszych zranień

Podpowiedzi Ducha

W głębi podświadomości wiemy o naszej misji. Duch ciągle daje nam okazję przekształcania energii ofiary, ukazując nam takie sprawy jak kazirodztwo, przemoc wobec dzieci, molestowanie seksualne i nienawiść rasowa. W każdej z takich sytuacji każdy z nas może wypełniać swoją misję, stosując Radykalne Wybaczanie. Jeśli będzie nas wystarczająco dużo, zmiana sposobu postrzegania, dzięki której zauważymy doskonałość, przekształci rzeczywistość i potrzeba takich wzorców energii zniknie.

Ćwiczenie przekształcania

Chcąc przekształcić archetyp ofiary, postępuj zgodnie z poniższym zaleceniem: zawsze, gdy oglądasz wiadomości, zmieniaj swoją świadomość – nie oceniaj, lecz staraj się dostrzec doskonałość w każdej sytuacji. Na przykład zamiast przyjmować historie o uprzedzeniach rasowych za sprawę na porządku dziennym, pomóż przekształcić energię nienawiści rasowej. Spójrz na osobę lub sytuację, które miałeś zwyczaj osądzać, i spróbuj przejść do życzliwej akceptacji. Pamiętaj, że ludzie, których oglądasz, są częścią Boskiego planu. Nie postrzegaj nikogo jako ofiary i nie nazywaj nikogo łotrem. Ludzie po prostu grają swe role w sztukach, których celem jest uzdrowienie. Pamiętaj, Bóg nie popełnia pomyłek!

Rozdział 12

Ego się broni

Przypominając nam, że jesteśmy istotami duchowymi, które doświadczają ludzkiego losu, Radykalne Wybaczanie wzmacnia naszą wibrację i kieruje nas w stronę duchowego rozwoju.

Rozwój ten stanowi prawdziwe zagrożenie dla ego (pojmowanego jako głęboko zakorzeniony, złożony system przekonań, według którego jesteśmy oddzieleni od Boga, za co zostaniemy pewnego dnia przez Niego ukarani). Dzieje się tak dlatego, że im bardziej będziemy rozwinięci duchowo, tym szybciej przypomnimy sobie o naszej prawdziwej tożsamości i jedności z Bogiem.

Kiedy zdamy sobie z tego sprawę, ego będzie musiało umrzeć. Wszelkie systemy przekonań mają to do siebie, że opierają się próbom przeciwstawienia się im, a ego nie jest w tej kwestii wyjątkiem (ludzie ciągle pokazują, że wolą mieć rację, niż być szczęśliwi).

Im częściej będziemy używać Radykalnego Wybaczania, tym bardziej nasze ego będzie się bronić i skłaniać nas do podtrzymywania archetypu ofiary. Jednym z jego sposobów jest stosowanie naszych własnych narzędzi rozwoju duchowego. Dobrym przykładem jest wykorzystywanie przez ego pracy z wewnętrznym dzieckiem.

Praca z naszym wewnętrznym dzieckiem daje nam okazję, abyśmy wejrzeli w siebie i uleczyli rany z dzieciństwa, które ciągle w sobie kryjemy, choć jesteśmy dorośli, i które nadal wpływają na nasze życie.

Tymczasem ego w naszym skupianiu się na tych ranach widzi możliwość przetrwania. Wykorzystuje ten typ pracy, który traktuje wewnętrzne dziecko jako metaforę naszej podatności na zranienia, by wzmocnić nasze przywiązanie do archetypu ofiary. Jego zachowanie polega na nieustannym powracaniu do naszych uraz, ciągłym ich omawianiu, dokonywaniu ich projekcji na tak zwane wewnętrzne dziecko i wykorzystywaniu ich jako sposobu na zdobywanie bliskości.

Obwinianie rodziców

W latach osiemdziesiątych praca z wewnętrznym dzieckiem polegała w znacznym stopniu na obwinianiu rodziców lub innych ludzi za własne nieszczęścia, zgodnie z założeniem: „Byłbym dziś szczęśliwy, gdyby nie moi rodzice". Dzięki temu uważamy, że to „oni" nas krzywdzą, a z takim przekonaniem dużo łatwiej żyć niż ze świadomością, że sami chcieliśmy być tak traktowani. Wiara, że krzywda przychodzi z zewnątrz, schlebia także naszemu ego, ponieważ automatycznie stawia nas w rzędzie ofiar. Jeśli nadal będziemy winić rodziców za swoje problemy, następne pokolenia będą powielać to przekonanie.

Uwalnianie się od emocjonalnej toksyczności

Nie twierdzę, że uświadomienie sobie stłumionego gniewu i bólu z dzieciństwa, a także poszukiwanie sposobów pozbycia się ich jest złe samo w sobie. W istocie ma podstawowe znaczenie. Trzeba tego dokonać, zanim przejdziemy do wybaczania, ponieważ nie jest ono możliwe, gdy odczuwamy gniew. Jednak zbyt często warsztaty i terapie koncentrują się tylko na naszym gniewie i nie starają się nam pomóc przekształcić go w wybaczanie. Kiedy łączymy pracę nad gniewem z Radykalnym Wybaczaniem, uwalniamy się od wielu stłumionych i toksycznych emocji, a całkowite pozbycie się gniewu staje się możliwe, dzięki czemu wyzbywamy się podatności na zranienie i świadomości ofiary.

Ceremonia wybaczania Indian Navaho

Słyszałem kiedyś opowieść Caroline Myss o metodzie Indian Navaho, dzięki której podatność na zranienie nie stała się u nich dominującym wzorcem. Rozumieją oni ludzką potrzebę mówienia o własnych ranach i ukazywania ich innym, ale wiedzą również, że opowiadanie o nich, zwłaszcza zbyt częste, dodaje im mocy. Jeśli więc ktoś chce się podzielić swoim żalem z resztą plemienia, wszyscy się spotykają, by mógł to uczynić. Wolno mu opowiedzieć swoją historię trzy razy i wszyscy słuchają ze współczuciem. Za czwartym jednak razem członkowie plemienia odwracają się do niego tyłem, jakby chcieli powiedzieć: „Dosyć! Wysłuchaliśmy twoich słów trzy razy. Zrozumieliśmy twój żal. Puść go w niepamięć. Nie będziemy tego więcej słuchać". Zwyczaj ten stanowi bardzo silne wsparcie dla procesu uwalniania się od zadawnionego bólu.

Wyobraźmy sobie, że mielibyśmy wspierać swych przyjaciół w ten sam sposób. Co by się stało, gdybyśmy po trzykrotnym wysłuchaniu opowieści o ich krzywdach powiedzieli: „Dość już usłyszeliśmy na ten temat. Czas, byś puścił swój ból w niepamięć. Nie damy twoim ranom władzy nad tobą i nie pozwolimy ci o nich więcej mówić. Zbyt mocno cię kochamy".

Jestem przekonany, że wielu naszych znajomych nazwałoby nas zdrajcami. Uznaliby nasze zachowanie nie za wsparcie przepełnione miłością, ale za akt zdrady, i natychmiast by się od nas odwrócili.

Jak być prawdziwym przyjacielem

Uważam, że musimy ryzykować, jeśli rzeczywiście mamy się wzajemnie wspierać w podróży do duchowego rozwoju. Musimy wytyczyć granice ludziom, których kochamy, i próbować pomóc im wyzwolić się z uzależnienia od ich ran. Takie działanie doprowadzi do wypełnienia naszej zbiorowej misji, do przekształcenia archetypu ofiary, przywróci nam też pamięć, kim w istocie jesteśmy.

Rozdział 13

Czas, medycyna i uzdrawianie

Rozwój duchowy daje nowe spojrzenie na nasze fizyczne ciało i nową wiedzę o tym, jak o nie dbać. Zasady medycyny, którymi posługujemy się przez ostatnie trzysta lat, od chwili gdy francuski filozof Kartezjusz określił ciało jako maszynę, zmieniają się radykalnie, zwracając się ku podejściu holistycznemu, które traktuje ciało i umysł jako jedność.

Dotychczas uważaliśmy zdrowie za nieobecność choroby. Teraz nasz stan zdrowia uzależniamy od tego, w jaki sposób siła życiowa (prana, chi itp.) przepływa przez nasze ciało. Abyśmy żyli w doskonałym zdrowiu, jej przepływ nie może być niczym skrępowany. Nie możemy być zdrowi, jeśli w naszym ciele tkwi zablokowana energia pretensji, gniewu, smutku, poczucia winy i żalu.

Kiedy mówimy o ciele, chodzi nie tylko o jego aspekt fizyczny i energetyczny, ale także eteryczny, uczuciowy, psychiczny i przyczynowy. Każdy z nich odznacza się inną częstotliwością. Dotychczas sądziliśmy, że składamy się ze związków chemicznych i molekuł, fizycy uświadomili nam jednak, że jesteśmy dużym zagęszczeniem współdziałających wzorców energetycznych.

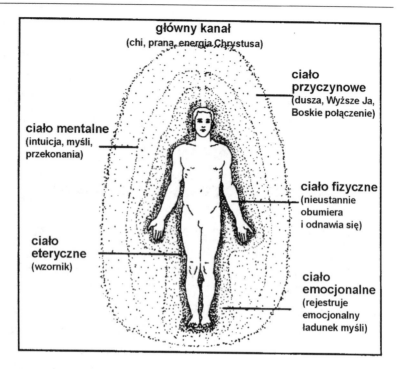

Rys. 10. Subtelne ciała energii.

Pola subtelne spowijają ciało fizyczne warstwami, jakby energetycznymi płaszczami, z których każda wibruje o oktawę wyżej od poprzedniej. Jednak nie są to stałe powłoki o wyraźnych granicach, jak na powyższym rysunku. Pola te są w znacznym stopniu rozproszone w tej samej przestrzeni, jakby były częścią oceanu energii, który otacza nasze ciało. Ciała subtelne określa nie tyle ich położenie w przestrzeni, ile różna częstotliwość ich drgań.

Ciała subtelne rezonują (współgrają) harmonijnie z wibrującymi wzorcami ciała fizycznego, umożliwiając świadomości (umysłowi) współdziałanie z nim. To jest właśnie kontinuum ciało/umysł, przy czym umysł istnieje wewnątrz i na zewnątrz ciała. (Więcej wiadomości na temat cech oraz celów przypisywanych każdemu z ciał subtelnych znajdziesz w części III, w rozdziale 15.).

Zatkane filtry blokują piecyk

Jeśli do zrozumienia tej koncepcji potrzebujesz analogii praktycznej, wyobraź sobie, że twoje ciało to filtr, podobny do tego, jaki znajduje się w powszechnie używanym piecyku. Trzeba go od czasu do czasu czyścić, by urządzenie funkcjonowało poprawnie. Tak jak w filtrze powietrze powinno krążyć swobodnie, tak siła życiowa musi bez przeszkód przemieszczać się w naszym ciele – zarówno w fizycznym, jak i w ciałach subtelnych.

Ilekroć kogoś osądzamy, obwiniamy, dokonujemy projekcji, tłumimy gniew, pielęgnujemy urazę itp., blokujemy w ciele/ciałach energię. Wówczas filtr zatyka się coraz bardziej i coraz mniej energii dociera do „piecyka". Wcześniej czy później filtr przestaje przepuszczać powietrze i pozbawiony tlenu płomień gaśnie. Mówiąc prościej, kiedy nasze ciała, fizyczne i subtelne, zostają zablokowane i siła życiowa nie może swobodnie przez nie przepływać, organizm zaczyna się stopniowo wyłączać. Często objawia się to najpierw pod postacią depresji. W końcu choruje także nasze ciało fizyczne i jeśli nie usuniemy blokady, możemy nawet umrzeć.

Może pamiętasz, że moja siostra, Jill, poczuła „zastrzyk" energii, gdy zastosowała Radykalne Wybaczanie. Jej filtr siły życiowej został zablokowany przez szkodliwy system przekonań o braku własnej wartości, nie mówiąc już o dawnych urazach, gniewie, smutku i frustracji wywołanej jej sytuacją. Kiedy się tego wszystkiego pozbyła, usunęła blokadę energii, dzięki czemu poprawił się także jej stan emocjonalny. Kiedykolwiek stosujesz Radykalne Wybaczanie, uwalniasz ogromne ilości energii siły życiowej, której możesz użyć do uzdrawiania, tworzenia lub wyrażania swojego prawdziwego celu życiowego.

Lekarstwo na grypę Farry, mojego przyjaciela

Mój dobry przyjaciel, Farra Allen, współtwórca szkoły masażu w Atlancie i doradca holistyczny, zapadł na szczególnie złośliwą odmianę grypy, która na ogół trzyma ludzi w łóżku przez dziesięć dni. Był bardzo chory, ale zamiast oddać całą władzę nad sobą wirusowi, postanowił popracować nad wzorcem energii, który pohamowałby rozwój choroby. Stosując metodę znaną pod nazwą „aktywnej wyobraźni", która polega na spisywaniu myśli w postaci strumienia świadomości, doszedł do nieuświadomionego dotąd i nierozwiązanego problemu emocjonalnego. Zastosował Radykalne Wybaczanie, by tę kwestię rozwiązać, i grypa skończyła się niemal natychmiast. Wrócił do pracy w świetnej kondycji dwa dni po pierwszych objawach choroby. Był to imponujący pokaz uzdrawiającej mocy Radykalnego Wybaczania.

Czy rak też na to zareaguje?

Załóżmy, że chorobą jest rak, a nie grypa, i że jego przyczyną było głęboko ukryte uczucie. Leczenie powinno zatem polegać na zlikwidowaniu blokady energii. Zaleciłbym mojemu przyjacielowi, by wrócił do tej stłumionej emocji, przeżył ją jeszcze raz, a następnie puścił w niepamięć.

Jednak wzorzec energetyczny raka – inaczej niż grypa Farry, która prawdopodobnie przeniosła się z ciała subtelnego do fizycznego w ciągu kilku dni – powstawał przez wiele lat, zanim przedostał się do ciała fizycznego i uzewnętrznił w postaci choroby. Pytanie, które niepokoi nas wszystkich, brzmi: „Jak długo zajmie chorobie proces cofania się, jeśli zastosujemy wyłącznie pracę nad uwalnianiem się od stłumionych uczuć?". Pewnie tyle samo lat, ile trwało narastanie blokady. Nie jest to pocieszająca myśl, jeśli dotknięty jesteś rakiem lub inną chorobą, w której czas ma zasadnicze znaczenie, a przynajmniej tak się wydaje.

Czas jest czynnikiem uzdrawiania

Kiedyś sądziliśmy, że czas jest zjawiskiem linearnym i stałym. Albert Einstein dowiódł, że w rzeczywistości czas jest względny, a w jego postrzeganiu pewną rolę odgrywa świadomość. Im większa jest nasza świadomość, tym szybciej się zmieniamy i tym szybciej biegną zdarzenia, jeśli chodzi o zmiany elementów fizycznego świata, którym poświęcamy uwagę.

Pomyśl o świadomości w kategoriach częstotliwości drgań. Odwrócenie procesu rakowacenia zabrałoby zbyt dużo czasu komuś, kto ma niską częstotliwość drgań. A będzie ona automatycznie niewysoka, jeśli żyjemy w strachu, tłumimy gniew i urazę, uważamy się za ofiarę i/lub zablokowaliśmy swoją energię w przeszłości. Większość z nas ma taką właśnie świadomość. Dlatego tylko nieliczni mogą dość szybko odwrócić chorobę taką jak rak, polegając wyłącznie na usunięciu emocjonalnej przyczyny dolegliwości. Chyba że zwiększymy swoją częstotliwość wibracji.

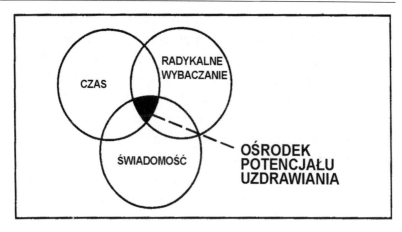

Rys. 11. Czas i uzdrawianie.

Uwalniając się od archetypu ofiary i przenosząc swoją energię w teraźniejszość za pomocą Radykalnego Wybaczania, możemy podwyższyć poziom wibracji na tyle, by nastąpił szybszy, chociaż nie natychmiastowy, powrót do zdrowia. Zwiększymy swoje szanse, dołączając do tego inne sposoby podwyższania tempa wibracji, takie jak modlitwa lub medytacja.

Przykład. Pewna pani, która uczestniczyła w moich warsztatach dla osób dotkniętych rakiem, przeszła kilka poważnych operacji jajników. Lekarze dawali jej trzy miesiące życia. Pani ta była w depresji i miała w sobie niewiele siły życiowej. Powiedziała, że przyszła do mnie na leczenie tylko dlatego, że członkowie jej Kościoła zgromadzili pieniądze na ten cel, czuła się więc zobowiązana. Zabraliśmy się do pracy. W trzecim dniu zajęć przeszła cudowną przemianę. Udało jej się dotrzeć do pewnego zdarzenia z okresu, gdy była dwuipółletnią dziewczynką, w wyniku którego uwierzyła w swoją niską wartość. Incydent ten wywołał w niej wielkie emocje. Kilkakrotnie wyraziła też żal, że stworzyła sobie życie, które miało dowieść prawdziwości jej przeświadczenia z dzieciństwa. W wyniku tych zajęć poziom jej życiowej energii wzrósł. Kiedy wychodziła, była gotowa szukać alternatywnej kuracji, która pomogłaby jej zwalczyć raka i zakwestionować prognozy lekarzy. Chciała nawet wyjechać ze Stanów, gdyby wybrana przez nią metoda okazała się nielegalna w USA (wiele z nich jest). Po dwóch tygodniach szaleńczych poszukiwań odpowiedniej terapii nagle zdała sobie sprawę, że uzdrowi ją modlitwa. Pojechała do pewnej miejscowości w stanie Nowy Jork, gdzie pracowała z dwojgiem ludzi, którzy prowadzili tygodniowe modlitwy. Modliła się dosłownie bez przerwy przez siedem dni. Po powrocie udała się na wizytę do swego onkologa, który ją zbadał i powiedział: „Nie potrafię tego wyjaśnić, ale w pani ciele nie ma ani śladu raka. Mógłbym nazwać to spontaniczną remisją, wierzę jednak w Boga, więc nazwę to cudem".

Ta kobieta to wspaniały przykład, że zwiększanie częstotliwości wibracji za pomocą modlitwy cofnęło chorobę w ciągu zaledwie kilku dni, a nie lat. Jestem przekonany, że Radykalne Wybaczanie dokonałoby tego samego.

Badanie z Seattle nad wybaczaniem

Interesujące, choć jeszcze nieopublikowane badanie nad wybaczaniem przeprowadzono na uniwersytecie w Seattle, w stanie Washington. Składały się na nie wywiady z ludźmi, którzy we własnej opinii doznali krzywdy. Badacze chcieli się przekonać, jak percepcja tamtych przeżyć zmienia się z upływem czasu. Wstępne wyniki wskazywały, że spokój, określany jako „brak urazy", nie przychodził do tych ludzi dzięki żadnemu szczególnemu aktowi wybaczania, ale jako nagłe odkrycie, że już wcześniej wybaczyli. Wszyscy badani mówili, że im bardziej starali się wybaczyć, tym trudniej im to przychodziło i tym większy czuli żal. Przestali próbować i po prostu uwolnili się od poczucia krzywdy. Po pewnym czasie, różnym dla każdego z nich, ze zdumieniem stwierdzili, że nie żywią już urazy i że w istocie wybaczyli.

Późniejsze, nawet bardziej interesujące odkrycie wykazało, że zanim ci ludzie zrozumieli, iż wybaczyli, zdali sobie sprawę, że im też zostało wybaczone (kto wybaczył i co, nie miało znaczenia). Oznacza to z pewnością, że wybaczanie polega na przekształcaniu energii: kiedy badani doświadczyli wybaczenia, czyli przekształcenia energii, zdołali uwolnić własną zablokowaną energię w stosunku do kogoś innego.

Badanie to wzmacnia tezę, że wybaczanie nie tylko nie zależy od naszej woli, ale pojawia się w postaci wewnętrznej transformacji, kiedy rezygnujemy z urazy i wybaczamy sami sobie.

Ponadto badanie to podkreśla znaczenie dziewiątego kroku w metodzie dwunastu kroków, stosowanej z sukcesem przez miliony Amerykanów należących do Anonimowych Alkoholików i w innych podobnych programach. Dziewiąty krok wymaga, byśmy pogodzili się z tymi, których skrzywdziliśmy, i poprosili ich o wybaczenie. Kiedy zrozumiemy, że je otrzymaliśmy, uwalnia się w nas energia konieczna do wybaczania nie tylko innym, ale i sobie.

Czas leczy rany szybko albo powoli

Niektórzy może stwierdzą, że badanie z Seattle wskazuje, iż wybaczanie, jako proces powolny, nie nadaje się na skuteczną metodę leczenia takich chorób jak rak. W wielu przypadkach ludzie potrzebowali dziesięcioleci, by zrozumieć, że już wybaczyli.

Należy jednak zwrócić uwagę, że badanie nie rozróżniało Radykalnego Wybaczania i tradycyjnego, a z pewnością dotyczyło tego drugiego. Mogę się założyć, że gdyby podzielić badanych na dwie grupy, z których jedna znałaby Radykalne Wybaczanie, druga zaś posługiwałaby się tradycyjnym, osoby mające dodatkową wiedzę na temat wybaczania szybciej osiągnęłyby spokój ducha.

Nie twierdzę, że Radykalne Wybaczanie zawsze następuje natychmiast, chociaż wielokrotnie byłem świadkiem takich zdarzeń. Nie można też powiedzieć, że jest ono najskuteczniejszym lekiem na raka. Niemniej powinno stanowić część każdej kuracji. Czasami ludzie odkładają operację, by przekonać się, czy Radykalne Wybaczanie przyniesie wystarczający skutek, by tak drastyczne działania stały się zbędne. Z tradycyjnym wybaczaniem byłoby to nie do pomyślenia.

Historia Mary

Moja współpracownica, Mary Pratt, przez kilka miesięcy nie chciała przyznać, że ma poważne kłopoty ze zdrowiem. Kiedy nie mogła już zaprzeczać temu, co się stało oczywiste, poszła do lekarza, który jej powiedział, że ma trzecie stadium raka okrężnicy. Chciano ją natychmiast zoperować. Poprosiła o trzydzieści dni zwłoki. Zgodzili się na to niechętnie. Wyjechała w góry, gdzie spędziła tydzień w niewielkim domku, medytując i stosując Radykalne Wybaczanie w stosunku do wszystkich ludzi, których spotkała w swoim życiu, oraz wobec siebie samej.

Pościła, modliła się, płakała i dosłownie przeżyła czarną noc duszy. Wróciła do domu i wraz z kilkoma specjalistami pracowała nad oczyszczeniem ciała i wzmocnieniem układu odpornościowego.

Po trzydziestu dniach wykonano operację. Później lekarz chciał się dowiedzieć, co takiego Mary zrobiła, że rak praktycznie zniknął. Zamiast wcześniej zalecanej poważnej interwencji chirurgicznej przeprowadzono tylko niewielki zabieg.

Przedłużanie życia

W bardzo ciężkich przypadkach natychmiastowa interwencja medyczna, operacja, chemioterapia lub naświetlanie przedłużają życie. Wtedy takie leczenie jest nie tylko pomocne, ale czasami wręcz konieczne.

Pamiętaj, na raka nie ma lekarstwa. W związku z tym, bez względu na zastosowane leczenie, lekarze prędzej czy później spodziewają się nawrotu. Ja wolę patrzeć na leczenie jako na sposób przedłużenia pacjentowi życia, by miał czas zastosować Radykalne Wybaczanie, które może powstrzymać nawrót choroby.

Medycyna zapobiegawcza

Radykalne Wybaczanie jest jednym z najlepszych sposobów zapobiegania. Oczyszcza energię w ciałach subtelnych dużo wcześniej, zanim zdąży się ona zablokować w ciele fizycznym. Jestem przekonany, że pomagając ludziom rozwiązać ich problemy za pomocą terapii Radykalnego Wybaczania, tak jak pomogłem swojej siostrze Jill, przyczyniam się nie tylko do zabliźnienia ran w ich ciałach subtelnych, ale także do powstrzymania rozwoju choroby w ich ciele fizycznym. Uważam, że jeśli dbamy o to, by energia przepływała w nas swobodnie, tak jak powinna, nigdy nie popadniemy w chorobę. Chociaż nie prowadzę już pięciodniowych warsztatów dla osób dotkniętych rakiem, uważam moje zajęcia z Radykalnego Wybaczania, z którymi teraz jeżdżę po całym świecie, za działania zapobiegające tej chorobie.

Oczywiście ćwiczenia ruchowe, odpowiednie odżywianie się i inne tego rodzaju rozsądne zachowania pomagają. Jednak najważniejsze dla zachowania zdrowia i jego odzyskania jest utrzymanie naszych ciał energetycznych w czystości od emocjonalnych śmieci i trucizn. Niestety, temu aspektowi uzdrawiania media poświęcają najmniej uwagi, mimo że co piąty Amerykanin bierze leki antydepresyjne takie jak Prozac. Pamiętając, że depresja zawsze pojawia się przed rakiem, trzeba się zastanowić, czy to przypadek, że co piąty Amerykanin umiera na tę chorobę.

Wybaczanie a rak

Często słyszę pytanie, dlaczego pracuję z ludźmi, którzy mają raka. Nie mam w tej kwestii żadnych osobistych doświadczeń, a moja wiedza medyczna na ten temat była niewielka, gdy na początku lat dziewięćdziesiątych zaczynałem pięciodniowe warsztaty mające na celu emocjonalne i duchowe uzdrowienie.

Dopiero jakiś czas potem zdałem sobie sprawę, co mnie w tej pracy pociągało – jej związek z moim zainteresowaniem kwestią wybaczania. Przyszło mi to do głowy, gdy odkryłem, że niemal wszyscy chorzy na raka przez całe życie tłumią emocje i znani są z wyraźnej nieumiejętności wybaczania.

Dzisiaj jestem przekonany, że brak tej umiejętności przyczynia się do większości przypadków nowotworów, a może nawet jest ich główną przyczyną. Dlatego moja praca z chorymi na raka i z tymi, którzy pragną mu zapobiec, niemal całkowicie koncentruje się na Radykalnym Wybaczaniu.

Historia Jane

Jane przyszła na jeden z pięciodniowych warsztatów w północnej Georgii. Usunięto jej pierś, czekała na przeszczep szpiku. Po zakończeniu zajęć przychodziła do mnie raz w tygodniu na leczenie hipnozą i sesje indywidualne. Na drugą wizytę przybyła zrozpaczona, ponieważ rezonans magnetyczny wykazał obecność komórek rakowych w jej mózgu. Nowe ognisko choroby było niebezpieczne samo w sobie, na dodatek mogło zniszczyć jej szanse na przeszczep. Lekarze mieli zamiar zaaplikować jej chemioterapię, by powstrzymać rozwój raka. Byli jednak zdziwieni, ponieważ na ogół choroba dokonuje przerzutów z piersi do wątroby, a dopiero potem do mózgu. Taki jej rozwój, jak u Jane jest bardzo rzadki. Pomyślałem, że warto się temu przyjrzeć.

Jane, atrakcyjna kobieta tuż po czterdziestce, od siedmiu lat nie była z nikim związana. Miała jakiegoś „chłopaka", ale określała ten związek raczej jako bliską przyjaźń. Uważała go za kolegę, chociaż sypiała z nim od czasu do czasu. Kiedy zagłębiłem się w problem jej związków uczuciowych, okazało się, że Jane odczuwa nieprawdopodobny żal związany z jakąś historią sprzed lat. Tamten związek trwał osiem lat i był niezwykle namiętny, a Jane wyraźnie uwielbiała ówczesnego partnera. Po czterech latach, gdy sądziła, że wkrótce się pobiorą, dowiedziała się, że jej ukochany już jest żonaty, ma dzieci i nie zamierza się rozwodzić. Jane wpadła w rozpacz, ale nie potrafiła z nim zerwać. Potrzebowała następnych czterech lat, by wyplątać się z tego związku.

Stało się dla mnie jasne, że w wyniku tej porażki Jane stłumiła całkowicie swoje emocje i już nigdy nie pozwoliła sobie na tak głębokie zaangażowanie w związek z mężczyzną. Nie byłem też zdziwiony, że miała złamane serce; jak większość kobiet chorych na raka (piersi są narządem karmienia, znajdującym się w pobliżu serca i z nim związanym).

Wychodząc po zakończonej sesji, Jane szepnęła:
– Schowałam go na strychu.
– Co chcesz przez to powiedzieć? – zapytałem.
– Wszystko, co miało jakikolwiek związek z tamtym mężczyzną lub mogło mi go przypomnieć, a co gromadziłam przez wszystkie te lata, włożyłam do pudełka i wstawiłam na strych. Nadal tam jest. Nigdy więcej do tego nie zajrzałam.

Poprosiłem ją, by usiadła i opowiedziała mi wszystko od początku. Kazałem jej to powtórzyć trzy razy. Nagle dostrzegła związek między pudełkiem na strychu, które przedstawiało jej nieudany związek, a rakiem mózgu.
– O mój Boże! – powiedziała. – To tamten facet jest w mojej głowie, prawda? Na moim strychu.

Powiedziałem, by wróciła do domu, weszła na strych i zniosła pudełko na dół. Poprosiłem, by zabrała je z sobą na następne spotkanie, żebyśmy mogli obejrzeć każdą pamiątkę z osobna. Miała mi opowiedzieć związaną z nimi historię, aż uzdrowimy ich energię i uwolnimy stłumiony ból. Jane zrozumiała, że to może być klucz do jej uzdrowienia, i była bardzo podekscytowana. Niestety, następnego dnia dostała ataku i została ponownie przyjęta do szpitala. Zmarła miesiąc później, nawet nie dotknąwszy pudełka na strychu. Oglądanie jego zawartości i odczuwanie żalu po utraconej miłości mogło okazać się dla niej zbyt trudne. Myślę, że na jakimś poziomie postanowiła raczej zrezygnować z życia, niż stawić czoło bólowi.

Korzenie choroby

Energia zawsze blokuje się najpierw w ciałach subtelnych. Potem, jeśli blokada nie zostaje usunięta na tym poziomie, przechodzi do ciała fizycznego i objawia się w formie takich chorób jak rak, stwardnienie rozsiane, cukrzyca itp. Możemy więc powiedzieć, że choroba zawsze zaczyna się w ciałach subtelnych, a potem przechodzi w głąb.

Na ogół sądzimy, że najlepszym sposobem uniknięcia choroby są regularne badania okresowe u lekarza. Dzisiaj wiadomo, że dużo lepiej pójść na konsultację do kogoś, kto potrafi odczytywać aurę, czyli umie rozpoznać wzorce energetyczne naszych ciał subtelnych, a zwłaszcza ciała eterycznego. Taki człowiek dostrzega powstającą blokadę energetyczną na długo przedtem, zanim pojawi się ona w ciele fizycznym. Ludzie obdarzeni intuicją medyczną też to potrafią.

Istnieją skomplikowane technicznie urządzenia do diagnostyki, które również to czynią. Korzystają z nich głównie naturopaci, homeopaci, osteopaci i kręgarze. Maszyna wykorzystuje punkty akupresurowe (które znajdują się w ciele eterycznym), by odczytać stan każdego narządu i wykryć chorobę na poziomie subklinicznym. Urządzenia są bardzo precyzyjne, chociaż większość tradycyjnych lekarzy ich nie uznaje. Leczenie choroby w ciele subtelnym jest dużo łatwiejsze niż czekanie, aż skonkretyzuje się ona w objaw fizyczny, ponieważ, gdy to już nastąpi, dolegliwość staje się bardziej odporna na zmiany.

Śmieci emocjonalne

Fizycy kwantowi dowiedli, że emocje gromadzą się w postaci cząsteczek energii, które – jeśli nie zostaną wyrażone – zatrzymują się między atomami i cząstkami, co można porównać z zapychaniem się filtra. Kiedy emocja staje się cząsteczką materialną, o wiele trudniej ją uwolnić i tutaj właśnie leży sedno problemu. Dużo więcej czasu i wysiłku trzeba, by usunąć blokadę z ciała fizycznego niż energię w czystej postaci z ciał subtelnych, w tym wypadku – z ciała emocjonalnego.

Jednak pozbycie się tych cząstek, zanim wyrządzą krzywdę, jest możliwe. Najlepszym znanym mi sposobem jest połączenie Radykalnego Wybaczania z metodą oddychania *satori* (zob. część IV, rozdział 27.). Lecz jeśli pozwolimy tym cząstkom gromadzić się i łączyć w masę, która pewnego dnia stanie się rakiem, problem będzie nie do rozwiązania, w wyniku czego może zagrażać życiu.

Dlaczego nie uzdrawiamy siebie

Czas i uzdrawianie są bezpośrednio ze sobą powiązane, to jasne. Chcąc ewoluować do takiego stopnia, byśmy mogli uzdrawiać samych siebie, musimy większą część świadomości utrzymywać w teraźniejszości – nie w przeszłości ani przyszłości, ale w t e r a z. Caroline Myss w swojej kolekcji kaset *Dlaczego ludzie nie odzyskują zdrowia* utrzymuje, że osoby, u których ponad sześćdziesiąt procent energii życiowej zostało zaangażowane w podtrzymywanie przeszłości, są niezdolne do uzdrawiania siebie w sensie energetycznym. W związku z tym, chcąc się wyleczyć, polegają całkowicie na lekach chemicznych.

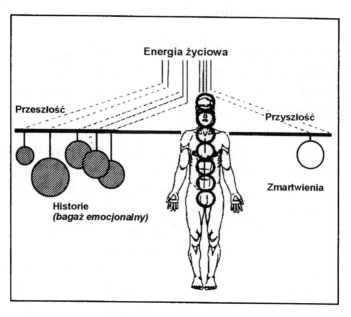

Rys. 12. Dlaczego ludzie nie uzdrawiają siebie.

Autorka twierdzi, że pozostaje bardzo niewiele energii do wykorzystania w teraźniejszości, czyli na uzdrawianie, jeśli sześćdziesiąt czy siedemdziesiąt procent cennej siły życiowej przeciętnego człowieka służy do zarządzania jego negatywnymi doświadczeniami z dzieciństwa, młodości i wczesnych lat dorosłego życia oraz do rozpamiętywania strat, rozczarowań i dawnych uraz, a dodatkowe dziesięć procent wykorzystuje się do zmartwień o przyszłość, do jej planowania i prób kontrolowania. (Warto zauważyć, że nie trwonimy energii, gdy podtrzymujemy w pamięci wydarzenia pozytywne, a nawet negatywne, jeśli tylko zostały one przetworzone i wybaczone).

Życie ma swoje sposoby, by przywołać nas – i naszą energię – do teraźniejszości. Często czyni tak za pomocą traumy. Kiedy zdarzy się nam jakieś nieszczęście, mamy wypadek lub odkrywamy, że zagraża nam niebezpieczeństwo, koncentrujemy się na chwili obecnej. Instynktownie całą naszą świadomość skupiamy na teraźniejszości. Nagle przeszłość nie istnieje, a przyszłość nie ma znaczenia. Istnieje tylko chwila obecna. Moc skoncentrowanej na chwili obecnej energii jest tak ogromna, że matka, widząc dziecko uwięzione pod samochodem, nagle potrafi podnieść pojazd, by je spod niego uwolnić. Również akty niezwykłej śmiałości i odwagi zdarzają się wtedy, gdy energia skupia się na teraźniejszości. Strach pojawia się, gdy przenosimy przeszłość w przyszłość, a kiedy naprawdę żyjemy chwilą teraźniejszą, jesteśmy całkowicie pozbawieni lęku, ponieważ nie mamy świadomości tego, co było i co będzie.

Radykalne Wybaczanie pomaga nam żyć w teraźniejszości, ponieważ nie wybaczamy, cofając się w przeszłość. Wybaczamy tylko tej osobie, która odzwierciedla naszą projekcję tu i teraz. Na tym polega piękno tej metody. To prawda, iż czasem związek z przeszłością jest tak wyraźny – jak w historii Jill – że rzuca światło na bieżącą sytuację. Jednak najważniejsza jest nadal doskonałość tego, co się zdarza w tej chwili.

Możemy dokonać wyboru i albo uwolnić się od archetypu ofiary i przenieść swoją energię do teraźniejszości za pomocą Radykalnego Wybaczania, albo czekać, aż zmusi nas do tego traumatyczne przeżycie. Inaczej mówiąc, albo przekształcimy naszą świadomość z własnej woli, albo poczekamy, aż nieszczęście lub śmiertelna choroba zmuszą nas do tego.

Rozdział 14

Jak w Niebie, tak na Ziemi

Cała ludzkość, podobnie jak każdy z nas, może będzie musiała wkrótce dokonać podobnego wyboru: uzdrowić się z własnej woli czy pod przymusem.

Ulecz się z własnej woli lub pod przymusem

Wielu wizjonerów twierdzi, że wszelkie znaki na niebie i na ziemi wskazują, iż rodzaj ludzki niebawem stanie przed alternatywą: uzdrowienie z wyboru czy z przymusu.

Ziemia ma raka, a jest nim człowiek. Ta żyjąca, oddychająca, świadoma planeta pozostawała w stanie doskonałej równowagi przez całe swe życie, a każda jej część robiła, co trzeba, by tę równowagę utrzymać, podobnie jak czynią zdrowe komórki w ludzkim ciele.

Przez tysiące lat byliśmy jednym z elementów tego harmonijnego organizmu. Niestety, w ciągu ostatnich kilku stuleci postawiliśmy siebie ponad naturalnym porządkiem i uwierzyliśmy, że panujemy nad całym systemem. Tak jak komórki rakowe mnożą się bez opamiętania, rozprzestrzeniając się po całym organizmie i pożerając swego gospodarza, tak my mnożymy się na całej planecie i plądrujemy jej naturalne zasoby, jakby nie liczyło się nic innego oprócz naszej pazerności.

Niczym guz otaczający serce lub blokujący płuca, dusząc w śmiertelnym uścisku własne źródło życia, wycinamy lasy, zanieczyszczamy powietrze, którym oddychamy, i zatruwamy środowisko. Naukowcy twierdzą, że jeśli nie dokonamy znaczących zmian, to w ciągu następnych czterdziestu lub pięćdziesięciu lat zniszczymy życie w takiej postaci, jaką znamy.

Najbardziej jednak potrzebne jest przekształcenie świadomości. Musimy ją zmienić zbiorowo albo trzeba będzie stawić czoło bezprecedensowym traumatycznym zdarzeniom na takim poziomie, że wszystkie struktury utrzymujące dzisiejszy styl życia zostaną unicestwione.

Zmiany na Ziemi i wstrząs polityczny

Od najdawniejszych czasów do dnia dzisiejszego przepowiadano na Ziemi katastroficzne przemiany na wielką skalę w początkach nowego tysiąclecia. Proroctwa wymieniają takie zdarzenia jak zmiany położenia biegunów, trzęsienia ziemi, poważne zaburzenia pogodowe, wybuchy wulkanów i znaczny wzrost poziomu mórz w wyniku stopienia się lodowców polarnych. Rezultatem tych katastrof miałaby być nowa mapa świata, zniknięcie pod wodą wielu lądów i pojawienie się nowych. Niewyobrażalne zniszczenia i chaos doprowadziłyby do śmierci milionów ludzi. Na wielką skalę pojawiłyby się wstrząsy polityczne, wojny religijne i zniszczenie środowiska.

Tak przepowiadał znany szesnastowieczny jasnowidz, Nostradamus, i współczesny nam Edgar Cayce, śpiący prorok, który miał bardzo dokładne widzenie w latach czterdziestych. Takie przepowiednie pojawiają się także w pismach religijnych, również w biblijnej Apokalipsie, i w tradycyjnych tekstach Majów, Indian Hopi oraz ludów o rozwiniętej świadomości duchowej.

Według wielu ludzi już widać wyraźnie, że zmiany te się zaczęły. Ponieważ skutków globalnego ocieplenia nie da się dłużej nie dostrzegać, środowisko naukowe opracowuje własne przewidywania oparte na wzroście liczby powodzi, susz, huraganów, tornad i erupcji wulkanów na świecie. Prognozy te przypominają przepowiednie Cayce'a i innych jasnowidzów. Całkiem niedawno świat stał się o wiele bardziej chwiejny politycznie, a niektóre zdarzenia przypominają realizację zapowiedzi sprzed wieków.

Liczy się świadomość

Naukowcy nie mówią o wpływie świadomości na stan Ziemi, wolą koncentrować się na poszukiwaniu działań, które powstrzymałyby zbliżającą się zgubę. Jednak przepowiednie o bardziej duchowym zabarwieniu zawsze zawierają w sobie uwagę, że zasięg zmian na Ziemi i wstrząsów politycznych można ograniczyć, jeśli ludzie zbudzą się i zmienią swą świadomość. Inaczej mówiąc, chociaż nasza świadomość oparta na lęku i pazerności tak bardzo zraniła ciało eteryczne naszej planety, że nie da się uniknąć gwałtownego wybuchu w jej fizycznym ciele, możemy jeszcze zmniejszyć jego skutki, pogłębiając swoją świadomość. Wiemy już, że wzorzec chorobowy w ciele eterycznym istoty ludzkiej można uzdrowić za pomocą środków pozafizycznych (modlitwa, reiki, leczenie dotykiem, Radykalne Wybaczanie itp.). Podobnie wzorzec wstrząsów i gwałtownych zmian, który już istnieje w ciele eterycznym Ziemi, można zmienić, zanim objawi się w postaci fizycznej. Metodą jest, co zdumiewające, modlitwa.

Moc modlitwy

Od kilku lat nauka rzuca nowe światło na modlitwę, przyznając coraz częściej, że jest skuteczna, że naprawdę tworzymy swoją rzeczywistość za jej pomocą. Chcę uściślić, że nie chodzi o takie modły, w których prosimy Boga o coś lub mówimy mu na różne sposoby, co ma robić.

Nie, istotą twórczej modlitwy nie są ani słowa, ani myśli. Jest nią w gruncie rzeczy uczucie. Modlitwa odzwierciedli twoje pragnienia tylko wtedy, gdy w pełni poczujesz, że już to masz, że to się dokonało lub że już tym cię obdarowano. Uczucie głębokiej wdzięczności jest najbliższe temu stanowi.

Ale nawet to jest związane z konkretnym rezultatem i pewnie nie wzniesie świadomości wystarczająco wysoko, by zmienić energię w pożądanym stopniu.

Najczystszą formą modlitwy, jaką możemy osiągnąć, jest odczuwanie spokoju – takiego, który pojawia się wówczas, gdy poddajemy się całkowicie temu, co jest – i jakie jest – wiedząc, że Duch nad wszystkim czuwa i że wszystko będzie dobrze, jeśli usuniemy mu się z drogi.

Tylko wtedy, gdy całkowicie poddamy się istniejącej sytuacji, energia otworzy się na zmiany, a na czym one będą polegać – Bóg jeden wie! Nie módl się o pokój. Módl się o uczucie, iż panuje pokój. To najbardziej twórcza modlitwa, jaką możesz odmawiać. Pokój ma największą moc na Ziemi i z pewnością potrzebujemy go właśnie teraz. Kiedy poczujemy go w swoich sercach, poznamy Miłość, a świat stanie się jej odzwierciedleniem.

Znaczy to, że mamy wybór. Każdy z nas może podjąć decyzję, czy będzie w sobie pielęgnować uczucie strachu, przeświadczenie o powszechnym niedostatku, nieufność, pazerność i poczucie winy, czy też uwolni się od tego wszystkiego i będzie żyć w pokoju. To takie proste. Pokój/miłość to jedyne antidotum na świadomość opartą na strachu, która towarzyszy nam w codziennym życiu. Dokonaj zatem słusznego wyboru. Mamy ku temu odpowiednią technikę. Stosuj codziennie Radykalne Wybaczanie, by urealnić ten wybór – i sprawdź, co się stanie!

Uzdrawiający kryzys

Może się wydawać, że Ziemia i cały ród ludzki przechodzą uzdrawiający kryzys, a sprawy mogą się jeszcze pogorszyć, zanim sytuacja się poprawi. (Uzdrawiającym kryzysem nazywamy etap choroby, w którym stan pacjenta zdaje się pogarszać – rośnie gorączka lub pojawiają się wrzody – a zaraz potem chory zaczyna wracać do zdrowia. Chwilowe pogorszenie służy do oczyszczenia i odtrucia organizmu).

W zgodzie z Boskim porządkiem

Bez względu na to, jak dramatyczne są wydarzenia, musimy wierzyć, że nawet w tego rodzaju sytuacji jest doskonałość i Boski cel. Bo któż mógłby wymyślić bardziej gwałtowny sposób odzwierciedlania nam przez Ducha naszego własnego pożądania władzy i pazerności? Albo naszej potrzeby tworzenia barier między ludźmi? Nie możemy rozwijać się duchowo, trzymając się uparcie tego typu energii; nawet jeśli muszą nastąpić na Ziemi zmiany, byśmy się od tych energii uwolnili, niech tak będzie. Ten proces uzdrowi zarówno naszą planetę, jak i nas.

Skoncentruj się na doskonałości

Musimy cały czas pamiętać, że skoro świat fizyczny jest złudzeniem, to także doświadczane przez nas zmiany są złudne. To wyjaśnia, dlaczego przemiana w ludzkiej świadomości może natychmiast odmienić sytuację. Sposób, w jaki będziemy doświadczać zmian na Ziemi, zależy od tego, jak postrzegamy to, co się dzieje. Jeśli uznamy to za formę oczyszczenia świadomości i za uzdrawiający kryzys, którego owocem będzie duchowa transformacja, to nasze doświadczenie będzie zgoła inne niż wówczas, gdy uznamy siebie za ofiarę i stwierdzimy, że wszystkie zdarzenia są realne, że należy się ich bać i traktować jako karę za naszą głupotę. Radykalne Wybaczanie pozwoli nam skoncentrować się na doskonałości bieżących zdarzeń i przeprowadzi nas ku radości i spokojowi po drugiej stronie tego doświadczenia.

Dar

Powiedzenie: „Jak w Niebie, tak na Ziemi" wskazuje także, w jaki sposób reagujemy zarówno na raka we własnym ciele, jak i na tego, który toczy całą naszą planetę. Prowadząc wojnę z chorobą za pomocą leków i innych gwałtownych środków, nigdy raka nie uleczymy. Raptowne, bardzo techniczne, uzasadniane polityką rozwiązania problemów Ziemi także nie pomogą. W obu przypadkach może pomóc tylko miłość. Kiedy naprawdę to zrozumiemy, pojmiemy, że rak – zarówno Ziemi, jak i ciała – jest darem.

Nie ma ważniejszej nauki niż ta właśnie. Ludzie cierpiący na nowotwór to dzielne dusze, które pojawiły się w świecie fizycznym z misją wykazania, jak bezowocne jest dokonywanie projekcji gniewu i wojny na ciało i na nas samych. Mają pomóc nam zrozumieć, że jedyną odpowiedzią na wszystkie sytuacje jest miłość. Natomiast naszym darem dla nich jest po prostu uważne wysłuchanie ich przesłania.

Wizje radości, harmonii i spokoju

To, czy podniesiemy swoje wibracje na tyle, by zapobiec traumie i dobrowolnie wejść w harmonijny rezonans z życiem, w ogólnym rozrachunku jest bez znaczenia – rezultat będzie taki sam.

Wszystkie przepowiednie mówiące o zmianach na Ziemi przewidują przełom świadomości, który nadejdzie w ślad za samooczyszczeniem się Ziemi i zrównoważeniem karmy, którą stworzyliśmy. Wizja życia po zmianach na Ziemi, jako cudownie harmonijnego, spokojnego i idyllicznego, zupełnie innego niż teraz, pojawia się w niejednej przepowiedni. Jak przy wielu okazjach uzdrowienia, możemy albo uleczyć ból duszy przy pierwszej oznace stłumionego cierpienia, albo czekać, aż zdarzy się nieszczęście, które nas obudzi.

W jakikolwiek sposób dokonają się zmiany na Ziemi i na jakimkolwiek poziomie destrukcji zakończy się karma planety, będzie to ostateczny kryzys uzdrawiający zarówno dla Ziemi, jak i dla nas. I z pewnością nastąpi to zgodnie z Boskim porządkiem.

Podniesienie wibracji na tyle, by zmienić owe przepowiednie, wymaga więc od nas życia opartego na miłości, łagodnej akceptacji siebie i innych, wybaczenia sobie zniszczeń, jakich dokonaliśmy na Ziemi, i złączenia się w modlitwie możliwie jak największej liczby osób z całego świata, które przyjmą Radykalne Wybaczanie jako trwały sposób na życie.

CZĘŚĆ III

Rozwinięcie założeń

Rozdział 15

Artykuły wiary

Założenia wymienione w rozdziale 2. opisałem skrótowo, tak by ułatwić zrozumienie teorii Radykalnego Wybaczania. Teraz chciałbym je omówić szerzej, byś mógł myśleć o nich spokojnie, nawet jeśli nie do końca się z nimi zgadzasz.

Pamiętaj, że każda teoria opiera się na pewnych założeniach, ale nie wszystkie zostały udowodnione. Odnosi się to zwłaszcza do argumentacji o naturze rzeczywistości i do kwestii duchowych.

Co ciekawe, nauka i mistyka osiągnęły nowy poziom porozumienia, jeśli chodzi o naturę rzeczywistości i inne zagadnienia duchowe, które dotychczas wydawały się poza zasięgiem nauki. Przez stulecia hinduscy mistycy twierdzili, że w wyniku czterdziestoletniej medytacji w jaskiniach Himalajów posiadają bezpośrednią wiedzę o tych uniwersalnych prawdach. Ostatnio naukowcy doszli do tych samych prawd – czy raczej przyjęli podobne założenia – stosując ściśle naukowe metody i konstrukcje myślowe. Można bez obaw stwierdzić, że fizyka kwantowa ukazuje to, co mistycy wiedzieli od stuleci. To fascynujące, że dwa tak różne sposoby docierania do prawdy w końcu się łączą! Nauka i duchowość wreszcie stanowią jedność, a naukowcy stają się współczesnymi mistykami.

Tymczasem, mimo postępu, jakiego dokonała ludzkość, musimy pamiętać, że założenia te z samej swojej natury nie reprezentują c a ł e j p r a w d y. Wielki sekret funkcjonowania wszechświata i najwyższy cel ludzkiego życia nadal pozostają poza zasięgiem rozumienia zwykłego śmiertelnika, a przyjmowane przez nas założenia wydają się zaledwie przybliżeniem tego, czym może być prawda. Przy tym zastrzeżeniu, poniższe przesłanki stanowią podstawę Radykalnego Wybaczania.

Założenie: **Wbrew twierdzeniom zachodniej myśli religijnej nie jesteśmy istotami ludzkimi, które miewają duchowe doświadczenia, lecz istotami duchowymi doświadczającymi ludzkiego losu.**

To nie jest gra słów. Powyższe twierdzenie jest wyrazem zasadniczej zmiany w naszych poglądach na to, kim jesteśmy i jakie nas łączą relacje z Bogiem. Przyjmując to założenie za prawdziwe, przestajemy postrzegać siebie jako istoty upadłe i oddzielone od Niego, natomiast zaczynamy sobie zdawać sprawę, że nadal wiele nas łączy z Wszystkim, Co Jest, a życie w fizycznym ciele stanowi etap przejściowy, konieczny, by nauczyć się równoważyć energię. Znaczy to również, że Bóg żyje w każdym z nas, a nie tylko gdzieś tam w górze, podkreślając naszą dwoistą naturę ludzką i duchową. Laureat Nagrody Pulitzera, Ernst Becker, wyjaśnił to dosadnie: „Człowiek to Bóg, który błądzi" (E. Becker, *The Denial of Death*, MacMillan Free Press, 1973).

Idea, że jesteśmy duchowymi istotami doświadczającymi ludzkiego losu, kryje w sobie ogromną siłę. Stanowi bezpośrednie zagrożenie dla ego, które jest zbiorem przekonań o naszej rozłące z Bogiem i Jego gniewie za ten grzech pierworodny. Jeśli nie jesteśmy z Nim rozdzieleni, ale ściśle połączeni, ego przestaje istnieć.

***Założenie:* Nasze fizyczne ciała umierają, ale my jesteśmy nieśmiertelni.**

Filozofowie zastanawiali się przez całe stulecia, czym jest „dusza". Dyskusja zaczęła się jeszcze przed Platonem i Sokratesem, a obaj mieli dużo do powiedzenia na ten temat, chociaż każdy wyrażał inne zdanie. Debata trwa do dzisiaj i nadal nie ma zgody, co właściwie stanowi duszę.

Do celów tej dyskusji określa się duszę jako tę część człowieka, która jest czystą świadomością połączoną z wielkim oceanem świadomości tworzącym Wszystko, Co Jest. Wcielając się, dusza przyjmuje indywidualne cechy, które można określić jako drobinę tego samego oceanu lub Boskości. Skoro jesteśmy częścią Wszystkiego, Co Jest, zawsze istnieliśmy jako dusza, która nie ma początku i końca, egzystuje poza czasem i przestrzenią i jest nieśmiertelna. Podczas naszej inkarnacji dusza utrzymuje więź ze Światem Boskiej Prawdy i z Wszystkim, Co Jest. Odpowiada też za nasz duchowy rozwój.

Wcielając się, dusza wiąże się z konkretnym ciałem i osobowością, które razem stanowią osobę, czyli tożsamość. Kierujemy nią sami dla siebie, opierając się na wizerunku własnym, i prezentujemy ją zewnętrznemu światu. W ten sposób nasza dusza podlega stresom ludzkiego istnienia i może nawet być chora. Wiele spośród dzisiejszych chorób, na przykład rak, zaczyna się jako głębokie schorzenie duszy. Szamani mówią, że dusza rozszczepia się i rozpada na kawałki, a jej cząsteczki gubią się w minionych zdarzeniach, zwłaszcza w przeżyciach traumatycznych. Duża część uzdrowicielskiej pracy szamana polega na odzyskiwaniu duszy.

To, czy dusza wciela się tylko raz, czy wielokrotnie, stanowi przedmiot sporu od stuleci, a wiele kościołów i religii w ogóle nie rozważa tej kwestii także dzisiaj. A przecież wiara w reinkarnację zawsze znajdowała miejsce wśród wierzeń duchowych Wschodu. Nie uważam, by kwestia reinkarnacji była najważniejsza w Radykalnym Wybaczaniu, a to, czy w nią wierzysz, czy nie, jest bez znaczenia. Nie ma to wpływu na skuteczność metody i jest po prostu twoim osobistym wyborem. *Jeżeli nie zgadzasz się z ideą reinkarnacji, pomiń kilka następnych stron.*

Jeśli o mnie chodzi, nie mam sprecyzowanego poglądu w tej kwestii, chociaż liczne zapiski o doświadczeniach podczas śmierci klinicznej zdają się wskazywać na istnienie reinkarnacji. Te świadectwa są tak do siebie podobne, że trudno je podważyć. Tysiące ludzi opowiadało o zbliżonych przeżyciach, wykazując jednakową pewność, że to, co widzieli, było realne. Również wpływ, jaki miały one na ich późniejsze życie, był taki sam.

To samo źródło świadczy nie tylko o tym, że nasza dusza wciela się wielokrotnie, ale również że nie przychodzi na ten świat sama. Badania nad poprzednim życiem wskazują, że nasze dusze powracają na Ziemię kilkakrotnie, za każdym razem w towarzystwie innej duszy z tej samej grupy, by rozwiązać konkretny problem dotyczący braku równowagi karmicznej.

Podczas swojej wędrówki ku pełni wywołujemy zaburzenia energii, które trzeba wyrównać. Te zaburzenia nazywa się naszą karmą. Na przykład, jeśli wykorzystujemy i oszukujemy ludzi, w pewnym momencie sami zostajemy oszukani, by wyrównać energię. Nie jest to ćwiczenie z moralności i nie ma nic wspólnego z dobrem lub złem. Jak już stwierdziliśmy, wszechświat jest neutralny. Wszystko polega na znalezieniu równowagi i zależy od prawa przyczyny i skutku, które głosi, że każda akcja wywołuje reakcję (zob. rozdział 9.).

Ludzie, z którymi gramy, i gry, w które gramy, to droga do równoważenia energii. Nasza dusza doznaje uzdrowienia i znów staje się jednością za każdym razem, gdy wyrównujemy karmiczną energię. Dlatego każde wcielenie przyczynia się do uzdrowienia duszy.

Nawiasem mówiąc, skoro czas nie istnieje w Świecie Boskiej Prawdy, wszystkie nasze wcielenia odbywają się równocześnie. Uzdrawiając się w ciągu jednego życia, leczymy wszystkie swoje pozostałe wcielenia. Zastosowanie w jednym życiu Radykalnego Wybaczania ma ogromną wartość dla duszy, ponieważ uzdrawia zarazem wszystkie inne inkarnacje, łącznie z teraźniejszą. Wyobraź sobie zbiorową karmę, której Nelson Mandela przywrócił równowagę, wybaczając całemu pokoleniu białych z Afryki Południowej złe traktowanie czarnych. Wyobraź sobie także zbiorową karmę, którą trzeba doprowadzić do równowagi w Ameryce i która wiąże się ze złym traktowaniem niewolników i rdzennych mieszkańców tego kontynentu, Indian.

Nasza dusza zawsze kieruje nas ku uzdrawianiu oraz stwarza sytuacje sprzyjające zbilansowaniu energii karmicznej. Jeśli jednak to uzdrowienie nie dojdzie do skutku na poziomie Świata Boskiej Prawdy, pogłębiamy jeszcze bardziej ów brak równowagi przez urazę, chęć zemsty i pielęgnowanie postawy ofiary. Wówczas koło karmy kręci się bez końca. Radykalne Wybaczanie to najlepszy sposób na jego zatrzymanie, ponieważ przerywa ono cykliczność zdarzeń.

Zapomnij o tym, co właśnie powiedziałem, jeśli idea reinkarnacji budzi w tobie opór. To nic nie zmienia.

Założenie: **Chociaż nasze ciała i zmysły mówią nam, że jesteśmy odrębnymi istotami, to w rzeczywistości wszyscy stanowimy jedność. Każdy z nas wibruje jako część całości.**

My to nie nasze ciała. Nie jesteśmy naszym ego ani osobowością, ani nawet rolami, które codziennie odgrywamy. Przekonanie, że tym właśnie jesteśmy, wzmacnia naszą wiarę w rozdzielenie z Bogiem. Trwanie w tym przeświadczeniu sprawia, że nie potrafimy sobie przypomnieć, kim w istocie każdy z nas jest – duszą stworzoną jako część Boga i stanowiącą z Nim jedność.

Założenie: **Kiedy wszystkie dusze stanowiły jedność z Bogiem, przyszło nam na myśl, że rozdzielenie jest możliwe. Wpadliśmy w pułapkę, która stała się złudzeniem lub snem przeżywanym przez każdego z nas. To tylko sen, ponieważ żadnego rozdzielenia w rzeczywistości nie było. Tak się nam tylko wydaje, a to z kolei doprowadziło do powstania całego systemu przekonań, który nazywamy naszym ego.**

Kiedyś byliśmy całkowicie zanurzeni we Wszystkim, Co Jest – w Bogu. Nie mieliśmy kształtu, byliśmy niezmienni, nieśmiertelni i znaliśmy tylko miłość. Potem pojawiła się pewna myśl. Jak by to było, gdybyśmy przyjęli postać fizyczną i doświadczyli przeciwstawnych energii, takich jak kształt, zmiana, rozdzielenie, strach, śmierć, ograniczenie i dwoistość? Zabawialiśmy się tym pomysłem, nadal sądząc, że możemy w każdej chwili się wycofać, nawet gdybyśmy postanowili wprowadzić go w czyn. Nie dostrzegaliśmy niebezpieczeństwa. I tak podjęliśmy decyzję, obniżyliśmy naszą wibrację, by skondensować energię w postaci fizycznej. Czyniąc to, zapomnieliśmy o więzi z Bogiem i wyobraziliśmy sobie, że jesteśmy odrębni i że nie ma powrotu do Wszystkiego, Co Jest.

Ten sen stał się dla nas rzeczywistością i ogarnęło nas ogromne poczucie winy za popełnienie (pierworodnego) grzechu oddzielenia się od Boga. Zaczęliśmy się lękać, że wzbudziliśmy Jego gniew swym uczynkiem. Wiara w grzech, poczucie winy i strach stały się naszym ego, które uzyskało taką moc, że stworzyło w naszych umysłach obraz świata opanowanego przez lęk.

Chociaż próbujemy personifikować swoje ego, nie jest ono odrębnym bytem. Nie reprezentuje też naszej osobowości, lecz zbiór głęboko ukrytych przekonań, które podtrzymują w nas wiarę w rozdzielenie z Bogiem. Ogromna siła tego podświadomego przeświadczenia, uzewnętrzniająca się pod postacią poczucia winy, strachu, tłumienia i projekcji uczuć, tworzy złudzenie, że ego żyje w nas. Ego więzi nas w Świecie Ludzkim, uśpionym (nieświadomym), wyobrażającym sobie, że zostaliśmy oddzieleni od Boga.

Założenie: **Kiedy postanowiliśmy przeprowadzić eksperyment z wcieleniem się w ludzką postać, Bóg dał nam wolną wolę doświadczania wszystkiego, czego doświadczyć zechcemy, i odnalezienia drogi do Wszystkiego, Co Jest.**

Wolna wola jest uznawana na najwyższym poziomie. Wbrew temu, co twierdzi nasze ego, Bóg nie pogniewał się na nas za naszą myśl o rozdzieleniu. Bóg daje nam wszystko, czego pragniemy, co wybierzemy, i nas nie osądza. Ilekroć poprosimy o pomoc, stosując Radykalne Wybaczanie lub modląc się, zawsze nam odpowie.

Założenie: Życie nie jest zdarzeniem przypadkowym, ma swój cel i przyczynia się do wypełnienia Boskiego planu, oferując możliwość dokonywania wyborów i podejmowania decyzji.

Patrząc z perspektywy Świata Ludzkiego, może się zdawać, że pojawiliśmy się na tej planecie przez biologiczny przypadek. Urodziliśmy się tylko dlatego, że nasi rodzice uprawiali miłość i zapoczątkowali łańcuch biologicznych zdarzeń, zwanych ciążą i narodzinami.

Może się także zdawać, że jedynym sposobem opanowania sztuki życia jest nauczenie się, jak ten świat działa, i zdobycie umiejętności, które pozwolą nam kontrolować przypadkowe na pozór zdarzenia. Im skuteczniej radzimy sobie z fizycznymi okolicznościami, w jakich przyszło nam żyć, tym lepiej nam się żyje.

Z perspektywy Świata Boskiej Prawdy jest wręcz przeciwnie. Nasze pojawienie się na Ziemi wynika z przemyślanego, zaplanowanego i świadomego wyboru. Do planu należy także wybór ludzi, którzy staną się naszymi rodzicami.

Także pozornie przypadkowe wydarzenia w naszym życiu należą do Boskiego planu, zostały postanowione z góry i mają konkretny cel, jeśli chodzi o nasz duchowy rozwój. Im chętniej się temu poddamy, nie próbując nad wszystkim panować, tym większy ogarnie nas spokój.

Na pierwszy rzut oka wygląda to na fatalizm. Ale nie chodzi wyłącznie o przeznaczenie. W rzeczywistości Boski plan pozwala na dużą dozę kreatywności i elastyczności, ponadto uznaje zasadę wolnej woli. Współtworzymy z Duchem okoliczności, w jakich żyjemy, i zawsze dostajemy dokładnie to, czego pragniemy. Opór (osąd), jaki temu stawiamy, lub akceptacja decydują, czy odbieramy życie jako bolesne, czy jako radosne.

Tak więc opanowanie sztuki życia zależy od naszej wiary i ufności, że Bóg nad nami czuwa i wspiera nas bez względu na wszystko. Radykalne Wybaczanie wskazuje nam ten właśnie kierunek.

***Założenie:* Fizyczna rzeczywistość jest złudzeniem stworzonym przez nasze zmysły. Materia składa się z współdziałających pól energii o różnej częstotliwości drgań.**

Większości ludzi trudno zaakceptować myśl, że rzeczywistość fizyczna jest złudzeniem stworzonym przez nasze zmysły. Ken Carey potwierdza tę trudność. Dusze, które przekazały wiedzę za pośrednictwem jego książki (K. Carey, *Starseed Transmissions*, Uni*Sun, 1982), będącej swego rodzaju channellingiem, dokonały interesującego spostrzeżenia. Kiedy dostały się do wnętrza ciała Careya i doświadczyły działania ludzkich zmysłów, były zdumione. Dopiero wtedy zrozumiały, dlaczego ludzie odbierają fizyczny świat jako realny. Nasze zmysły sprawiają, że złudzenie jest tak przekonujące, iż nawet niewcielone dusze potrafiły zrozumieć trudności, na jakie w tej dziedzinie napotykamy.

W istocie trudno pamiętać, że świat fizyczny jest iluzją. Zaczynamy jednak sobie o tym przypominać. Ostatnio naukowcy zaczęli mówić o ludzkim ciele w kontekście

kontinuum ciało/umysł. Taka terminologia wskazuje, że nasze ciała są czymś więcej niż zbiorem komórek, molekuł czy atomów. Nauka o energii mówi nam, że w rzeczywistości jesteśmy dużym skupiskiem współdziałających pól energetycznych i że – tak jak w hologramie – wszystko zależy od drgań energii według konkretnych wzorów. Hologramy to na pozór realne, trójwymiarowe obrazy tworzone za pomocą promieni laserowych. Fizycy kwantowi wysunęli teorię, że cały wszechświat i wszystko, co w nim zawarte, jest w istocie hologramem, także każdy z nas.

Niektóre pola energetyczne drgają z częstotliwością, dzięki której można je obserwować i mierzyć. Można im dać cechy fizyczne, takie jak waga, objętość, twardość i płynność. Nazywamy takie wzorce energetyczne drzewem, stalą, skórą lub whisky. Wszystko, co fizyczne, jest obrazem energii wibrującej z częstotliwością, którą potrafią wykryć nasze zmysły.

A przecież ta myśl zdaje się nam dziwna. Tak bardzo uwierzyliśmy swoim zmysłom w kwestii rozpoznawania otaczającego nas świata, że nie potrafimy sobie nawet wyobrazić, by nasze ciała mogły składać się z czegoś więcej niż to, co możemy zobaczyć czy poczuć. Jednakże świat fizyczny jest złudzeniem stworzonym przez ludzkie zmysły.

Wyobraźmy sobie jeden z metalowych wsporników podtrzymujących budynek. Wygląda bardzo solidnie, jest mocny i ciężki, a nasze zmysły dotyku i wzroku to potwierdzają. Jednocześnie wiemy, że wspornik zbudowany jest z atomów, a każdy atom z kolei składa się z jądra złożonego z nukleonów, czyli protonów i neutronów, wokół którego bardzo szybko krążą elektrony.

Żeby zrozumieć przestrzenny związek między jądrem i elektronami, wyobraźmy sobie piłkę do koszykówki leżącą pośrodku boiska do piłki nożnej. Wokół niej po orbicie o średnicy boiska krąży obiekt wielkości piłki golfowej. To mniej więcej daje nam pojęcie o stosunku wielkości jądra i elektronu oraz o przestrzeni, która je dzieli.

Na tej podstawie możemy powiedzieć, że atom w 99,99 procentach składa się z próżni. A ponieważ materia zbudowana jest z atomów, też musi zawierać 99,99 procent próżni. Czyli wyżej wspomniany metalowy wspornik to 99,99 procent próżni, podobnie jak ty sam.

Wspornik wygląda tak solidnie z tego samego powodu, z którego obracający się wiatrak sprawia wrażenie nieruchomego. Kiedy przestanie się obracać, widać szczeliny między śmigłami i można między nie włożyć rękę. Kiedy śmigła poruszają się bardzo szybko, nie widać już pustych przestrzeni. Jeśli spróbowałbyś włożyć między nie dłoń, poczułbyś, że tworzą mur. Podobnie jak wiatrak, każdy materialny przedmiot składa się z masy elektronów krążących tak szybko, że nasze zmysły odbierają go jako ciało stałe.

Gdyby elektrony w metalowym wsporniku przestały się poruszać, wspornik zniknąłby w jednej chwili. Gdyby wszystkie pozostałe elektrony znieruchomiały, cały budynek przestałby istnieć. Nie zostałoby po nim absolutnie nic, żadnych ruin, żadnego kurzu. Obserwatorowi wydałoby się, że budowla po prostu wyparowała.

Materia to tylko drgania – ni mniej, ni więcej. Nasze zmysły „nadają" na tej samej długości fal co te wibracje, a umysł przetwarza je w materię. Brzmi dziwnie, ale to prawda.

Założenie: **Mamy zarówno ciało fizyczne, jak i ciała subtelne. To pierwsze drga z częstotliwością materii (Świat Ludzki), natomiast częstotliwość drgań dwóch** najwyższych spośród pięciu ciał subtelnych jest zbliżona do częstotliwości Duszy (Świat Boskiej Prawdy).

Na istotę ludzką, oprócz mięśni i kości, składają się wzorce energetyczne, których nie widzimy ani nie potrafimy zmierzyć. Nazywane są ciałami lub polami subtelnymi. Drgają z częstotliwością wyższą o oktawę lub dwie od ciał skondensowanych w materię i pozostają poza zasięgiem naszych zmysłów oraz większości urządzeń detekcyjnych. Omówimy je kolejno.

Ciało eteryczne

Stanowi energetyczną podstawę ciała. Zapewnia trwałość wzorcom, harmonii i dysharmonii w ciele, nieustannie się odnawiając. Ludzkie ciało różni się od siebie samego sprzed roku, ponieważ nie ma w nim choćby jednej komórki starszej niż dwanaście miesięcy.

Ciało eteryczne współdziała z twoim kodem genetycznym, w nim jest zapisana pamięć o tym, kim jesteś, kształt twojego nosa, twój wzrost, twoje uprzedzenia, co ci smakuje, twoje wady i zalety, twoje wzorce chorobowe itd.

Ciało emocjonalne

Częstotliwość drgań ciała emocjonalnego jest o oktawę wyższa niż eterycznego. Nazywa się je także ciałem astralnym. Ciało eteryczne i pole bioenergetyczne ciała fizycznego otaczane są ciałem emocjonalnym, co objawia się w postaci uczuć.

Emocja to myśl związana z odczuciem, które z reguły wywołuje konkretną fizyczną reakcję. Jeśli energia może swobodnie przepływać z pola emocjonalnego poprzez ciało eteryczne i fizyczne, wszystko razem funkcjonuje bez zarzutu.

Kiedy hamujemy ruch energii emocjonalnej, tłumiąc lub wymazując z pamięci uczucia, tworzymy blokady zarówno w polach eterycznym i emocjonalnym, jak i w ciele fizycznym.

Zmiana sposobu postrzegania, konieczna do wybaczania, nie może się dokonać, jeśli w ciele emocjonalnym pozostają gniew i uraza. Najpierw trzeba zlikwidować tę blokadę.

Ciało mentalne

To pole zarządza naszym intelektem i odpowiada za pamięć, racjonalne myślenie, konkretne myśli itd. Oczywiście niektórzy naukowcy nadal twierdzą, że myślenie i inne procesy umysłowe można wyjaśnić biochemią mózgu. Tymczasem uczeni, którzy postępują zgodnie z logiką fizyki kwantowej, uważają, że umysł to coś więcej niż sam mózg, że wykracza on nawet poza ciało. Badacze ci sądzą, że mózg i umysł współdziałają holograficznie, a każda komórka zawiera w sobie odbitkę całości. Wielu naukowców przypuszcza, że pamięć znajduje się w postaci holograficznej w polu energetycznym, które istnieje poza ciałem.

Dowodzą tego skutki przeszczepów różnych narządów. Znana jest historia człowieka, któremu przeszczepiono wątrobę. Kilka miesięcy po operacji zaczął go wielokrotnie nawiedzać sen, którego sensu nie potrafił zrozumieć. Po krótkim poszukiwaniu dowiedział się, że dawca wątroby miał ten sam sen przez wiele lat. Pamięć o nim wyraźnie została zapisana w komórkowej strukturze wątroby.

Ciało przyczynowe lub pole intuicyjne

O następną oktawę wyżej leży ciało, które możemy nazwać duszą, Wyższym Ja lub więzią ze Światem Boskiej Prawdy. Nazywa się je także ciałem przyczynowym. Jest ono pomostem łączącym nas z królestwem ducha. Podczas gdy pole mentalne zarządza ideami i myślami na konkretnym poziomie, to pole odpowiada za pojęcia abstrakcyjne, obrazowe i symboliczne. Zajmuje się istotą rzeczy, intuicją i bezpośrednią wiedzą. Ciało przyczynowe wykracza poza jednostkę i przenika umysł zbiorowy, czyli to, co Jung nazywał „nieświadomością zbiorową", a co stanowi jeden wielki umysł, z którym każdy z nas jest związany i do którego ma dostęp.

Idea ciał subtelnych harmonijnie współistniejących nie jest nowa, pojawia się w wielu systemach religijnych na całym świecie, a zwłaszcza na Wschodzie.

Założenie: **Energia uniwersalna, podobnie jak siła życiowa i świadomość, dostaje się do naszego ciała za pomocą systemu czakr. Trzy pierwsze spośród nich związane są ze Światem Ludzkim, cztery pozostałe są bliższe Światu Boskiej Prawdy.**

Oprócz oceanu energii, zawierającego nasze odmiennie wibrujące ciała subtelne, my, ludzie, mamy system ośrodków energetycznych, ułożonych pionowo w ciele, znanych pod nazwą czakr, co w sanskrycie znaczy „koła energii", ponieważ przypominają wiry energii.

Czakry działają jak transformatory. Pobierają energię lub siłę życiową (pranę, chi, energię Chrystusową), która płynie do nas ze wszechświata, i obniżają jej wibrację do takich częstotliwości, które mogą być wykorzystane w procesach biologicznych ciała fizycznego. Czakry wskazują również miejsce, w którym ciała subtelne wiążą się z ciałem fizycznym, dzięki czemu nasza świadomość ma wiele poziomów. Przetwarzają też nasze codzienne doświadczenia, myśli i uczucia; przechowują długotrwałą pamięć o historii indywidualnej i grupowej oraz dawno ukształtowane wzorce i archetypy.

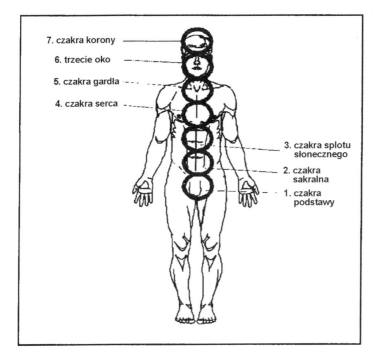

Rys. 13. System czakr u człowieka.

Pierwsze trzy czakry mają świadomość, która wibruje na niższej częstotliwości łańcucha egzystencji, i są zakorzenione w Świecie Ludzkim. To one przenoszą energię archetypu ofiary. Na poziomie świadomości tych trzech pierwszych czakr możliwe jest wyłącznie wybaczanie tradycyjne. Świadomość przenikająca przez czakry piątą, szóstą, siódmą i ósmą (leżącą ponad naszą głową) sprawia, że łatwiej dostosowują się one do energii ze Świata Boskiej Prawdy, natomiast czwarta czakra – serca – stanowi więź między Światem Ludzkim i Światem Boskiej Prawdy.

Ponadto każdej czakrze przypisany jest określony gruczoł dokrewny i odpowiada ona konkretnemu połączeniu nerwowemu w tej okolicy ciała. Każda ma też swoją barwę i brzmienie i odżywia określoną część organizmu.

Czakry służą także jako procesory i banki informacji na temat odpowiadających im części ciała oraz funkcji, którymi zarządzają.

- **Pierwsza** czakra (podstawy) zawiera dane dotyczące naszego związku z Matką Ziemią i kwestii podstawowego zaufania, poczucia bezpieczeństwa i woli życia. Ta czakra dotyczy świadomości społecznej.
- **Druga** czakra (sakralna) odnosi się do kreatywności, energii płciowej, pieniędzy i poczucia winy. Podobnie jak pierwsza, zarządza świadomością społeczną.
- **Trzecia** czakra (splotu słonecznego) zawiera dane związane z władzą, relacjami społecznymi i rodzinnymi, zdradą i gniewem. Jak poprzednie, również zarządza świadomością społeczną i plemienną.
- **Czwarta** czakra (serca) zawiera dane dotyczące serca, związków międzyludzkich, miłości, opieki nad bliźnim i współczucia. Ona pierwsza daje energię indywidualności i wewnętrznej determinacji, niezależnie od społecznej świadomości grupy.
- **Piąta** czakra (gardła) zawiera informacje o sprawach wyrażonych lub stłumionych, a dotyczących siły wewnętrz-

nej, indywidualnej woli i kreatywności. Jest kierowana przez świadomość indywidualną, a nie przez grupową.
- **Szósta** czakra (trzecie oko) odnosi się do wiedzy intuicyjnej, jasnowidzenia i woli poznania prawdy, przy czym nie chodzi o prawdę określaną przez świadomość grupową, ale o jednostkowe doświadczanie świadomości kosmicznej.
- **Siódma** czakra (korony) zawiera dane na temat świadomości duchowej i połączenia ze Źródłem.
- **Ósma** czakra, która znajduje się ponad głową, symbolizuje naszą zgodę na wcielenie i zawiera naszą życiową misję.

Chociaż system czakr zajmuje centralne miejsce w medycynie Wschodu, lekarze zachodni nie biorą go zupełnie pod uwagę. Zachodnia cywilizacja w ogóle nie uznaje jego podstawowego znaczenia dla zdrowia, duchowej równowagi i właściwej częstotliwości drgań.

A przecież czakry są najważniejsze. Kiedy te ośrodki energetyczne tracą równowagę – a dzieje się tak, gdy przeżywamy stres emocjonalny lub traumę – zaczynają wirować w kierunku przeciwnym, ich rytm zostaje zaburzony, a czasem ich praca wręcz ustaje.

Gniew, urazy i ból mogą zamknąć czakry serca i gardła, a poczucie winy oraz brak zaufania osłabią czakrę sakralną itp. Skutki zachwiania równowagi energetycznej odczujemy jako ospałość, ogólne złe samopoczucie, obniżoną potencję seksualną, niezdolność wyrażania własnej opinii i wiele innych objawów, których lekarze nie potrafią wyjaśnić. Jeśli taki stan potrwa dłużej, w ciele fizycznym pojawi się choroba. Jak wspomnieliśmy w rozdziale o ciałach subtelnych, choroba niemal zawsze zaczyna się w polach energetycznych – do których należą czakry – i przenika do ciała fizycznego.

Na szczęście, przywrócenie równowagi czakr nie jest trudne. Istnieją specjaliści, którzy potrafią wyczuć energię każdej z nich i znają techniki odbudowujące harmonię. Większość gałęzi medycyny wykorzystujących energię, takich jak akupunktura, homeopatia, aromaterapia i wiele innych, oddziałuje bezpośrednio na czakry i przywraca im równowagę.

(Bardziej szczegółowe wyjaśnienia dotyczące rozwoju człowieka znajdziesz w książce Caroline Myss *Anatomia duszy*).

CZĘŚĆ IV

Narzędzia Radykalnego Wybaczania

Rozdział 16

Technika duchowa

Przygotowując pierwsze wydanie tej książki, miałem dwa cele. Po pierwsze, chciałem jak najprościej wyjaśnić założenia Radykalnego Wybaczania, by przybliżyć je jak największej liczbie ludzi. Po drugie, pragnąłem, by książka była bardzo praktyczna i czytelnicy mogli korzystać z niej na co dzień. Musiałem więc dostarczyć im narzędzi nie tylko skutecznych, ale szybkich i łatwych w użyciu.

Gdy przygotowywałem drugie wydanie, wyznaję, że zaskoczyła mnie skuteczność owych narzędzi. Byłem doprawdy zdumiony, z jaką siłą potrafią wesprzeć ludzki wysiłek prowadzący ku uzdrowieniu.

Doszedłem również do wniosku, że narzędzia te działają na tych samych zasadach co leki homeopatyczne, czyli oddziałują na energię jako na całość.

Nawet najmniejsza część holograficznego wszechświata jest nie tylko połączona energetycznie z całością, ale również zawiera w sobie całość. Tak więc, z energetycznego punktu widzenia, nie można zmienić części, nie zmieniając całości.

Homeopatia stosuje tę zasadę, przygotowując leki, które wpływają na system energetyczny organizmu dokładnie w taki sam sposób. Minimalną część czynnego składnika umieszcza się w wodzie i rozcieńcza kilka tysięcy razy, tak że nie ma nawet jego fizycznego śladu. Pozostaje jednak energetyczna „odbitka" substancji, która ma moc uzdrawiania. Kiedy ktoś zażywa lek, ciało subtelne zostaje pobudzone przez energetyczny ślad i przenosi energię tam, gdzie jest ona potrzebna do uzdrawiania na wszystkich poziomach.

Podobnie jest z narzędziami Radykalnego Wybaczania. Patrząc na homeopatyczny lek, można widzieć tylko wodę i nie umieć sobie wyobrazić, że ma jakiekolwiek własności uzdrawiające. Podobnie, przyglądając się kartce z opisanymi ćwiczeniami Radykalnego Wybaczania, można mieć wątpliwości, że potrafi ona odmienić czyjeś życie.

A jednak to działa. Tysiące ludzi korzystało z moich materiałów, słuchało płyty z nagraniem trzynastu kroków, przechodziło przez koło podczas ceremonii Radykalnego Wybaczania i doświadczało cudów w swoim życiu.

Narzędzia funkcjonują, ponieważ każde z nich zawiera w sobie tajemny składnik: energetyczną „odbitkę" Radykalnego Wybaczania, czyli gotowość do otwarcia się na myśl, że nie ma czego wybaczać.

Proces ten przebiega bardzo subtelnie. Kontrola umysłu, wywoływanie zdarzeń za pomocą afirmacji, wizualizacji czy hipnozy nie mają większego znaczenia z punktu widzenia Radykalnego Wybaczania. Nie wymaga ono także głębokiej wiary, nie trzeba też medytować ani wprowadzać się w trans. Należy tylko zastosować proste narzędzie. Nie trzeba być do tego wyjątkowo inteligentnym, zdyscyplinowanym czy obdarzonym specjalnymi umiejętnościami. Wystarczy wykazać odrobinę gotowości – to wszystko. W niniejszym wydaniu książki jeszcze bardziej uprościłem arkusze, tak że w niektórych miejscach wystarczy tylko wstawić krzyżyk w odpowiedniej rubryce, odpowiadając na pytania. A to i tak działa.

Ponieważ, aby wybaczyć, wystarczy na początku udawać, że się to robi, mamy doprawdy szczęście, że trzeba tak niewiele. Gdybyśmy musieli czekać, aż w stu procentach uwierzymy, że sytuacja jest doskonała, nigdy byśmy nie rozpoczęli tego procesu.

Niżej opisana historia dowodzi, że taka przemiana może nastąpić w mgnieniu oka po zastosowaniu jednego z narzędzi Radykalnego Wybaczania, co ciekawe, najszybszego i najprostszego – „Trzynastu kroków Radykalnego Wybaczania".

Debi i trzynaście kroków

Debi była studyjną piosenkarką. Śpiewała w reklamach, dżinglach, sygnałach stacji radiowych itp. Miała opinię jednej z najlepszych w tej branży. W 1999 roku rozpoczęła kurs trenera Radykalnego Wybaczania.

Na pewnym etapie szkolenia chciałem jej pokazać, jak ułatwić sobie stosowanie metody „Trzynastu kroków Radykalnego Wybaczania". Potrzeba do tego tylko siedmiu minut, w czasie których odpowiada się twierdząco na trzynaście bardzo prostych pytań.

Wszystkie pytania wiążą się z naszą gotowością (tajemnym składnikiem) dostrzegania doskonałości w każdej sytuacji, bez względu na to, czy ją rozumiemy, czy nie. Odpowiedź na każde z nich brzmi „tak".

Spytałem Debi, czy zdarzyło się coś w jej życiu, do czego można by zastosować tę technikę. Pomyślała przez chwilę i odparła: „Tak, jest coś, co mnie dręczyło przez pewien czas. Niemal o tym zapomniałam. Mniej więcej trzynaście lat temu, kiedy pracowałam w studiu, przyszedł do mnie pewien mężczyzna, którego znałam dość dobrze, ale który nie był moim bliskim znajomym. Rozmawialiśmy przez chwilę, aż w końcu wyznał, o co mu chodzi. Powiedział: »Debi, mam fantastyczny produkt, który świetnie się nadaje do promowania w radiu. Chciałbym, żebyś zrobiła dla mnie reklamę. Niestety, nie mam w tej chwili pieniędzy. Będę ci nieskończenie wdzięczny, jeśli to zrobisz«.

Poddałam się w końcu i zgodziłam za siedemdziesiąt pięć dolarów wykonać coś, za co na ogół biorę bardzo dużo pieniędzy. Zaśpiewałam tę reklamę, dzięki czemu mój znajomy z dnia na dzień stał się multimilionerem.

Jakiś czas potem, kiedy spotkałam go przypadkiem, zasugerowałam, że mógłby mi chociaż trochę zapłacić za to, co dla niego zrobiłam. Odparł: »Debi, mój biznes nie polega na rozdawaniu pieniędzy!«".

Doskonale! Debi wyraźnie nadal czuła urazę, nawet po trzynastu latach! To całkiem zrozumiałe, biorąc pod uwagę fakt, że gdy tylko włączała radio, słyszała swoją reklamę! Jak można się domyślić, są w tej historii wszystkie elementy świadomości ofiary: zdrada, obelga, manipulacja, odmowa, niewdzięczność itd.

Postanowiłem od razu pokazać jej moją technikę. Zajęło nam to siedem minut i jak zwykle po zakończeniu procesu przeszliśmy bez dalszej dyskusji do innych spraw. (Mówienie o tym zniszczyłoby pole energetyczne wytworzone w czasie ćwiczenia).

Debi wróciła do hotelu około jedenastej wieczorem. Od razu zadzwoniła do mnie bardzo podekscytowana. Odsłuchała swoją pocztę głosową. Jedna z wiadomości pochodziła od producenta ze studia, w którym nagrała sławetną reklamę.

Producent powiedział: „Debi, reklama, którą nagrałaś dla pana X, znowu będzie nadawana, trzeba ją jednak ponownie nagrać. Prawa do niej już wygasły, masz zatem szansę zarobić na niej tym razem. Czy jesteś zainteresowana?".

Skakałem z radości, wołając: „To naprawdę działa!".

A potem Debi powiedziała: „To nie wszystko. Kiedy przerabialiśmy trzynaście kroków, spojrzałam na ścianę na zegar i z jakiegoś powodu dobrze zapamiętałam godzinę. Była minuta po trzeciej. Ta wiadomość nadeszła dwie minuty po trzeciej. Minutę później! A przecież z tym facetem nie rozmawiałam od miesięcy!".

Debi jako ofiara, wykorzystana, oszukana, zhańbiona, obrażona i odrzucona, zablokowała w sobie energię na trzynaście lat. Odblokowała ją dopiero wtedy, gdy wyraziła odrobinę gotowości zrozumienia, że to jej sposób patrzenia na sytuację doprowadził do całej tej historii, a wykonując trzynaście kroków, spojrzała na nią z punktu widzenia prawdy duchowej. W ogóle nie „pracowaliśmy" nad jej problemem, bo dodałoby mu to tylko mocy. Zastosowaliśmy natomiast technikę Radykalnego Wybaczania, by przekształcić energię.

Warto przyjrzeć się temu, co mogło tu się zdarzyć. Większość ludzi przyznałaby, że ten człowiek oszukał, obraził i zhańbił Debi swoją egoistyczną postawą. Tymczasem to, że zachował się w tak szczególny sposób, stanowiło wskazówkę, że coś innego dzieje się pod tą zewnętrzną sytuacją.

W czasie tamtego wydarzenia samoocena Debi była bardzo niska. Chociaż mówiono jej, że świetnie śpiewa, nigdy w to nie wierzyła i nie umiała docenić własnego talentu. Podświadomie była przekonana, że nie jest warta takich pieniędzy, jakich powinna się domagać za swą pracę.

Zgodnie z zasadą Radykalnego Wybaczania, jeśli żywisz jakieś przekonanie, które nie pozwala ci zyskać pełni lub osiągnąć celu, twoje Wyższe Ja zawsze znajdzie sposób, by ci je wskazać, tak byś mógł się od niego uwolnić. Ale zgodnie z prawem przyciągania może także wprowadzić do twojego życia kogoś, kto będzie w tobie utwierdzał to błędne przekonanie, byś zrozumiał, czym ono jest, i pozbył się go.

Zachowanie opisanego mężczyzny doskonale pasowało do przekonania Debi, że jest nie dość dobra. Jego Wyższe Ja „dogadało się" z jej Wyższym Ja, aby wykorzystać jej problem, tak by odczuła ból i ponownie rozważyła zasadność swojego przeświadczenia.

Znaczy to, że ten człowiek nie był draniem, ale uzdrawiającym aniołem. Mimo przykrości, jaką takie zachowanie musiało mu sprawić – kto lubi być skąpym łobuzem – odegrał całą historię dla Debi. Niestety, ona nic wtedy nie zrozumiała i tylko pogłębiła swoje przekonanie, że nic nie jest warta.

Dopiero trzynaście lat później wykonała proste ćwiczenie zwane „trzynastoma krokami", dzięki któremu ujrzała prawdę o tym mężczyźnie i zrozumiała, że w istocie był jej uzdrowicielem. W tej samej chwili energia zaczęła ponownie płynąć i pojawiły się pieniądze (które są inną formą energii).

Kilka dni po warsztatach Debi przypadkowo spotkała tamtego człowieka. Podszedł do niej i powiedział: „Wiesz, Debi, nigdy ci nie podziękowałem za to, co zrobiłaś wtedy dla mnie, nagrywając tę reklamę. Naprawdę jestem ci wdzięczny". Chociaż nadal nie był skłonny jej zapłacić, ale to nie ma znaczenia. Wyraził jej uznanie, którego przedtem nie potrafiła zaakceptować. Był to ostatni element uzdrawiania.

Od tamtej pory Debi odzyskała swoją moc. Przestała kryć się ze swoim talentem i występować anonimowo w studiach. Daje teraz koncerty i nagrywa płyty, a nawet założyła własną firmę fonograficzną. Dawne przekonanie, że nie jest tego warta, znikło i Debi żyje zgodnie ze swoim przeznaczeniem.

Opowiadam tę historię zawsze wtedy, gdy chcę przekonać ludzi o sile oddziaływania tych pozornie prostych narzędzi i zachęcić do ich stosowania. Jestem wdzięczny Debi, że mi na to pozwala.

Rozdział 17

Pięć etapów Radykalnego Wybaczania

Nieważne, jaką postać przyjmie technika Radykalnego Wybaczania – czy to będzie warsztat, trzynaście kroków, arkusz, czy ceremonia, każda z tych metod ma za zadanie przeprowadzić cię przez pięć zasadniczych etapów. Oto one.

1. Opowiedz swą wersję zdarzenia

Na tym etapie ktoś dobrowolnie i ze współczuciem wysłucha naszego opowiadania i uznaje je za naszą prawdę w danej chwili (jeśli wypełniamy arkusz, tą osobą możemy być my sami).

Skłonienie kogoś do wysłuchania naszej historii „na żywo" to pierwszy i podstawowy warunek uwolnienia się od problemu. Tak jak pierwszym krokiem do uwolnienia się od świadomości ofiary jest przeżycie jej w pełni, tak konieczne jest dokładne przedstawienie swojej wersji zdarzenia z punktu widzenia ofiary bez żadnych duchowych interpretacji. Dokonamy ich na etapie czwartym.

Musimy więc zacząć tam, gdzie jesteśmy (lub byliśmy, jeśli musimy się cofnąć w czasie, by coś uzdrowić), tak byśmy najpierw mogli odczuć część bólu, który spowodował blokadę energii.

2. Wyraź swoje uczucia

To bardzo ważny etap, który wielu tzw. uduchowionych ludzi chce pominąć, sądząc, że nie powinni mieć „negatywnych" odczuć. Stosują w ten sposób klasyczne wymazanie z pamięci i nie rozumieją najważniejszego – że autentyczna moc tkwi w naszej zdolności odczuwania, dzięki czemu jesteśmy w pełni ludźmi. Tylko wówczas, gdy pozwolimy sobie na dostęp do własnego bólu, może rozpocząć się proces uzdrawiania – który w głównej mierze jest podróżą emocjonalną. Jednak nie musi to być wyłącznie poczucie bólu. Zdumiewające, że schodząc w dół przez kolejne warstwy emocji i przeżywając autentyczne cierpienie, bardzo szybko odzyskujemy spokój, radość i poczucie wdzięczności.

3. Porzuć dawną interpretację

Na tym etapie przyglądamy się, jak zaczęła się nasza historia i w jaki sposób nasza interpretacja zdarzeń doprowadziła do powstania (błędnych) przekonań, które zdeterminowały nasz osąd o sobie samych oraz nasz tryb życia. Kiedy zdamy sobie sprawę, że wszystko to było nieprawdą, że to tylko nasze ego usiłowało podtrzymywać w nas świadomość ofiary, zdobędziemy siłę, by uwolnić się od tych przeświadczeń i uzdrowić swoje życie.

Również na tym etapie możemy przećwiczyć odczuwanie silnego współczucia dla osoby, której mamy wybaczyć, i zrozumieć, że życie bywa trudne, ludzie są niedoskonali, ale każdy stara się postępować najlepiej, jak potrafi, uwzględniając to, co mu zostało dane. Wiele z tych zachowań można określić mianem tradycyjnego wybaczania;

niemniej jest ono ważne jako pierwszy krok i sprawdzenie poczucia rzeczywistości. W końcu większość naszych problemów ma źródło we wczesnym dzieciństwie, gdy zdawało się nam, że cały świat obraca się wokół nas i że wszystkiemu jesteśmy winni.

Teraz możemy zrezygnować z tej dziecięcej podatności na zranienia. Wystarczy spojrzeć na świat z perspektywy człowieka dorosłego i skonfrontować swoje wewnętrzne dziecko z prawdą, że to, co się zdarzyło (lub nie zdarzyło), różni się od naszych interpretacji. Zadziwiające, jak wiele naszych opowieści zdaje się nie mieć sensu, gdy się im dokładniej przyjrzeć. Jednak rzeczywista wartość tego etapu polega na tym, iż uwalniamy się od przywiązania do swojej interpretacji zdarzeń i możemy rozpocząć transformację wymaganą na następnym etapie.

4. Przyjmij nową perspektywę

Teraz zmieniamy swój kąt widzenia tak, byśmy zamiast postrzegać sytuację jako tragiczną, byli gotowi zauważyć, że dokładnie tego chcieliśmy doświadczyć, ponieważ przyczynia się to do naszego rozwoju. W tym znaczeniu sytuacja jest doskonała. Czasem zdołamy od razu zauważyć tę doskonałość i wyciągnąć z niej naukę. Najczęściej jednak trzeba zrezygnować z potrzeby zrozumienia wszystkiego i poddać się myśli, że dar jest ukryty w każdej sytuacji, czy możemy to zrozumieć, czy nie. To właśnie przez ten akt zaakceptowania naszego niezrozumienia uczymy się miłości i otrzymujemy dar całkowitego Radykalnego Wybaczania. Jest to również krok ku transformacji, ponieważ otwieramy się na to, by dostrzec w tym, co się wydarzyło, Boską doskonałość. Nasze historie ofiary, które były nośnikami złości, rozgoryczenia i żalu, teraz zmieniają się w historie uznania, wdzięczności i kochającej akceptacji.

5. Zastosuj proces zmiany

Kiedy już pozwolimy sobie dostrzec doskonałość sytuacji, musimy zaakceptować tę zmianę na poziomie każdego z naszych ciał. Oznacza to włączenie jej do ciał fizycznego, mentalnego, emocjonalnego i duchowego, tak by stała się integralną częścią nas samych. Podobnie jest z zachowywaniem na twardym dysku wykonanej na komputerze pracy. Tylko wtedy zmiana będzie trwała.

Uważam, że technika oddechowa *satori* jest doskonałym sposobem całkowitego zastosowania zmian bez względu na to, czy wykonuje się ją w czasie warsztatów, czy wkrótce po ich zakończeniu. Chodzi o świadome ciągłe oddychanie w pozycji leżącej przy głośnej muzyce (zob. rozdział 27.).

Przy pracy z arkuszem zastosowanie zmian zachodzi dzięki pisaniu i głośnemu odczytywaniu stwierdzeń. Stosując metodę trzynastu kroków, słownie wyrażamy afirmację, że dostrzegamy doskonałość. W czasie ceremonii, ustawieni początkowo na obwodzie koła, wychodzimy naprzeciw siebie. Spotykając osobę, która cierpiała z podobnego powodu co my, wyrażamy sobie wzajemnie współczucie. Rytuał wybaczania, ceremonia i oczywiście muzyka są bardzo wskazanymi narzędziami akceptacji.

Pięć etapów niekoniecznie następuje w tej kolejności. Bardzo często przechodzimy przynajmniej przez niektóre – jednocześnie poruszamy się stale od jednego etapu do drugiego po kole lub spirali.

Rozdział 18

Udawaj, aż to, co udajesz, stanie się twoją drugą naturą

Wybaczanie to podróż, która zaczyna się zawsze od braku wybaczenia. Dotarcie do celu może zająć całe lata lub kilka minut. Wiadomo już, że jest to kwestia wyboru. Tradycyjne wybaczanie zabiera dużo czasu, ale możemy szybko osiągnąć to samo za pomocą Radykalnego Wybaczania, po prostu wyrażając gotowość dostrzeżenia doskonałości. Za każdym razem jest to akt wiary, modlitwa, ofiara, pokorna prośba o pomoc Boską. Robimy to w chwili, gdy czujemy, że nie potrafimy wybaczyć, i w tym sensie udajemy, aż to, co udajemy, stanie się naszą drugą naturą.

Poddanie się procesowi zmian

Udawanie, aż to, co udajesz, stanie się rzeczywiste, naprawdę oznacza poddanie się całemu procesowi, zaniechanie jakiegokolwiek wysiłku i prób kontrolowania rezultatów. Z badań przeprowadzonych w Seattle (zob. rozdział 13.) wynika, że im bardziej uczestnicy usiłowali wybaczyć, tym trudniej im było uwolnić się od bólu i gniewu. Kiedy zaprzestali prób wybaczania i kontrolowania tego, co się dzieje, w pewnym momencie po prostu zdali sobie sprawę, że już wybaczyli.

To prawda, że energetyczne przekształcenie gniewu i oskarżeń w wybaczenie i odpowiedzialność przebiega dużo szybciej dzięki metodzie Radykalnego Wybaczania, ponieważ użycie opisanych tu narzędzi pomaga pozbyć się świadomości ofiary. Świadomość, jak pamiętamy z rozdziału 13., zmienia czas. Niemniej musimy zacząć cały proces, nawet z Radykalnym Wybaczaniem, nie myśląc o tym, kiedy nastąpi przekształcenie energii, chociaż wiemy, że może to się stać w jednej chwili. Pojawienie się rezultatów może zależeć od czynników, o których niewiele nam wiadomo. Zanim zaczniemy naprawdę bezwarunkowo akceptować osobę związaną ze sprawą i zanim sytuacja się uspokoi – co wskazywać będzie na zakończenie procesu wybaczania – może upłynąć nieco czasu. Może trzeba będzie wypełnić wiele arkuszy, zanim osiągniemy taki stan.

Jednak wiele osób odczuje ulgę, wiedząc, że nie trzeba kogoś lubić, by mu wybaczyć. Nie musimy też pozostawać w jego towarzystwie, jeśli jego osobowość i/lub zachowanie są dla nas szkodliwe. Radykalne Wybaczanie jest współdziałaniem dusz i wymaga połączenia tylko na tym poziomie. Kiedy darzymy bezwarunkową miłością duszę danej osoby, nasza dusza łączy się z jej duszą i stajemy się jednością.

Korzystanie z okazji

Ilekroć ktoś nas zdenerwuje, musimy to uznać za okazję do wybaczenia. Osoba ta może tworzyć rezonans z czymś w nas samych, co wymaga uzdrowienia, czyli daje nam dar, jeśli tylko spojrzymy na to w ten sposób, to znaczy, jeśli dokonamy zmiany percepcji. Sytuacja może być także powtórzeniem jakiegoś minionego zdarzenia, gdy ktoś już coś podobnego nam uczynił, a wtedy ta konkretna osoba reprezentuje wszystkich ludzi, którzy kiedyś zachowali się wobec nas w podobny sposób. A zatem, wybaczając teraz, wybaczamy jednocześnie wszystkim tym, którzy nam dokuczyli w przeszłości, oraz samym sobie za ewentualną projekcję naszych problemów na nich.

Diagram na stronie 40 pokazuje, jak to się dzieje. Historia Jill została przedstawiona w postaci osi czasu. Zaznaczono na niej wszystkie zdarzenia, które były okazją do uzdrowienia jej pierwotnego bólu, płynącego z przekonania, że jest „nie dość dobra". Kiedy w końcu zrozumiała, co się dzieje, i wybaczyła Jeffowi, automatycznie wybaczyła wszystkim innym ludziom i uzdrowiła wszystkie poprzednie sytuacje, także tę najważniejszą, związaną z jej ojcem. Cała jej historia, włączając w to problemy z pierwszym mężem, zakończyła się w jednej chwili.

Dlatego właśnie Radykalne Wybaczanie nie wymaga stosowania żadnej terapii. Nie tylko w jednej chwili uzdrawia ono wszystkie podobne lub identyczne sytuacje, także tę pierwszą, ale nawet nie trzeba wiedzieć, która z nich stała się przyczyną całego problemu. Znaczy to, że nie musisz szukać w przeszłości źródła swego pierwotnego bólu. I tak zostanie on uleczony, czyż nie tak?

Zmiana percepcji

W następnych rozdziałach znajdziesz opis procesu, który przekształca energię i daje szansę zmiany percepcji tego, co się wydarza w danej sytuacji. Zmiana percepcji stanowi istotę Radykalnego Wybaczania. Wszystkie te działania kierują nas ku chwili obecnej, dzięki czemu możemy odzyskać energię z przeszłości i zabrać ją z przyszłości – bez tego żadna zmiana nie będzie mogła się dokonać. Żyjąc w teraźniejszości, nie możemy odczuwać urazy, zawsze bowiem jest ona związana z przeszłością. Nie możemy także odczuwać strachu, bo on z kolei wiąże się z przyszłością. Czas teraźniejszy to przestrzeń miłości, akceptacji i Radykalnego Wybaczania.

Narzędzia pierwszej pomocy w wybaczaniu

Niektóre narzędzia Radykalnego Wybaczania najlepiej służą wówczas, gdy dzieje się coś, co wymaga wybaczenia. Pomagają nam uświadomić sobie, co się może stać, zanim zbyt mocno się zaangażujemy w daną sytuację i przyjmiemy postawę ofiary. Kiedy ktoś naciśnie odpowiedni guzik, łatwo wpadamy w cykl zachowań obronno--zaczepnych, a potem trudno nam się z niego wydobyć. Zastosowanie tych szybkich narzędzi chroni nas przed taką pułapką. Technika „czterech kroków wybaczania" jest jednym z nich. Równie przydatna jest kaseta lub płyta z „trzynastoma krokami wybaczania", ponieważ można ich słuchać w samochodzie lub w domu.

Inne opisane dalej narzędzia przeznaczone są do stosowania w ciszy i samotności po tym, kiedy mieliśmy okazję wyrazić gniew i frustrację. Arkusz Radykalnego Wybaczania dokonuje cudów w tej kwestii. Na początku zastosuj wszystkie te narzędzia jako akt wiary. Rezultat na pewno cię zaskoczy, chociaż nie będzie on natychmiastowy. Konsekwentne ich używanie pomoże ci odnaleźć taki spokój, jaki nigdy nie wydawał ci się możliwy do osiągnięcia.

Rozdział 19

Odczuwanie bólu

Przeżywanie uczuć to drugi etap procesu wybaczania. Jest on na ogół konsekwencją opowiedzenia swojej historii. Musimy dać sobie przyzwolenie na pełne odczucie emocji związanych z daną sytuacją. Jeśli spróbujemy wybaczyć wyłącznie za pomocą procesu myślowego, nie przyznając się, że czujemy gniew, smutek lub przygnębienie, nic się nie wydarzy. Spotkałem wielu ludzi, zwłaszcza tych uważających siebie za „uduchowionych", którzy sądzą, że uczuć nie wolno okazywać, że należy je „przekazać" Duchowi. Taką postawę nazywamy duchowym unikiem.

W 1994 roku zgodziłem się poprowadzić warsztaty w Anglii. Dziesięć lat wcześniej wyemigrowałem do Ameryki i zdążyłem zapomnieć, jak bardzo Anglicy opierają się wyrażaniu uczuć.

Warsztaty miały odbywać się w klasztorze gdzieś na zachodzie Anglii; większość uczestników zawodowo zajmowała się duchowym uzdrawianiem.

Przyjechaliśmy do klasztoru, a ponieważ nikogo nie było w pobliżu, weszliśmy do środka, rozstawiliśmy krzesła i zaczęliśmy zajęcia. Najpierw wyjaśniłem, że życie jest przede wszystkim doświadczeniem emocjonalnym, którego celem jest nasz rozwój duchowy, a warsztaty pomogą nam zapoznać się z najgłębiej skrywanymi uczuciami. Sądząc po reakcji, można by pomyśleć, że im zaproponowałem, by tańczyli nago wokół ognia lub coś w tym rodzaju! Oto, co powiedzieli: „Och nie! Już jesteśmy uduchowieni. Przekroczyliśmy etap naszych emocji. Nie dajemy im wiary. Jeśli nawet jakieś mamy, prosimy Ducha, by je zabrał, i dążymy prosto do spokoju duszy. Nie wierzymy w sens takiej pracy".

Po godzinie wiedziałem, że czeka mnie klęska. Zdawało mi się, że pływam w gęstym syropie. W ogóle nie potrafiłem do nich dotrzeć i nie było sposobu, by zmusić ich do czynnego udziału w warsztatach. Czułem się coraz gorzej i nabierałem przekonania, że całe przedsięwzięcie weźmie w łeb.

I wtedy nastąpiła interwencja Ducha. Do sali wpadł młody mnich w habicie i zapytał, kto prowadzi zajęcia. Kiedy odparłem, że ja, zażądał, byśmy wyszli na zewnątrz. Chciał ze mną „porozmawiać", ale widziałem, że jest wściekły. Twarz miał zaczerwienioną i był bliski wybuchu. Powiedziałem, że właśnie prowadzę seminarium i przyjdę do niego, gdy skończę.

Wyszedł bardzo zdenerwowany, ale wrócił niemal natychmiast, jeszcze bardziej wściekły. Wycelował we mnie palec, potem go zakrzywił, jakby mnie wzywał ku sobie.

– Chcę pana widzieć w tej chwili! – wrzasnął.

Ten ruch palca przeważył szalę. Cała frustracja i napięcie ostatniej godziny podeszły mi do gardła. Odwróciłem się do swojej klasy i rzekłem bardzo groźnie:

– A teraz uważajcie!

Podszedłem szybko do nadętego, czerwonolicego mnicha i, celując w niego palcem, bardzo blisko jego twarzy powiedziałem głosem nieznoszącym sprzeciwu:

– Nie obchodzi mnie, co brat ma na sobie ani co ten habit reprezentuje. Nie wolno bratu przerywać moich zajęć i kiwać na mnie palcem, jakbym był uczniem szkoły podstawowej, który się źle zachował. Przyjdę z bratem porozmawiać, gdy będę gotowy. Mam zamiar skończyć w południe. Jeśli ma mi brat coś do powiedzenia, proszę być w korytarzu o tej porze. A teraz proszę wyjść!

Wróciłem przed klasę. Wszyscy uczestnicy warsztatów siedzieli przerażeni, z otwartymi ustami (nie wolno tak się odzywać do osoby duchownej!).

– Dobra! – powiedziałem, celując w każdego z nich palcem. – A teraz chcę wiedzieć, co czujecie właśnie w tej chwili. Tylko mi nie mówcie, że oddaliście swe uczucia fiołkowym płomieniom i że jesteście całkiem spokojni, bo widać, że tak nie jest. Co odczuwacie? Ale naprawdę!

Nie muszę mówić, że tym razem mogliśmy rozmawiać o ich odczuciach. Dzięki mnichowi przebiłem się przez mur, którym się otoczyli, i w końcu przyznali, że ludzkie istoty mają uczucia i że nie ma w tym nic złego. Wcześniej cały czas robili duchowy unik, a ja im to uświadomiłem.

W samo południe wyszedłem z sali na korytarz. Mnich już na mnie czekał. Podszedłem i, ku jego zdumieniu i zmieszaniu, objąłem go.

– Bardzo dziękuję – powiedziałem. – Był brat dzisiaj dla mnie uzdrawiającym aniołem. Dzięki bratu seminarium się udało, uratował brat sytuację.

Nie wiedział, co odpowiedzieć. Myślę, że nie zrozumiał nawet wtedy, gdy próbowałem mu to wyjaśnić. Uspokoił się jednak i okazało się, że zdenerwowało go to, iż nie zadzwoniłem, by powiedzieć, gdzie jesteśmy. Czekał w swojej celi na głos dzwonka, a my po prostu pchnęliśmy drzwi i weszliśmy do środka. Wyobrażasz sobie taką wściekłość z powodu takiego głupstwa?! Nie uważasz, że prawdopodobnie poczuł się odrzucony lub „nie dość dobry"?

Siedmiodniowe warsztaty okazały się jednymi z najlepszych, jakie kiedykolwiek prowadziłem. A to dlatego, że uczestnicy zdobyli się na autentyczność. Pokazałem im ich ból (u niektórych uczestników miał on źródło jeszcze w czasach wojny), którego nigdy dotąd nie wyrażali. Musieli zdać sobie sprawę, że uzdrawiająca moc kryje się właśnie w uczuciach, a nie w rozmowie czy przemyśleniach, nie w afirmacjach ani nawet w medytacji, jeśli odcina nas ona od uczuć.

Zgodnie z innym mitem istnieją dwa rodzaje uczuć: pozytywne i negatywne, przy czym tych drugich należy unikać. Prawda natomiast jest taka, że nie ma negatywnych emocji. Mogą tylko wywierać zły, czyli negatywny, wpływ na nas, gdy je tłumimy. Pozytywne myślenie to po prostu inna forma ich wyparcia.

Potrzebujemy emocjonalnych przeżyć

Jako istoty ludzkie, zostaliśmy obdarzeni zdolnością odczuwania emocji. Niektórzy twierdzą wręcz, że jedyną przyczyną, dla której wybraliśmy ludzki los, był fakt, że tylko Ziemia ma wibracje energii emocjonalnej i że pojawiliśmy się tutaj wyłącznie po to, by tej energii doświadczyć. Jeśli więc nie pozwalamy sobie na pełne przeżywanie wszystkich emocji i staramy się je tłumić, nasza dusza tworzy sytuacje, które wręcz zmuszają nas do ich przeżycia. (Czy zauważyłeś, że ludzie często doznają silnych emocji tuż po modlitwie o rozwój duchowy?).

Oznacza to, że sens wywoływania urazy polega na tym, iż nasza dusza pragnie dać nam okazję odczuć stłumioną emocję. Jeśli tak, wystarczy pozwolić sobie na przeżywanie uczuć, dzięki czemu energia zacznie swobodnie przepływać, a tak zwany problem zniknie w jednej chwili.

Jednak nie wszystkie sprawy daje się tak łatwo rozwiązać. Kiedy mamy do czynienia z głęboko zakorzenionym problemem, ze wspomnieniem czegoś, co zdaje się krzywdą nie do wybaczenia, jak na przykład wykorzystywanie seksualne, gwałt lub psychiczne znęcanie się, trzeba dużo więcej niż zwykłe przeżycie emocji, by poczuć bezwarunkową miłość do swojego krzywdziciela. Pełne przeżycie uczuć to tylko pierwszy krok, którego zdecydowanie nie można pominąć.

Nie twierdzę, że praca emocjonalna nie będzie skuteczna dzięki zmianie postrzegania, która może nastąpić, zanim jeszcze wyrazimy swoje emocje. Z pewnością będzie. Jednak odwrotny proces nie jest możliwy: zmiana sposobu percepcji, konieczna do Radykalnego Wybaczania, nie wystąpi, jeśli najpierw nie uwolnimy stłumionych emocji.

Gdy pragniemy komuś lub czemuś wybaczyć, pamiętajmy, że najpierw musieliśmy odczuwać gniew przeciw tej osobie lub rzeczy. Gniew jest w istocie emocją wtórną, pod nim znajduje się ból pierwotny, taki jak urażona duma, wstyd, frustracja, smutek czy strach. Gniew reprezentuje energię w ruchu, emanującą ze stłumionego bólu. Tłumienie gniewu jest jak przykrywanie wulkanu – pewnego dnia wybuchnie!

Pierwszy i drugi etap Radykalnego Wybaczania wymagają od nas dotarcia nie tylko do gniewu, ale również do stłumionej emocji. Oznacza to konieczność jej przeżycia – nie rozmowy o niej, nie nazwania jej, ale przeżycia!

Pokochaj swój gniew

Zbyt często ludzie, mówiąc o puszczeniu gniewu w niepamięć lub uwolnieniu go, mają na myśli ucieczkę od niego. Uważają gniew za uczucie złe, niepożądane, a często wręcz przerażające. Nie chcą go odczuwać, ciągle więc o nim mówią i bezskutecznie próbują go rozpracować intelektualnie. Próba poradzenia sobie z gniewem za pomocą słów to tylko inny sposób opierania się przed jego odczuciem. Dlatego większość terapii opartych na rozmowie nie działa. To, czemu się opierasz, trwa. Skoro gniew reprezentuje energię w ruchu, opieranie się mu zatrzymuje tę energię wewnątrz nas – aż w końcu wulkan wybucha. Uwalnianie się od gniewu to w rzeczywistości oswobodzenie zablokowanej energii, pochodzącej ze stłumionych emocji, i umożliwienie jej swobodnego przepływu przez całe ciało w postaci uczuć. Praca z gniewem pomaga nam świadomie przeżyć tę emocję i utrzymać ją pod kontrolą.

Praca z gniewem porusza energię

To, co nazywamy pracą z gniewem, wcale nie dotyczy gniewu. Jest to po prostu proces odblokowywania energii w ciele. Bardziej odpowiednią nazwą byłaby „praca nad uwolnieniem energii". Mniejsza o nazwę, może to być coś tak prostego jak wrzeszczenie w poduszkę (by nie zaalarmować sąsiadów) lub w samochodzie, walenie pięściami w materac, rąbanie drewna lub inne zajęcie wydatkujące energię.

Połączenie aktywności fizycznej z użyciem głosu jest kluczem do skutecznej pracy nad uwolnieniem energii. Bardzo często blokujemy ją w gardle – bez względu na to, czy chodzi o gniew, smutek, poczucie winy, czy inne uczucie – tak więc głos zawsze powinien stanowić część terapii. Powinniśmy ją stosować nie z myślą o pozbyciu się tego uczucia, lecz z zamiarem odczucia, z jaką intensywnością przepływa ono przez nasze ciało. Jeśli naprawdę zdołamy poddać się emocjom, poczujemy ożywienie, jakiego dawno już nie przeżywaliśmy, i stwierdzimy, że energia się rozproszyła.

Jeśli gniew cię przeraża

Dla wielu z nas sama myśl o wyrażeniu gniewu może być zbyt przerażająca, zwłaszcza jeśli pod tym uczuciem kryje się strach. Osoba, która tak okropnie nas skrzywdziła, nadal może silnie oddziaływać na naszą podświadomość. W takiej sytuacji nie należy wykonywać pracy z gniewem samotnie. Potrzebny nam będzie ktoś, kto potrafi nas wesprzeć, gdy poczujemy zarówno gniew, jak i strach, ktoś, z kim czujemy się bezpiecznie i kto ma doświadczenie w przeprowadzaniu ludzi przez silne emocje. Może to być psychoterapeuta. Zalecam także wykonywanie ćwiczeń oddechowych *satori* (zob. rozdział 27.) razem z doświadczonym praktykiem. To też sposób na uwolnienie emocji.

Uzależnienie od gniewu

Tutaj muszę cię ostrzec. Bardzo łatwo uzależnić się od gniewu. Jest to emocja, która sama siebie napędza i bez trudu zmienia się w urazę, polegającą na nieustannym rozdrapywaniu ran, ciągłym podsycaniu bólu i odreagowywaniu związanego z tym gniewu.

Musimy pamiętać, że gniew, który trwa, nie służy niczemu dobremu. Dlatego, gdy uruchomimy energię tej emocji, powinniśmy ją wykorzystać do jakiegoś pozytywnego działania. Może to być ustalenie granic i warunków przyszłych kontaktów z osobą, której nasz gniew dotyczy. Możemy podjąć jakąś decyzję, na przykład, że obdarzymy tę osobę współczuciem lub jej wybaczymy. Tylko wówczas, gdy wykorzystamy gniew jako katalizator pozytywnych zmian, powiększenia swojej mocy lub wybaczenia, unikniemy uzależnienia od tego uczucia.

Rozdział 20

Przygotuj się na cud

Arkusz Radykalnego Wybaczania naprawdę odmienił życie tysięcy ludzi. Niełatwo wyjaśnić, jak i dlaczego daje tak spektakularne wyniki, można tylko stwierdzić, że pomaga zmienić energię. Można by powiedzieć, że wypełnianie owego arkusza to swoiste przeżycie energetyczne, podobne do zażywania leku homeopatycznego, tyle że tutaj tajemnym składnikiem jest gotowość do wybaczenia, nawet jeśli tak tego nie odczuwasz.

Arkusz to po prostu sposób wyrażenia owej gotowości, co odblokowuje energię, a wtedy problem sam się automatycznie rozwiązuje.

Po przeczytaniu tej książki zrozumiesz, że za każdym razem, gdy ktoś cię denerwuje albo budzi w tobie negatywne emocje, otrzymujesz okazję do uzdrowienia. Dawniej dałbyś się wciągnąć w tę grę, teraz możesz sięgnąć po arkusz i zacząć proces wybaczania.

Wypełniaj go, dopóki nie rozproszy się energia związana z konkretną sytuacją, osobą lub zdarzeniem. Może to trwać dni lub miesiące. Ale czasem jeden taki arkusz wystarczy, by osiągnąć pożądany skutek. Wszystko zależy od sytuacji i od emocji, które ona wzbudza.

Przygotuj się na cud
ARKUSZ RADYKALNEGO WYBACZANIA

Data: _____ Arkusz nr: _____ **Obiekt: X** (kto lub co cię denerwuje) _____

1. OPOWIEDZ SWOJĄ WERSJĘ ZDARZENIA

1. Przykra dla mnie sytuacja, tak jak ją widzę w tej chwili, wygląda następująco:

2 a. **Konfrontacja z X**:
Denerwujesz mnie, bo:

2 b. Z powodu tego, co zrobiłeś (robisz), CZUJĘ SIĘ *(określ swoje prawdziwe uczucia)*:

2. WYRAŹ SWOJE UCZUCIA

3. Znam swoje uczucia, akceptuję je z miłością i już ich nie osądzam.

gotowość	otwartość	scepty-cyzm	brak gotowości

DODATKOWE UWAGI

4. Moje uczucia należą do mnie, nikt nie może sprawić, bym coś czuł. Moje uczucia odzwierciedlają, jak widzę sytuację.

gotowość	otwartość	scepty-cyzm	brak gotowości

5. Choć nie wiem, dlaczego i jak, widzę teraz, że to moja dusza stworzyła tę sytuację, bym się uczył i rozwijał.

gotowość	otwartość	scepty-cyzm	brak gotowości

6. Dostrzegam wskazówki w swoim życiu, na przykład powtarzające się wzorce, które mówią, że miałem już wiele okazji do uzdrowienia, ale nie rozpoznałem ich. Przykłady:

7. Jestem gotów przyjąć, że moja misja, czyli „duchowy kontrakt", zawierała takie przeżycia, nieważne dlaczego.

gotowość	otwartość	scepty-cyzm	brak gotowości

8. Moje złe samopoczucie było sygnałem, że nie dopuszczam miłości do siebie i do X, osądzam, oczekuję, że X się zmieni, i postrzegam go jako gorszego. (*Wylicz osądy, oczekiwania i zachowania, które wskazują, że chciałeś, by X się zmienił*).

3. PORZUĆ DAWNĄ INTERPRETACJĘ

9. Wiem już, że denerwuję się tylko wtedy, gdy ktoś poruszy we mnie kwestie, które wyparłem lub stłumiłem, a potem dokonałem ich projekcji na tę osobę.

gotowość	otwartość	scepty-cyzm	brak gotowości

10. X ukazuje, że muszę kochać i akceptować siebie samego.

gotowość	otwartość	scepty-cyzm	brak gotowości

11. X odzwierciedla mój błędny punkt widzenia. Wybaczając mu, uzdrawiam siebie i odtwarzam swoją rzeczywistość.

gotowość	otwartość	scepty-cyzm	brak gotowości

12. Rozumiem, że to, co robi X czy ktokolwiek inny, nie jest ani dobre, ani złe. Przestaję osądzać.

gotowość	otwartość	scepty-cyzm	brak gotowości

4. PRZYJMIJ NOWĄ PERSPEKTYWĘ

13. Wiem, że mam potrzebę oskarżania i muszę zawsze mieć rację. Jestem gotów dostrzec doskonałość w tej sytuacji.

gotowość	otwartość	sceptycyzm	brak gotowości

14. Choć nie wiem, dlaczego i jak, ale rozumiem, że ty i ja otrzymaliśmy dokładnie to, co podświadomie wybraliśmy, i wspólnie wykonaliśmy uzdrawiający taniec.

gotowość	otwartość	sceptycyzm	brak gotowości

15. Dziękuję ci, X, za to, że zechciałeś stać się częścią mojego procesu uzdrawiania, i czuję się zaszczycony, że wziąłem udział w twoim uzdrawianiu.

gotowość	otwartość	sceptycyzm	brak gotowości

16. Uwalniam swą świadomość od wszystkich uczuć (wymienionych w punkcie 2b).

17. X, doceniam twoją gotowość odzwierciedlenia moich błędnych przekonań i dziękuję ci za stworzenie mi okazji do zastosowania Radykalnego Wybaczania i do samoakceptacji.

gotowość	otwartość	sceptycyzm	brak gotowości

18. Wiem już, że to, co przeżywałem (moja historia ofiary), dokładnie odzwierciedlało mój błędny punkt widzenia. Rozumiem, że mogę zmienić tę „rzeczywistość" dzięki gotowości dostrzeżenia w niej doskonałości. Na przykład... (*Spróbuj zastosować Radykalne Wybaczanie. Może to być ogólne stwierdzenie, że już wiesz, iż wszystko jest doskonałe lub związane z twoją sytuacją, gdyż dostrzegasz w niej dar. Uwaga: często nie potrafimy tego dostrzec*).

5. ZASTOSUJ PROCES ZMIANY

19. Ja,....................., wybaczam sobie całkowicie i akceptuję siebie jako istotę kochającą, szczodrą i twórczą. Uwalniam się od wszelkich związanych z przeszłością emocji oraz poczucia braku i ograniczenia. Wycofuję swoją energię z przeszłości i usuwam wszelkie bariery odgradzające mnie od miłości i obfitości, która jest moim udziałem w tej chwili. Tworzę swoje życie i znowu jestem sobą, bezwarunkowo kocham i wspieram siebie takiego, jaki jestem – potężny i wspaniały.

20. Poddaję się teraz Wyższej Sile, którą nazywam ...., i ufam świadomości, że ta sytuacja będzie się rozwijać w doskonały sposób, zgodnie z Boskimi zaleceniami i duchowym prawem. Rozumiem, że jestem Jednością, i czuję się całkowicie złączony ze Źródłem. Odnalazłem swą prawdziwą naturę, czyli MIŁOŚĆ, i teraz oddaję ją X. Zamykam oczy, by lepiej poczuć, jak wypełnia ONA moje życie, i poczuć radość, która się wraz z NIĄ pojawia.

21. Informacja dla X. Wypełniając ten arkusz, ja, ..., wybaczam ci całkowicie, x, ponieważ zdaję sobie teraz sprawę, że nie zrobiłeś nic złego i że wszystko jest zgodne z Boskim porządkiem. Uznaję cię, akceptuję i kocham takiego, jaki jesteś. (*Uwaga: nie znaczy to, że darowujesz mu zachowanie lub nie potrafisz wytyczyć granic. To zresztą sprawa Świata Ludzkiego*).

22. Informacja dla mnie. Wiem, że jestem istotą duchową, która przeżywa ludzki los. Kocham siebie i wspieram w każdym aspekcie mojego człowieczeństwa.

Kiedy rozpoczynamy proces Radykalnego Wybaczania, na ogół wypełniamy zbyt wiele arkuszy dotyczących zbyt wielu osób z naszej listy i od razu chcemy się zajmować najpoważniejszymi problemami z przeszłości. A przecież jedną z zalet tej metody jest to, że nie musimy grzebać w przeszłości, by ją uzdrowić. Ten, kto w tej chwili sprawia ci przykrość, reprezentuje WSZYSTKICH, którzy cię kiedykolwiek skrzywdzili. Zajmij się więc najpierw nimi, choćby ci się wydawało, że nie jest to aż tak ważne. Wszystko, co cię denerwuje, jest ważne i bez trudu może doprowadzić cię do spraw istotnych.

Możesz zacząć od drobniejszych kłopotów, prostszych i pozbawionych większego ładunku emocjonalnego. Niewielkie problemy zmieniają się w duże, jeśli się nimi nie zajmiemy, wykonasz więc ważną pracę, chociaż może się zdawać banalna. Ponadto dużo łatwiej nauczyć się zmieniać kąt widzenia w mniej stresujących sytuacjach. Zostaw wielkie sprawy na później.

Możesz opatrywać wypełnione arkusze datami i numerami, a następnie wpinać je do segregatora. Dzięki temu będziesz mógł przeglądać je od czasu do czasu, by ocenić zakres zmian swojej świadomości. Możesz także wykonać rytuał ich spalenia i potraktować go jako część procesu wybaczania.

Specjalne podziękowanie

Mój arkusz ma źródło w innym, opracowanym wiele lat temu przez doktora Michaela Ryce'a, pioniera w tej dziedzinie, który poświęcił życie propagowaniu idei wybaczania na całej planecie, oraz w pracy Arnolda M. Patenta. To właśnie Arnold zapoznał mnie z duchową zasadą, a jego praca zainspirowała mnie w wielu punktach arkusza Radykalnego

Wybaczania. Jestem głęboko wdzięczny im obu za wsparcie mnie w procesie pojmowania świata i za ich wkład – pośrednio – w tę książkę.

Wypełnienie arkusza wymaga pewnej wiedzy na temat zasad Radykalnego Wybaczania, a poniższe uwagi służą jako ich przypomnienie. Ważne części arkusza zostały ujęte w ramki. Dla przykładu wypełniłem go tak, jakby to zrobiła Jill w czasach, gdy miała problemy z Jeffem (zob. „Historia Jill", część I).

Przygotuj się na cud
ARKUSZ RADYKALNEGO WYBACZANIA

Data: **8 lipca 1991 r.**   Arkusz nr **3**
Obiekt: X (ktoś lub co cię denerwuje)   **JEFF**

- Wymień osobę, sytuację lub rzecz, która sprawia ci przykrość, tutaj oznaczoną jako X. W pewnych okolicznościach możesz to być ty sam, uważaj jednak, by nie wpaść w pułapkę, zwłaszcza gdy wykonujesz tę pracę po raz pierwszy. Poczucie winy leży u podstaw każdego rozdzielenia, dlatego zbyt często siebie potępiamy. Podczas swoich warsztatów ostrzegam ludzi, by tego nie robili. Każde wybaczanie jest w końcowym rozrachunku wybaczaniem sobie, jednak najlepiej dochodzić do tego stopniowo, wybaczając i obdarzając miłością bliźnich. Zgodnie z powszechnym prawem, wybaczenie zawsze do nas powraca i możemy odkryć, że nam również wybaczono.

Pisząc, używaj trzeciej osoby liczby pojedynczej w odniesieniu zarówno do osób, jak i rzeczy. Inaczej mówiąc, opisz swoją historię tak, jakbyś opowiadał, co się wydarzyło lub co dzieje się teraz. Używaj imion.

1. Przykra dla mnie sytuacja, tak jak ją widzę w tej chwili, wygląda następująco:

Jeff odsuwa się ode mnie, koncentrując całą swą uwagę i miłość na córce, Lorraine, mnie zaś zupełnie nie zauważa. Ciągle ma do mnie pretensje i twierdzi, że jestem psychicznie niezrównoważona. Przez niego czuję się głupia i bez wartości. Nasze małżeństwo rozpada się z jego winy. Zmusza mnie, bym od niego odeszła.

1. W tej części powinieneś opowiedzieć, co ci sprawia przykrość. Dokładnie określ sytuację. Niczego nie ukrywaj. Opisz swoje uczucia w chwili, gdy to piszesz. Nie dodawaj do swojej opowieści żadnej duchowej czy psychologicznej interpretacji. Musisz uszanować to, gdzie się w tej chwili znajdujesz, choćbyś wiedział, że żyjesz w Świecie Ludzkim, ego i iluzji. Świadomość, że doświadczasz złudzenia i że jest to przeżycie niezbędne, stanowi pierwszy krok na drodze do wyzwolenia się od fikcji.

Choćbyśmy znacznie podnieśli swoje wibracje i spędzili sporą część życia w Świecie Boskiej Prawdy, z łatwością możemy stracić równowagę i ponownie poddać się wpływom ego, postrzegając siebie jako ofiarę z wszystkimi tego faktu konsekwencjami. Ludzki los wymaga takiego doświadczenia. Nie możemy przez cały czas być radośni i spokojni ani dostrzegać doskonałości w każdej sytuacji.

2 a. **Konfrontacja z X:** Denerwujesz mnie, bo:

Zniszczyłeś nasze małżeństwo. Zraniłeś mnie i odtrąciłeś. Zachowujesz się ohydnie, ty draniu, i zamierzam od ciebie odejść!

2 a. Bądź tak kategoryczny, jak tylko potrafisz, i dokładnie określ, za co potępiasz osobę X. Małe rozmiary tej ramki umożliwiają napisanie tylko kilku słów, ale postaraj się wyrazić wszystko, co cię boli. Jeśli dana rzecz lub sytuacja nie mają nazwy, nazwij je albo przynajmniej pisz o nich tak, jakby to byli ludzie. Jeśli jest to osoba nieżyjąca, mów do niej tak, jakby siedziała naprzeciw ciebie. Jeśli chcesz dokładnie wszystko opisać, napisz list (zob. rozdział 24.). W ten sposób możesz zwrócić się do tej osoby bezpośrednio. Jednakże trzymaj się tematu, nie poruszaj w liście czy arkuszu innych spraw. Osiągnięcie celu, czyli wybaczenie, wymaga od ciebie wyraźnego rozeznania, dlaczego w tej chwili czujesz się tak zraniony.

---

2 b. Z powodu tego, co zrobiłeś (robisz), czuję się (*określ swoje prawdziwe uczucia*):

Zraniona, opuszczona i zdradzona. Czuję się bardzo samotna i smutna. Wprawiłeś mnie w gniew.

---

2 b. Musisz sobie dać przyzwolenie na pełne przeżycie własnych uczuć. To niezwykle ważne. Nie cenzuruj ich ani nie skrywaj. Pamiętaj, że przyszliśmy na ten fizyczny świat, by doświadczać emocji, czyli istoty ludzkiego losu. Wszystkie uczucia są dobre, dopóki ich nie tłumimy, wtedy bowiem tworzą potencjalnie szkodliwe blokady energii w naszym ciele.

Pamiętaj, by emocje, które opisujesz, były prawdziwe. Nie chodzi o to, co ci się wydaje, że czujesz. Czy jesteś wściekły, zadowolony, smutny, przestraszony? Jeśli nie potrafisz tego sprecyzować, nie szkodzi. Niektórzy ludzie nie umieją odróżnić jednego uczucia od drugiego. Jeśli do nich należysz, po prostu zwróć uwagę, jaką ogólną atmosferę wytwarza wokół ciebie dana sytuacja.

Gdybyś chciał wyraźniej lub silniej odczuć swoje emocje, weź rakietę do tenisa lub trzepaczkę i stłucz jakąś poduszkę na kwaśne jabłko. Użyj czegoś, co będzie wydawać dźwięki. Jeśli gniew cię przeraża, poproś kogoś, by ci towarzyszył w trakcie tego ćwiczenia. Osoba ta powinna wspierać cię i zachęcać do wyrażania gniewu (czy innej emocji) i zapewnić ci bezpieczeństwo. Krzyczenie w poduszkę także pozwala uwolnić uczucia. Wspomniałem już o tym kilka razy – im bardziej wyrazisz ból, smutek lub strach, kryjące się pod twoim gniewem, tym lepiej.

3. Znam swoje uczucia, akceptuję je z miłością i już ich nie osądzam.

gotowość	otwartość	sceptycyzm	brak gotowości

3. Ten ważny etap stwarza ci okazję, byś chociaż trochę uwolnił się od przekonania, że takie uczucia jak gniew, chęć zemsty, zazdrość, zawiść, a nawet smutek są złe i nie wolno się do nich przyznawać. Bez względu na to, jakie one są, musisz przeżywać je dokładnie w takiej postaci, w jakiej się u ciebie pojawiają, ponieważ wyrażają prawdziwego ciebie. Twoja dusza pragnie odczuwać je w pełni. Pamiętaj, że są doskonałe, i nie potępiaj siebie za to, że je masz.

Spróbuj zastosować tę oto trzystopniową technikę, której celem jest wchłonięcie i akceptacja uczuć.

1. Przeżyj uczucie w pełni, a następnie określ je jako wściekłość, zadowolenie, smutek lub strach.

2. Przygarnij do siebie uczucia, jakie masz w sercu. Pokochaj je takie, jakie są, i zaakceptuj. Pokochaj je jako część siebie. Niech będą doskonałe. Nie można

przejść do wibracji radości, jeśli najpierw nie zaakceptujemy swoich uczuć i nie pogodzimy się z nimi. Powtórz tę oto afirmację: „Proszę o wsparcie w odczuwaniu miłości do każdej z moich emocji; zachowuję je w swoim sercu i akceptuję z czułością jako część samego siebie".

3. A teraz poczuj miłość do samego siebie za to, że masz te uczucia; pamiętaj, że wybrałeś je jako sposób zbliżenia swojej energii ku uzdrowieniu.

4. Moje uczucia należą do mnie, nikt nie może sprawić, bym coś czuł. Moje uczucia odzwierciedlają, jak widzę sytuację.

gotowość	otwartość	sceptycyzm	brak gotowości

4. Zdanie to przypomina nam, że nikt nie ma wpływu na to, co czujemy. Nasze emocje są naszą własnością. Odczuwając je, nazywając, kochając bezwarunkowo i akceptując jako część nas samych, dobrowolnie je zachowujemy lub się od nich uwalniamy. Ta świadomość pozwala nam zrozumieć, że problem nie leży w świecie zewnętrznym, ale w nas. Stawiamy wówczas pierwszy krok do pozbycia się wibracji archetypu ofiary. Przekonanie, że to inni ludzie czy nawet sytuacje wprawiają nas we wściekłość, zachwyt, rozpacz, daje im władzę nad nami.

5. Chociaż nie wiem, dlaczego i jak, widzę teraz, że to moja dusza stworzyła tę sytuację, bym się uczył i rozwijał.

gotowość	otwartość	sceptycyzm	brak gotowości

5. To chyba najważniejsze stwierdzenie w tym formularzu. Wspiera ono przeświadczenie, że to nasze myśli, uczucia i przekonania tworzą nasze doświadczenie, czyli że zarządzamy swoją rzeczywistością w sposób wpływający na nasz duchowy rozwój. Kiedy otwieramy się na tę prawdę, niemal zawsze problemy znikają. Dzieje się tak dlatego, że one nie istnieją naprawdę, wynikają tylko z błędnego postrzegania świata.

Powyższe stwierdzenie zmusza nas do zastanowienia się, czy przypadkiem sytuacja nie jest celowa, i do uwolnienia się od potrzeby zrozumienia jej przyczyn.

Ludzie o skłonnościach intelektualnych z tym właśnie mają największe trudności. Potrzebują dowodów, by uwierzyć, a odpowiedź na pytanie „dlaczego?" stanowi dla nich warunek zaakceptowania uzdrawiającego charakteru sytuacji.

To ślepy zaułek – pytanie o przyczynę zdarzeń to pytanie o zamiary Boga. Na naszym obecnym poziomie duchowym prawdopodobnie nie możemy ich poznać, musimy więc zrezygnować ze swej potrzeby poznania przyczyn (poza wszystkim innym jest to potrzeba ofiary) i poddać się myśli, że Bóg się nie myli, czyli wszystko dzieje się z Jego rozkazu.

Ten etap ma wesprzeć cię w twoich wysiłkach uwolnienia się od świadomości ofiary. Zwraca ci również uwagę na możliwość, że osoba, rzecz lub sytuacja stanowiąca problem odzwierciedla dokładnie tę część ciebie, którą odrzuciłeś i która pragnie do ciebie wrócić. Dzięki niemu zrozumiesz, że ukryta w tobie istota boskości, świadoma część ciebie samego, twoja dusza – jakkolwiek to nazwiesz – zaaranżowała daną sytuację, byś się uczył, rozwijał oraz uwalniał od błędnych przekonań. Na tym polega znaczenie tego etapu.

Ten krok dodaje nam także mocy. Kiedy zdamy sobie sprawę, że sami tworzymy daną sytuację, zdołamy ją zmienić. Możemy dokonać wyboru: albo postrzegać siebie jako ofiarę okoliczności, albo dostrzec w tym, co się dzieje, okazję do nauki i rozwoju i wieść takie życie, jakiego pragniemy.

Nie osądzaj siebie za jakieś okoliczności. Pamiętaj, że ukształtowała je twoja Boska część. Jeśli tę część osądzasz, osądzasz Boga. Uznaj siebie za cudowną, twórczą, Boską istotę obdarzoną zdolnością tworzenia wielu okazji do nauki na swej duchowej drodze, która w końcu doprowadzi cię do domu. Kiedy będziesz gotów to uczynić, poddasz się Boskości, która jest w tobie, a ona dokona reszty, możesz być pewien.

> 6. Dostrzegam wskazówki w swoim życiu, na przykład powtarzające się wzorce, które mówią, że miałem już wiele okazji do uzdrowienia, ale nie rozpoznałem ich. Przykłady:

6. Punkt ten przypomina, że jesteśmy istotami ludzkimi, które charakteryzuje ciekawość. Musimy wiedzieć, dlaczego coś się dzieje. Wyżej powiedzieliśmy, że należy się wyzbyć potrzeby zrozumienia. Teraz mamy okazję trochę się rozerwać, poszukując oczywistych wskazówek, że sytuacja jest zawsze doskonała w pewien niemożliwy do wyjaśnienia sposób. Dopóki taki dowód nie staje się warunkiem zaakceptowania tej doskonałości, dopóty nic złego się nie dzieje, a nawet sprawy mogą stać się jaśniejsze. Pamiętaj też, że równie dobrze nic może się nie wyjaśnić. Nie martw się tym. Nie wypełniaj tej ramki i przejdź do następnego punktu. To nie znaczy, że twój arkusz będzie mniej wiarygodny.

Oto wskazówki, których powinieneś szukać:

1. Powtarzające się wzorce. To najbardziej oczywista wskazówka. Wstępowanie w kolejne związki małżeńskie z osobami tego samego rodzaju stanowi jedną z nich. Podobnie wiązanie się z partnerem, który bardzo przypomina twoją matkę lub ojca. Wielokrotnie powtarzające się zdarzenie jest wyraźnym znakiem. Kiedy ludzie ciągle robią ci tę samą przykrość, na przykład cię zawodzą lub nigdy cię nie słuchają, znaczy to, że masz problem do rozwiązania w tej właśnie dziedzinie.

2. Wzorce liczbowe. Nie dość, że powtarzamy pewne wzorce postępowania, to często robimy to w sposób, który ma znaczenie z punktu widzenia numerologii. Na przykład tracimy pracę co dwa lata, zrywamy bliski związek co dziewięć, zawsze tworzymy trójkąty miłosne, zapadamy na zdrowiu w tym samym wieku co nasi rodzice, odnajdujemy wciąż te same liczby we wszystkim, co robimy, itd. Pomocne będzie przygotowanie linii czasu, takiej, jaką zrobiłem dla Jill (zob. str. 42), na której będziesz wpisywać wszystkie daty i zwracać uwagę na przerwy między poszczególnymi zdarzeniami. Możesz odkryć, że to właśnie czas odgrywa rolę w twojej historii.

3. Wskazówki od ciała. Twoje ciało cały czas podsuwa ci wskazówki. Czy zawsze coś ci dokucza z jednej strony ciała albo w okolicach powiązanych z konkretną czakrą i dotyczącymi jej problemami? Książki Caroline Myss, Louise Hay i wielu innych pomogą ci zrozumieć, co się dzieje z twoim ciałem i na czym polega jego uzdrawiające przesłanie. W naszej pracy z ludźmi cierpiącymi na raka choroba ta zawsze okazywała się pełną miłości zachętą do zmiany lub do odczuwania i uzdrowienia stłumionego bólu emocjonalnego.

4. Zbiegi okoliczności i „dziwne" zdarzenia. W nich można znaleźć mnóstwo wskazówek. Gdy tylko jakieś zdarzenie wydaje ci się dziwne, niezgodne z twoimi oczekiwaniami lub nieprawdopodobne, wiesz, że „coś w tym jest". Na przykład w historii Jill zdumiewające było nie tylko to, że obie dziewczyny obdarzone miłością, której według mojej siostry jej odmawiano, miały na imię Lorraine (to imię nie jest bardzo popularne w Anglii), ale również fakt, że obie były najstarszymi z trójki rodzeństwa, niebieskookimi blondynkami. Także zachowanie Jeffa było nietypowe. Nie jest to człowiek okrutny i niewrażliwy. Wręcz przeciwnie – mój szwagier charakteryzuje się łagodnością, ciepłem i subtelnością. Nie potrafię sobie wyobrazić, aby był okrutny w stosunku do kogokolwiek. Jego postępowanie wobec Jill uderzyło mnie jako w najwyższym stopniu dziwaczne.

Kiedyś uważaliśmy, że różne rzeczy przytrafiają się nam przypadkiem, nazywaliśmy je zbiegiem okoliczności. Dzisiaj jesteśmy skłonni twierdzić, że to Duch sprawia, iż pewne sytuacje występują jednocześnie dla naszego dobra. To właśnie takie przypadki synchroniczności kryją się w naszych historiach i kiedy to dostrzeżemy, zdołamy zaakceptować stwierdzenie: „Moja dusza stworzyła tę sytuację po to, bym się uczył i rozwijał".

7. Jestem gotów przyjąć, że moja misja, czyli „duchowy kontrakt", zawierała takie przeżycia, nieważne dlaczego.

gotowość	otwartość	sceptycyzm	brak gotowości

7. Ten punkt przypomina nam jedno z założeń Radykalnego Wybaczania: przybywamy na świat z misją lub umową zawartą z Duchem, w której zobowiązujemy się robić konkretne rzeczy i zachowywać się w konkretny sposób, czyli przekształcać konkretną energię. Bez względu na to, jaka była czy jest ta misja, wiemy, że każde nasze przeżycie wynika z roli, którą mamy do odegrania. Doskonałym przykładem jest historia księżnej Diany. Zwróć uwagę, że ostatnia część stwierdzenia z punktu 7. uwalnia nas od potrzeby zrozumienia, na czym nasza misja polega.

> 8. Moje złe samopoczucie było sygnałem, że nie dopuszczam miłości do siebie i do X, osądzam, oczekuję, że X się zmieni, i postrzegam go jako gorszego. (*Wylicz osądy, oczekiwania i zachowania, które wskazują, że chciałeś, by X się zmienił*).
>
> **Zdaję sobie sprawę, że starałam się udowodnić, iż Jeff źle postępuje, i winiłam go za swoje złe samopoczucie, a przecież w rzeczywistości sama byłam za nie odpowiedzialna przez cały czas. Osądzałam go i uważałam, że odpowiada za moje szczęście. Żądałam, by był inny, niż naprawdę jest. Nie dostrzegałam prawdy – że on mnie kocha.**

8. Kiedy nie ma więzi między nami a drugim człowiekiem, nie możemy go kochać. Osądzając kogoś (lub siebie) i twierdząc, że źle postępuje, powstrzymujemy miłość. Nawet jeśli uważamy, że ktoś postępuje dobrze, powstrzymujemy strumień miłości, ponieważ uzależniamy obdarzanie nią od tego, czy ta osoba nadal będzie tak czynić.

Każda próba zmiany drugiego człowieka oznacza powstrzymywanie miłości, albowiem samo pragnienie, by się zmienił, wynika z założenia, że coś jest z nim nie w porządku. Co więcej, zachęcając go do zmiany, mimo najlepszych intencji możemy go skrzywdzić, zakłócając tok duchowej nauki, misji i rozwoju.

Sprawa jest delikatniejsza, niż nam się wydaje. Na przykład, jeśli wysyłamy komuś niepożądaną energię uzdrawiającą, w istocie dokonujemy osądu, że jego samopoczucie jest złe, a przecież nie powinien być chory. Kimże jednak jesteśmy, by podejmować takie decyzje? Być może choroba jest przeżyciem koniecznym do duchowego rozwoju tej osoby. Co innego, gdy ktoś nas prosi o uzdrowienie. Należy wtedy spełnić tę prośbę, nadal postrzegając tego człowieka jako doskonałego.

Zanotuj więc w tym punkcie, co chciałbyś zmienić w osobie, której właśnie wybaczasz. Jak ją osądzasz, co wskazuje na twoją nieumiejętność zaakceptowania jej taką, jaka jest? Które z twoich zachowań wskazuje, że ją oceniasz? Będziesz może zdziwiony, że twoje pełne dobrych intencji życzenie, by ta osoba się zmieniła „dla swego dobra", jest w istocie osądem.

Prawdę mówiąc, to właśnie twój osąd sprawia, że drugi człowiek opiera się zmianom. Gdy zrezygnujesz z oceniania, zmiana prawdopodobnie stanie się faktem. Co za ironia, prawda?!

9. Wiem już, że denerwuję się tylko wtedy, gdy ktoś poruszy we mnie kwestie, które wyparłem lub stłumiłem, a potem dokonałem ich projekcji na tę osobę.

gotowość	otwartość	sceptycyzm	brak gotowości

10. X ukazuje, że muszę kochać i akceptować siebie samego.

gotowość	otwartość	sceptycyzm	brak gotowości

9. i **10.** Stwierdzenia te wskazują, że każdy, kto nas denerwuje, odzwierciedla te nasze cechy, którymi najbardziej pogardzamy, a których projekcji dokonaliśmy na obiekt naszej irytacji.

Jeśli potrafimy otworzyć się na tyle, by zaakceptować myśl, że taki człowiek oferuje nam okazję zaakceptowania i pokochania tej znienawidzonej cechy, jeśli zrozumiemy, że mamy do czynienia z aniołem uzdrawiającym, praca zostanie wykonana.

Jak już powiedzieliśmy, nie trzeba wcale lubić tej osoby. Po prostu zrozum, że odgrywa ona rolę zwierciadła, podziękuj jej duszy, wypełniając ten arkusz, i żyj dalej w spokoju.

Nie musimy także wiedzieć, które cechy są odzwierciedlane. Na ogół jest to i tak bardzo skomplikowane. Nie zajmuj się tym, nie analizuj, system działa bowiem najlepiej, kiedy nie roztrząsa się tego.

11. X odzwierciedla mój błędny punkt widzenia. Wybaczając mu, uzdrawiam siebie i odtwarzam swoją rzeczywistość.

gotowość	otwartość	sceptycyzm	brak gotowości

11. Punkt ten przypomina nam, że przez nasze historie, pełne błędnych przekonań, tworzymy swoją rzeczywistość i swoje życie. Zawsze będziemy do siebie przyciągać ludzi, którzy odzwierciedlają nasze przeświadczenia i stworzą nam okazję do uwolnienia się od błędu i dążenia ku prawdzie.

12. Rozumiem, że to, co robi X czy ktokolwiek inny, nie jest ani dobre, ani złe. Przestaję osądzać.

gotowość	otwartość	sceptycyzm	brak gotowości

12. Ten punkt zaprzecza wszystkiemu, czego nas uczono w kwestii odróżniania dobra od zła, tego, co słuszne, od tego, co niesłuszne. Przecież cały świat został podzielony w ten sposób. Wiemy, że Świat Ludzki jest tylko złudzeniem, ale to nie zmienia faktu, że nasz ludzki los codziennie wymaga od nas dokonywania tego rodzaju rozróżnień.

Pomóc nam może zrozumienie, że powyższe stwierdzenie (nie ma dobra ani zła) wynika ze spojrzenia z perspektywy Świata Boskiej Prawdy. Perspektywa ta pozwala nam wykroczyć poza to, co mówią nasze zmysły i nasz umysł, i dostrzec we wszystkim Boski cel i znaczenie. Wówczas zrozumiemy, że nic nie jest słuszne lub niesłuszne, ale po prostu jest.

13. Wiem, że mam potrzebę oskarżania i zawsze muszę mieć rację. Jestem gotów dostrzec doskonałość w tej sytuacji.

gotowość	otwartość	sceptycyzm	brak gotowości

13. Punkt ten stawia cię w obliczu doskonałości sytuacji i pozwala sprawdzić, czy jesteś gotów ją dostrzec. Trudno jest widzieć doskonałość czy dobro w czymś takim jak przemoc wobec dziecka, możemy jednak być skłonni ją zauważyć, być *gotowi zarzucić osądzanie i zrezygnować z potrzeby utwierdzania się we własnej racji*. Oczywiście trudne może być zaakceptowanie myśli, że zarówno osoba stosująca przemoc, jak i ta, która jej podlega, same stworzyły tę sytuację, by się czegoś nauczyć na poziomie duszy, a ich misja polega na przekształceniu sytuacji w imieniu wszystkich krzywdzonych w ten sposób ludzi. Niemniej możemy być gotowi na przyjęcie tej myśli.

Im bardziej bezpośrednio dana sytuacja nas dotyka, tym trudniej będzie nam dostrzec w niej doskonałość, a nawet jeśli to się nam uda, nie zawsze ją będziemy rozumieć. Nie możemy znać przyczyn zdarzeń, musimy po prostu wierzyć, że wszystko dzieje się tak, jak powinno dla najwyższego dobra nas wszystkich.

Zwróć uwagę, jak często musimy mieć rację. Dużo wysiłku wkładamy w jej udowadnianie. Bardzo wcześnie nauczyliśmy się o to walczyć. Udowadniając, że słuszność jest po naszej stronie, jednocześnie wykazujemy, że ktoś inny jest w błędzie. Nasze poczucie własnej wartości zależy w dużym stopniu od tego, jak często mamy rację. Trudno się więc dziwić, iż niełatwo jest nam zaakceptować, że coś po prostu jest – ani słuszne, ani niesłuszne. Jeśli naprawdę nie możesz przestać osądzać czegoś naprawdę strasznego, wróć do swoich uczuć (zob. punkt 3. arkusza), pogrąż się w nich i przyznaj przed sobą, że nie potrafisz wykonać tego kroku. Postaraj się jednak wykazać gotowość do zaprzestania osądów. Jest ona nadal najważniejsza, ponieważ tworzy energetyczny ślad Radykalnego Wybaczania, a gdy energia się zmienia, wszystko ulega przeobrażeniu.

14. Chociaż nie wiem, dlaczego i jak, ale rozumiem, że ty i ja otrzymaliśmy dokładnie to, co podświadomie wybraliśmy, i wspólnie wykonaliśmy uzdrawiający taniec.

gotowość	otwartość	sceptycyzm	brak gotowości

14. Oto kolejne przypomnienie, w jaki sposób w jednej chwili możemy poznać swoje podświadome przekonania, patrząc na to, co się dzieje w naszym życiu. *Zawsze mamy to, czego chcemy*. Na poziomie duszy wybraliśmy daną sytuację i określone przeżycia, a nasz wybór nie może być zły. Dotyczy to wszystkich ludzi. Pamiętaj – nie ma łobuzów i ofiar, tylko aktorzy dramatu. Każda z osób zaangażowanych w daną sytuację dostaje dokładnie to, co dostać chciała. Wszyscy wykonują uzdrawiający taniec.

15. Dziękuję ci, X, za to, że zechciałeś stać się częścią mojego procesu uzdrawiania, i czuję się zaszczycony, że wziąłem udział w twoim uzdrawianiu.

gotowość	otwartość	sceptycyzm	brak gotowości

15. Podziękowanie osobie X za współtworzenie sytuacji, dzięki której twoja dusza stanie się świadoma przekonań budujących twoje życie, jest jak najbardziej na miejscu. X zasługuje na twoją wdzięczność i błogosławieństwo, skoro to współtworzenie i wynikająca z niego świadomość dają ci możliwość poznania własnych przeświadczeń. To z kolei pozwala ci się od nich uwolnić, a następnie zadecydować, co chciałbyś stworzyć w swoim życiu. X ma prawo odczuwać taką samą wdzięczność w stosunku do ciebie, z tych samych powodów.

> 16. Uwalniam swą świadomość od wszystkich uczuć (wymienionych w punkcie 2 b).
>
> **Ból, opuszczenie, zdrada, samotność, smutek i gniew.**

16. Ten punkt pozwala ci potwierdzić, że uwalniasz się od uczuć, które zapisałeś w punkcie 2. Dopóki te emocje i myśli pozostają w twojej świadomości, dopóty nie możesz zrozumieć, że to twój błędny punkt widzenia jest przyczyną twojego zdenerwowania. Jeśli sytuacja dotyka cię bardzo mocno, znaczy to, że podtrzymujesz swój punkt widzenia – czy będą to przekonania, czy interpretacje, czy też osąd. Nie wartościuj tego faktu ani nie próbuj zmienić swojego nastawienia. Po prostu zauważ, że tak jest.

Twoje emocje związane z konkretną sytuacją mogą wracać wielokrotnie i to także jest dobre. Po prostu bądź gotów je przeżyć i się od nich uwolnić, przynajmniej chwilowo, tak by blask świadomości oświecił cię i ukazał, że twoje postrzeganie sytuacji jest błędne. I znowu możesz spojrzeć na sprawę świeżym okiem.

Uwalnianie się od emocji i związanych z nimi myśli odgrywa ważną rolę w procesie wybaczania. Myśli te przekazują energię naszym dawnym przekonaniom leżącym u źródeł rzeczywistości, którą właśnie staramy się zmienić. Stwierdzenie, że uwalniamy się zarówno od uczuć, jak i od związanych z nimi myśli – to początek procesu uzdrawiania.

17. **Jeff**, doceniam twoją gotowość odzwierciedlenia moich błędnych przekonań i dziękuję ci za stworzenie mi okazji do zastosowania Radykalnego Wybaczania i do samoakceptacji.

gotowość	otwartość	sceptycyzm	brak gotowości

17. To jeszcze jedna okazja, by poczuć wdzięczność do osoby X za to, że pojawiła się w twoim życiu i zechciała odtańczyć z tobą uzdrawiający taniec.

18. Wiem już, że to, co przeżywałem (moja historia ofiary), dokładnie odzwierciedlało mój błędny punkt widzenia. Rozumiem, że mogę zmienić tę „rzeczywistość" dzięki gotowości dostrzeżenia w niej doskonałości. Na przykład... (*Spróbuj zastosować Radykalne Wybaczanie. Może to być ogólne stwierdzenie, że już wiesz, iż wszystko jest doskonałe lub związane z twoją sytuacją, gdyż dostrzegasz w niej dar. Uwaga: często nie potrafimy tego dostrzec*).

> Jeff odzwierciedlał moje błędne przekonanie, że nie jestem godna miłości, i ofiarował mi dar uzdrawiania. Widzę to teraz. Jeff kocha mnie tak bardzo, że był skłonny przejść przez to trudne doświadczenie. Już wiem, że dostałam to, czego pragnęłam, by się uleczyć, a Jeff również otrzymał to, co było potrzebne do jego uzdrowienia. W tym znaczeniu sytuacja była doskonała i stanowiła dowód na obecność i miłość Ducha w moim życiu.

18. Nie szkodzi, jeśli nie potrafisz zauważyć nowej interpretacji swojej sytuacji. Radykalne Wybaczanie można wyrazić w bardzo ogólny sposób, na przykład tak: „To, co się zdarzyło, stanowiło część Boskiego planu i zostało przywołane przez moje własne Wyższe Ja, by mi umożliwić duchowy rozwój i by ludzie zaangażowani w tę sprawę mogli wykonać ze mną uzdrawiający taniec. Nic złego się nie stało".

Z pewnością nie pomogłoby tutaj spisanie swojej interpretacji zdarzeń opartej na założeniach zakorzenionych w Świecie Ludzkim, na przykład podanie przyczyn lub usprawiedliwianie się. Można zamienić jedną historię na drugą lub nawet przeprowadzić proces pseudowybaczania. Nowe zrozumienie sytuacji powinno jednak dać ci poczucie jej doskonałości z duchowego punktu widzenia i umożliwić otwarcie się na dar, jaki jest ci oferowany. Twoje nowe spojrzenie pozwoli ci dojrzeć ingerencję Boga lub Boskiej Inteligencji oraz Jego miłość.

Uwaga. Może będziesz musiał wypełnić wiele arkuszy na temat tej samej sprawy, by odczuć doskonałość. Bądź szczery wobec siebie i zwracaj uwagę na swoje emocje. Nie ma tutaj dobrych odpowiedzi, celów, ocen ani końcowego produktu. Znaczenie ma sam proces, samo wykonywanie tej pracy. Niech wszystko, co się wydarza, będzie doskonałe. Opieraj się pokusie analizowania i oceniania tego, co piszesz. Nie możesz popełnić błędu.

> 19. Ja, **Jill**, wybaczam sobie całkowicie i akceptuję siebie jako istotę kochającą, szczodrą i twórczą. Uwalniam się od wszelkich związanych z przeszłością emocji oraz poczucia braku i ograniczenia. Wycofuję swoją energię z przeszłości i usuwam wszelkie bariery odgradzające mnie od miłości i obfitości, która jest moim udziałem w tej chwili. Tworzę swoje życie i znowu jestem sobą, bezwarunkowo kocham i wspieram siebie taką, jaka jestem – potężna i wspaniała.

19. Nie można przecenić znaczenia tej afirmacji. Wypowiedz ją na głos, wczuj się w nią. Niech te słowa w tobie dźwięczą. Osądzanie siebie samego stanowi podstawę wszystkich naszych problemów. Nawet gdy przestaliśmy osądzać innych i wybaczyliśmy im, nadal osądzamy siebie. Potępiamy siebie również za to, że... osądzamy siebie!

Trudność w wyrwaniu się z tego błędnego koła wynika stąd, że istnienie naszego ego zależy od naszego poczucia winy, iż jesteśmy tym, kim jesteśmy. Im większe odnosimy sukcesy, wybaczając sobie, tym bardziej nasze ego stara się wzbudzić w nas poczucie winy. To wyjaśnia, dlaczego możemy się spodziewać ogromnego oporu w czasie procesu wybaczania. Ego czuje się zagrożone i będzie walczyć! Widać skutki tej walki, gdy nie wypełniamy do końca arkusza Radykalnego Wybaczania, gdy dokonujemy coraz większych projekcji na X i czujemy się coraz bardziej ofiarą, gdy brak nam czasu na medytację lub zapominamy robić to, co mogłoby w nas ugruntować wiedzę o tym, kim jesteśmy. Im bliżsi jesteśmy uwolnienia się od poczucia winy, tym bardziej nasze ego „kopie" i „krzyczy" i tym trudniejszy zdaje się proces wybaczania.

Bądź gotów na przełamywanie oporu, pamiętając, że za nim leży kraina spokoju i radości. Przygotuj się także na ból, depresję, chaos i niepewność, które mogą temu towarzyszyć.

> 20. Poddaję się teraz Wyższej Sile, którą nazywam **Bogiem**, i ufam świadomości, że sytuacja będzie się rozwijać w doskonały sposób, zgodnie z Boskimi zaleceniami i duchowym prawem. Rozumiem, że jestem Jednością, i czuję się całkowicie złączona ze Źródłem. Odnalazłam swą prawdziwą naturę, czyli MIŁOŚĆ, i teraz oddaję ją **Jeffowi**. Zamykam oczy, by lepiej poczuć, jak wypełnia ONA moje życie, i poczuć radość, która się wraz NIĄ pojawia.

20. Oto ostatni etap procesu wybaczania, chociaż to nie ty go wykonasz. Wyraź swoją gotowość doświadczenia tego kroku, a resztę przekaż Wyższej Sile. Poproś, by Boska łaska dokończyła uzdrawianie i byście wraz z X odzyskali swą prawdziwą naturę, czyli miłość, oraz ponownie połączyli się ze Źródłem, które także jest Miłością.

Ten punkt daje ci okazję do porzucenia słów, myśli i pojęć i do rzeczywistego odczuwania miłości. Kiedy dochodzisz do końca, istnieje tylko ona. Jeśli potrafisz się jej poddać, jesteś w domu. Nic więcej nie musisz robić.

Poświęć kilka minut na przemyślenie tego punktu i otwórz się na odczuwanie miłości. Być może będziesz musiał wykonać to ćwiczenie wiele razy, zanim ją poczujesz, ale pewnego dnia, zupełnie niespodziewanie, otoczy cię miłość i radość.

21. Informacja dla X.

Wypełniając ten arkusz, pojęłam, jakie mam szczęście, że zawitałeś w moim życiu. Wiedziałam, że powinniśmy być razem, a teraz rozumiem dlaczego.

Wybaczam ci całkowicie, ponieważ zdaję sobie teraz sprawę, że nie zrobiłeś nic złego i że wszystko jest zgodne z Boskim porządkiem. Uznaję cię, akceptuję i kocham takiego, jaki jesteś.

21. Zacząłeś wypełniać arkusz Radykalnego Wybaczania pełen wrogich uczuć do X. Twoja energia pewnie się od tamtej chwili zmieniła, nawet jeśli ta zmiana nastąpiła niedawno. Co teraz czujesz w związku z X? Co chciałbyś mu powiedzieć? Pozwól sobie na pisanie bez kontroli świadomości i nie osądzaj swoich słów. Niech będą zaskoczeniem także dla ciebie.

Teraz, uznając X, akceptując go i obdarzając bezwarunkową miłością, zrozum i wybacz projekcję, która sprawiła, że postrzegałeś go jako niedoskonałego. Już możesz go kochać bez osądzania, ponieważ zrozumiałeś, że tylko tak można kochać człowieka. Możesz kochać X, bo wiesz, że nie może on być inny, ponieważ Duch chciał, by był właśnie taki specjalnie dla ciebie.

22. Informacja dla mnie.

Jestem dumna, że przeszłam przez to wszystko i zdołałam uwolnić się od świadomości ofiary – jestem WOLNA!

Wiem, że jestem istotą duchową, która przeżywa ludzki los. Kocham siebie i wspieram w każdym aspekcie mojego człowieczeństwa.

22. Pamiętaj, że każde wybaczanie zaczyna się od kłamstwa. Rozpoczynasz proces, nie mając w sercu wybaczenia, i *udajesz, że je masz, dopóki nie stanie się to faktem.* Bądź dumny, że to uczyniłeś, bądź dla siebie dobry i pozwól, by wybaczanie trwało tak długo, jak tego potrzebujesz. Okaż wobec siebie cierpliwość. Pochwal siebie za odwagę, jakiej wymaga wypełnienie arkusza Radykalnego Wybaczania. Przecież musiałeś stawić czoło demonom! Wykonanie tej pracy wymaga hartu ducha, gotowości i wiary.

Rozdział 21

Porzucenie dotychczasowej interpretacji

Ból jest ukryty w historii, w tym, co opisujemy w punkcie pierwszym arkusza, uzupełniając zdanie: „Przykra dla mnie sytuacja, tak jak ją widzę w tej chwili ....".

Skoro – jak się zdaje – to jest źródłem naszego cierpienia i złego samopoczucia, może warto przyjrzeć się bliżej naszej historii ofiary, by sprawdzić, do jakiego stopnia jest ona realna i czy pielęgnowanie bólu ma podstawy. Może się okazać, że bardzo niewielka część naszej opowieści odpowiada prawdzie, że stworzyliśmy ją po to, by wzmocnić nasze poczucie izolacji i przekonanie, że nie stanowimy Jedności. Może też być tak, że stworzyliśmy tę historię, by dała nam ona wskazówki, w jakiej dziedzinie potrzebujemy uzdrowienia (wybaczenia), tak byśmy mogli zrozumieć, że w istocie wszyscy jesteśmy Jednością.

Oczywiście Radykalne Wybaczanie zwraca uwagę na tę ostatnią ewentualność, ponieważ uważamy, że celem tej historii – i rolą wszystkich osób biorących udział w zdarzeniach – jest uświadomienie nam, co konkretnie wymaga uzdrowienia. Rozbierając swoją historię na części, mamy okazję poznać prawdę o sobie i przypomnieć sobie, kim w istocie jesteśmy.

Śledząc przebieg dawnych zdarzeń, na ogół dostrzegamy, jak na początku uformowało się błędne przekonanie, jak potem zostało stłumione, zepchnięte do podświadomości, by tam nadal działać i tworzyć sytuacje, które je wzmacniają. To właśnie przytrafiło się Jill. Jej podświadome przeświadczenie brzmiało: „Nie jestem dość dobra dla żadnego mężczyzny", a jej życie to potwierdzało. Kiedy zburzyliśmy dotychczasową wersję i Jill zobaczyła, że to nieprawda, wyleczyła się z fałszywego przekonania i wszystko stało się proste.

Nasze przekonania kształtują się na ogół wówczas, gdy jesteśmy bardzo młodzi. Kiedy coś się nam przytrafia, interpretujemy to doświadczenie i nadajemy mu własne znaczenie. Później to, co się naprawdę wydarzyło, miesza się z naszą interpretacją. Historia, którą kreujemy, opierając się na tej mieszaninie faktów i fikcji, staje się naszą prawdą i zasadą kierującą naszym życiem.

Powiedzmy, że ojciec odchodzi z domu, gdy mamy pięć lat. Dla nas jest to wydarzenie traumatyczne i bolesne, ale w naszym umyśle historia dopiero się zaczyna. W tym wieku uważamy, że świat kręci się wokół nas i na wszystko mamy egocentryczny punkt widzenia. Na nim właśnie opierają się nasze interpretacje. Oto pierwsza: „Zostawił MNIE!". Potem pojawiają się następne, które egocentrycznie rozwijają naszą historię: „To musi być moja wina. Musiałem zrobić coś, co go odstraszyło. Już mnie nie kocha, a może nigdy nie kochał. Muszę być niegodny miłości, skoro ojciec mnie zostawił. Jeśli on o mnie nie dba, to kto będzie dbał? Skoro on mnie nie kocha, nikt mnie nie będzie kochał, a nawet jeśli ktoś taki się znajdzie, na pewno odejdzie ode mnie po pięciu latach, bo tak postępują ludzie, którzy mówią, że cię kochają. Nie można im ufać, bo i tak odejdą po pięciu latach. Po prostu nie jestem godny miłości. Żaden mój związek nie będzie trwał dłużej niż pięć lat. Jeśli nie jestem dość dobry dla mojego ojca, nigdy nie będę dość dobry dla nikogo".

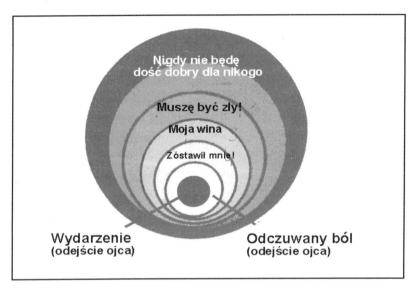

Rys. 14. Tak powstaje nieprawdziwa historia.

Jeśli jesteś kobietą, możesz – tak jak pewna pani uczestnicząca w moich warsztatach – utworzyć historię o tym, jak to inne kobiety zawsze „kradną" mężczyzn, i nieświadomie wywołać takie zdarzenie po pięciu latach twojego pozostawania w związku.

Takie historie stają się swego rodzaju wewnętrznym żyroskopem, o odrębnej częstotliwości, który przyciąga ludzi odgrywających role zgodnie z naszym scenariuszem.

Tymczasem, jak mogliśmy zobaczyć, jedyną prawdziwą częścią tej historii jest samo zdarzenie, czyli około pięciu procent. Reszta to tylko interpretacja – założenia przyjęte przez bardzo niedojrzały, zalękniony umysł. A więc nasza historia w dziewięćdziesięciu pięciu procentach składa się z systemu przekonań!

Twoje Wyższe Ja wie, że owe przeświadczenia nie tylko należą do twojego systemu przekonań, ale że są bardzo szkodliwe. A ponieważ nie może interweniować bezpośrednio, skoro Duch dał nam wolną wolę, wprowadza do twojego życia ludzi, którzy z miłością będą „odgrywać" twoją historię tak długo, aż zrozumiesz, że nie jest prawdziwa.

I znowu wracamy do sprawy mojej siostry Jill. Kiedy nasz ojciec okazał miłość mojej córce, Lorraine, wówczas Jill, która bezskutecznie oczekiwała od niego uczucia, pomyślała, że nie jest godna miłości. To przekonanie stało się jej historią, w którą wierzyła, dopóki nie włączyła do swego życia kogoś (Jeffa), kto pomógł jej zrozumieć ją i pokazał, że nie jest prawdziwa.

Zauważenie historii to dopiero połowa zwycięstwa. Czasem jesteś jej świadomy, a czasem nie. Glenda była wytworną, inteligentną, atrakcyjną i spełnioną kobietą pod pięćdziesiątkę, która nigdy nie wyszła za mąż. W gruncie rzeczy nigdy nie była z nikim związana dłużej niż dwa lub trzy lata. Wyglądało na to, że nie udało jej się spotkać tego jedynego. Za każdym razem, kiedy już dobrze poznała mężczyznę, odkrywała w nim coś, co ją drażniło albo sprawiało, że związek z nim ją rozczarowywał, zrywała więc z ukochanym. Powtarzało się to wielokrotnie, ale dla niej nie stanowiło żadnego problemu. Pracowała i twierdziła, że praca daje jej mnóstwo satysfakcji. Przyznawała jednak, że jest samotna.

Pewnego dnia znajoma zapytała ją: „Czy kiedykolwiek zastanawiałaś się, dlaczego nie potrafisz wytrwać w związku? Nigdy ci nie przyszło do głowy, że może to nie »coś«

w twoich mężczyznach cię drażni i rozczarowuje, ale raczej ty sama ciągle jeszcze nie rozwiązałaś jakiegoś problemu, który nie pozwala ci na udany związek z mężczyzną?".

W pierwszej chwili Glenda zlekceważyła słowa znajomej, ale później zaczęła się nad nimi głębiej zastanawiać. Postanowiła pójść do psychoterapeuty i sprawdzić, co kryje się za jej wzorcem związków uczuciowych. Specjalista poddał ją hipnozie i spowodował, że cofnęła się do czasów, gdy miała osiem lat.

W hipnotycznym śnie Glenda przypomniała sobie, że w tym wieku codziennie po powrocie ze szkoły bawiła się ze swoim najlepszym kolegą, Markiem. Byli ze sobą bardzo zaprzyjaźnieni od najmłodszych lat, a w tamtym czasie po prostu nierozłączni. Potem przypomniała sobie pewne zdarzenie. Któregoś dnia przebrała się ze szkolnego mundurka i pobiegła do domu Marka. Zapukała, ale nikt nie odpowiedział. Zajrzała przez okno. Ku jej rozpaczy dom był pusty. Gdzie podziali się jego mieszkańcy? Gdzie są meble? Gdzie jest Mark? Mała Glenda nic nie rozumiała. Dopóki nie wróciła do frontowych drzwi i nie zauważyła małej tabliczki leżącej w trawie. Był na niej napis: SPRZEDANE.

Powoli dotarło do niej, że rodzice jej przyjaciela sprzedali dom i wyjechali, zabierając Marka – odszedł bez słowa. Nawet jej o tym nie uprzedził, nigdy nie wspomniał, że mają zamiar się przeprowadzić.

Zraniona i zdezorientowana, przesiedziała na schodach kilka godzin, zanim wróciła do swojego domu. Pamięta, że podjęła wtedy dwie decyzje. Po pierwsze, postanowiła nic nie mówić swoim rodzicom. Jeśli wspomną coś o wyjeździe Marka, uda, że jej to nic nie obchodzi. Po drugie, nigdy więcej nie zaufa żadnemu chłopcu (mężczyźnie).

Na pozór zapomniała o tym incydencie, ale kiedy wypłynął na powierzchnię podczas terapii, bardzo się zdenerwowała. Tłumiony przez lata żal o to, że jej najlepszy przyjaciel ją porzucił, oraz gniew z powodu tego, co uważała za zdradę, znalazły ujście.

Po sesji z terapeutą Glenda poszła odwiedzić matkę. Rozmawiała z nią o Marku i zapytała, co się stało z nim i z jego rodziną. „Jego ojciec dostał przeniesienie – odparła matka. – Wszystko stało się bardzo szybko. Byliśmy zdziwieni, że nic nie powiedziałaś o ich wyjeździe. Sądziliśmy, że będzie ci naprawdę przykro, ale wyglądało na to, że się zbytnio nie przejęłaś. Rozmawialiśmy z rodzicami Marka przed ich wyjazdem, bo martwiliśmy się, że oboje bardzo to rozstanie przeżyjecie. Ustaliliśmy, że będzie lepiej nic wam nie mówić aż do ostatniej chwili. Nawet nie wywiesili tabliczki o sprzedaży domu. Markowi powiedzieli o wyjeździe dopiero w samochodzie, w drodze do nowego miejsca zamieszkania".

Glenda była wstrząśnięta. Mark jej nie zdradził, skoro nic nie wiedział o przeprowadzce. W tej samej chwili przyszła jej do głowy myśl, że przez ponad czterdzieści lat pozwalała, by ukryta w podświadomości historia rządziła jej życiem oraz niszczyła każdy jej związek uczuciowy. Nie dość na tym – sama myśl oparta była na błędnym założeniu.

Gdy jakiś mężczyzna zbliżał się na tyle blisko do Glendy, by zostać jej partnerem i kochankiem, zrywała z nim. Była przekonana, że jeśli zwiąże się z kimś blisko, tak jak z Markiem, zostanie porzucona i zdradzona w ten sam sposób. Nie chciała znowu cierpieć z powodu jakiegokolwiek mężczyzny. Zamknęła, czyli stłumiła, swoje cierpienie z powodu porzucenia i zdrady w dniu, w którym odkryła, że Mark się przeprowadził. Później rzuciła się w wir pracy, by uniknąć przeżywania tych uczuć.

Znajoma, która sprowokowała Glendę do stawienia czoła niszczącemu wzorcowi, widziała w tej historii więcej niż anegdotę i zrozumiała, że coś się pod nią kryje. Glenda stworzyła sobie wiele okazji do uzdrowienia, ale żadnej z nich nie zauważyła.

Glenda uczestniczyła w warsztatach Radykalnego Wybaczania. Wybaczyła mężczyźnie, z którym właśnie się rozstała, wybaczając tym samym wszystkim, z którymi była związana wcześniej, a których uważała za „niegodnych zaufania". To zneutralizowało założenie, że nigdy więcej nie będzie mogła zaufać żadnemu mężczyźnie, mogła więc stworzyć taki związek, jakiego naprawdę pragnęła.

Jesse, inna uczestniczka warsztatów, była całkowicie świadoma swojej historii, ale – mimo że miała dużą świadomość duchową – nie widziała, że jest ona oparta na błędnym założeniu. Podczas zajęć oświadczyła nam, że właśnie straciła pracę. „Rozumiem – powiedziała. – To znowu mój problem związany z porzuceniem. Co kilka lat wyrzucają mnie z pracy albo mój chłopak ze mną zrywa. To dlatego, że zostałam porzucona w niemowlęctwie".

Podejrzewałem, że chodzi o system przekonań, zacząłem więc drążyć kwestię porzucenia. Dowiedzieliśmy się, że ojciec Jesse zmarł przed jej narodzinami, a matka ciężko zachorowała, gdy dziewczynka miała dwa lata, w związku z czym oddano dziecko na jakiś czas do dziadków.

Chociaż rozłączenie z matką musiało być trudnym doświadczeniem, w rzeczywistości Jesse nigdy nie została przez rodziców porzucona. Po prostu byli nieobecni, i to nie ze swojej winy. Z pewnością jej nie opuścili. Porzucenie jest świadomym wyborem i rozmyślnym czynem. Sam fakt nieobecności nie oznacza porzucenia.

Uznanie nieobecności za porzucenie było interpretacją małego dziecka, interpretacją o wielkim znaczeniu. Oprócz tego przekonania, Jesse stworzyła wiele innych interpretacji, na przykład: „Muszę być osobą niegodną miłości, skoro rodzice mnie porzucili. Nikt nie zostanie ze mną dłużej niż dwa lata. Jeśli moja matka to zrobiła, zrobi to też każdy inny człowiek. Nie będzie chciał mieć ze mną dłużej do czynienia. Zda sobie sprawę, że jestem złym człowiekiem, i mnie zostawi. Takie jest życie".

Jesse żyła zgodnie z tą historią aż pięćdziesiąt dwa lata. A przecież oparła ją na całkowicie błędnym zrozumieniu sytuacji. Kiedy to wreszcie pojęła, udało się jej uwolnić od potrzeby powtarzania wzorca porzucenia.

Chociaż Jesse miała duchową świadomość, uparcie nie zauważała, że następujące co dwa lata „porzucenia" były stworzoną przez Ducha okazją do przebudzenia się i uwolnienia od historii, która stwarzała jej w życiu ograniczenia i raniła duszę. Wypełnienie kilku arkuszy Radykalnego Wybaczania w związku z osobą, która ostatnio zwolniła ją z pracy, pozwoliło wybaczyć wszystkim, którzy ją „porzucali" przez pięćdziesiąt dwa lata jej życia, i zneutralizować pierwotny ból.

Wirówka wybaczania

Zastosowanie niżej opisanego narzędzia zaoszczędziło zarówno Jill, jak i Glendzie czy Jesse wielu lat bolesnych zmagań. Wirówka wybaczania pomaga nam bowiem oddzielić to, co się n a p r a w d ę zdarzyło, od naszych i n t e r p r e t a c j i zdarzenia. Jeśli masz sokowirówkę, do której wkłada się marchewki lub owoce, a sok oddzielany jest od włókien za pomocą siły odśrodkowej, zrozumiesz, co mam na myśli, mówiąc o wirówce. Takiego samego urządzenia używa się do oddzielania krwinek od osocza, śmietany od mleka itd. Pralka odwirowująca wodę z ubrań też działa na tej zasadzie.

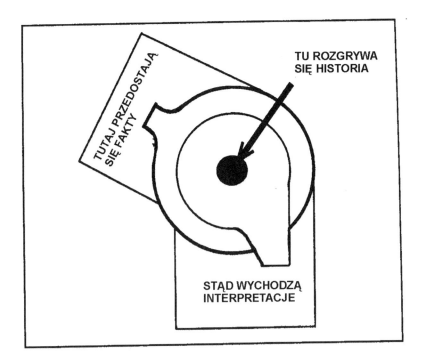

Rys. 15. Oddzielanie faktów od fikcji.

Wirówka wybaczania po prostu odwraca proces tworzenia przez nas historii o zdarzeniach, które się nam przytrafiły. Aby ją zastosować, zajmij się tym, co właśnie przeżywasz, a co sprawia ci przykrość. Pamiętaj, że twoja historia na pewno jest rozpaczliwą mieszaniną faktów (które się zdarzyły) i interpretacji (twoich myśli, sądów, twierdzeń, założeń i przekonań na temat tego, co się stało). Wprowadź tę historię do wirówki, tak jak marchewkę do sokowirówki, i w wyobraźni zobacz, jak oddziela ona fakty od interpretacji.

Następnie, jak dobry badacz, sporządź w sposób jak najbardziej obiektywny listę faktów, które wyłoniły się z twojej historii, a potem spisz swoje interpretacje na ich temat.

L.p.	Fakty, które się wydarzyły

Po wypisaniu faktów zaakceptuj je. Uznaj, że mówią one, co się zdarzyło, i nikt nic nie może zmienić. Nie masz wyboru – musisz przyjąć, że stało się to, co się stało. Nie ulegaj jednak skłonności do przepraszania za to, co się wydarzyło. To bowiem znowu będzie interpretacją faktów. Po prostu opisz, co się stało, a następnie przeanalizuj każdą myśl, przekonanie, racjonalizację lub nastawienie, które narzuciłeś faktom, i powiedz, że to nieprawda. Powiedz, że żadna z tych rzeczy nie ma znaczenia, że to zwykła gadanina umysłu.

L.p.	Moje interpretacje tego, co się zdarzyło

Następnie zorientuj się, jak ważne są dla ciebie twoje myśli i postawy. Przyjrzyj się swojemu przywiązaniu do każdej z nich i zdecyduj, których gotów jesteś się wyzbyć, a których nie.

Interpretacje	% przywiązania

Bądź dla siebie dobry

Nie krytykuj siebie za to, że jesteś przywiązany do swoich myśli i postaw lub że nie potrafisz się od nich uwolnić. Prawdopodobnie towarzyszą ci od bardzo dawna, a być może wręcz determinują to, kim jesteś. Jeśli na przykład jesteś ofiarą kazirodztwa lub dorosłym dzieckiem alkoholika, to te określenia, reprezentujące twoją opinię o samym sobie, stanowią punkt odniesienia do tego, kim jesteś obecnie. Jeśli pozbędziesz się związanych z tymi określeniami myśli, możesz utracić poczucie tożsamości. A zatem, chociaż zdecydowanie musisz oddzielić rzeczywistość od fikcji, bądź dla siebie łagodny i daj sobie czas na uwolnienie się od tych przekonań.

Następnym krokiem jest zmiana kąta widzenia – dostrzegasz wówczas, że historia jest doskonała i że musiała się zdarzyć. Możesz czuć się winny, odczuwać gniew, rozpacz i chęć krytykowania samego siebie, kiedy się okaże, że zbudowałeś życie wokół zbioru fałszywych przekonań. Nie traktuj tego w ten sposób. Pamiętaj, że wszystko ma swój cel, a Bóg się nie myli. Zastosuj któreś z narzędzi Radykalnego Wybaczania, by wybaczyć samemu sobie i by dostrzec doskonałość w swojej sytuacji.

Gdy fakty nadal świadczą o tym, że zdarzyło się coś złego – na przykład morderstwo zawsze będzie morderstwem, bez względu na interpretację – wówczas arkusz Radykalnego Wybaczania stanowi najlepsze narzędzie zmiany wzorca energetycznego wokół tego wydarzenia.

Rozdział 22

Cztery kroki wybaczania

Ta adaptacja trzystopniowego procesu, którego naucza Arnold Patent, służy za przypomnienie, że w naszej mocy leży przyciąganie wydarzeń i ludzi, których potrzebujemy, by przeżyć emocje związane z konkretnym problemem.

Ćwiczenie zajmuje tylko kilka minut, ale należy do tych, które mogą cię uchronić od całkowitego zaangażowania się w dramatyzm chwili i od długotrwałej wizyty w „krainie ofiar".

Podczas przykrego zdarzenia bardzo łatwo zapomnieć o wszystkim, co wiemy na temat Radykalnego Wybaczania. Dopóki te zasady nie wryją się nam w pamięć, skłonni jesteśmy powracać do świadomości ofiary za każdym razem, gdy coś wywołuje w nas burzę emocji. Problem polega na tym, że trwa to na ogół bardzo długo. Bez Radykalnego Wybaczania mógłbyś pozostać w tym stanie nawet kilka lat, co zresztą dotyczy wielu ludzi (zob. rysunek na następnej stronie). Jeśli jednak znasz kogoś, kto stosuje Radykalne Wybaczanie i potrafi rozpoznać twoje objawy, to ta osoba poradzi ci, byś wypełnił arkusz lub wysłuchał płyty z trzynastoma krokami, dzięki czemu odzyskasz spokój ducha. Jak widać na rysunku, za każdym razem, gdy coś się nam przytrafia, ponownie na długo stajemy się ofiarami. Potem przypominamy sobie, że wszystko może być doskonałe, wykonujemy więc ćwiczenia, by wyrazić swoją gotowość uznania doskonałości, i w końcu odzyskujemy spokój.

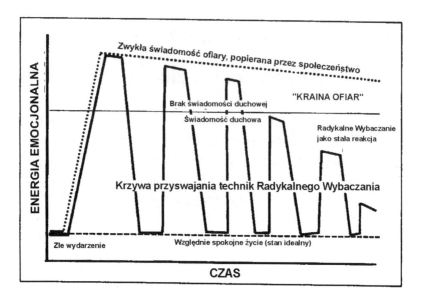

Rys. 16. Krzywa świadomości ofiary.

Może to być jednak trudne i potrzebny będzie ktoś, kto cię uratuje. Jeśli chcesz „wyprostować" tę krzywą, zastosuj czterostopniową technikę, zanim dostaniesz się do „krainy ofiar"! (Jest to ta część wykresu pod linią, która odgranicza duchową świadomość od jej braku). Kiedy nauczymy się robić to automatycznie, Radykalne Wybaczanie stanie się częścią naszego trybu życia – które będzie o wiele łatwiejsze!

Kiedy coś cię zmartwi, kiedy zaczniesz osądzać albo uważać, że ty jeden masz rację, a inni się mylą, lub kiedy zechcesz coś zmienić w swojej sytuacji, zastosuj tę technikę, by twój umysł znowu funkcjonował zgodnie z zasadami Radykalnego Wybaczania.

Pierwszy krok: „Popatrz, co stworzyłem!"

Etap ten przypomina nam, że sami tworzymy swoją rzeczywistość. Jednak czynimy to, by uzdrawiać siebie, nie obwiniaj więc innych o to, co się dzieje. Skłonni do szybkiego osądzania, często stosujemy ten krok, by siebie pognębić. „Popatrz, co stworzyłem! To straszne, muszę być naprawdę złym człowiekiem. Co za duchowa porażka!". Postaraj się nie wpaść w tę pułapkę, bo to prowadzi do podtrzymywania złudzeń.

Drugi krok: „Dostrzegam swoje osądy i kocham siebie za nie"

Na tym etapie uznajemy, że jako istoty ludzkie automatycznie wiążemy z daną sytuacją wiele osądów, interpretacji, pytań i przekonań. Nasze zadanie polega na akceptacji niedoskonałości ludzkiego losu i pokochaniu siebie za to, że formułujemy te osądy. Nawet za to, że według nas ponieśliśmy duchową porażkę, stwarzając swoją rzeczywistość. Nasze sądy są częścią nas samych, musimy zatem je kochać, tak jak kochamy siebie. Dzięki temu zrozumiemy, co się dzieje w naszym ciele i umyśle i co nas łączy z teraźniejszością poprzez nasze uczucia, a wtedy energia zmieni się bardzo szybko i będziemy mogli przejść do trzeciego i czwartego kroku tej techniki.

Trzeci krok: „Jestem gotów dostrzec doskonałość w danej sytuacji"

Jest to zasadnicza część Radykalnego Wybaczania. Polega na modlitewnym poddaniu się Boskiemu planowi i na akceptacji faktu, że nie potrafimy bezpośrednio dostrzec tego planu.

Czwarty krok: „Wybieram moc spokoju"

Jest to konsekwencja trzech poprzednich etapów. Akceptując myśl, że dana sytuacja odpowiada Boskiemu celowi, a to, co się dzieje, może być złudzeniem, wybieramy spokój i jego siłę w każdym działaniu, jakie będziemy podejmować. Moc spokoju oddziałuje wtedy, gdy koncentrujemy się na chwili bieżącej, mamy jasny umysł, staramy się wykonać to, czego się od nas oczekuje, i jesteśmy całkowicie świadomi własnych uczuć.

Stosuj czterostopniową technikę jak najczęściej. Niech stanie się częścią twojej świadomości. Dzięki niej będziesz umiał żyć teraźniejszością przez cały dzień.

Pomocne w ćwiczeniu tej techniki może być zapisanie owych czterech kroków na kartce formatu wizytówki i noszenie jej w portmonetce czy portfelu lub umieszczenie gdzieś w samochodzie lub na lodówce.

Rozdział 23

Dostrzeganie Chrystusa w drugim człowieku

Jeśli uznasz, że to, co się dzieje między tobą a drugim człowiekiem, jest okazją do uwolnienia się od danego problemu, możesz stworzyć uzdrawiające przeżycie, pozostając całkowicie w teraźniejszości. Sposobem na przeniesienie energii do chwili bieżącej i nieangażowanie umysłu w przeszłość ani w przyszłość jest *dostrzeżenie Chrystusa w tym bliźnim, który sprawia ci kłopot.*

Znaczy to, że rozumiesz, iż część tej osoby jest Boska i stanowi jedność z tobą i z Bogiem. Dzięki temu dołączasz do nich i uznajesz Chrystusa w sobie. Jeśli to zrobisz, zmienisz sytuację w jednej chwili.

Kiedy naprawdę łączymy się z drugim człowiekiem i stajemy się z nim jednością, wychodzimy poza swoje ego, którego istnienie opiera się na rozdzieleniu. Bez rozdzielenia nie mamy potrzeby atakować ani się bronić, co znaczy, że w chwili połączenia podnosimy swoje wibracje, rezygnujemy z mechanizmu obronnego i odkrywamy swą prawdziwą tożsamość. Równocześnie przestajemy dokonywać projekcji, postrzegając w drugim człowieku dziecko Boga, doskonałe w każdym sensie. Na tym polega istota Radykalnego Wybaczania.

Dostrzeganie Chrystusa w nas samych

Mechanizm projekcji nie dotyczy wyłącznie naszej ciemnej strony. Dokonujemy projekcji również tych cech, które w sobie lubimy, ale nie potrafimy tego zaakceptować. Dzięki temu dostrzegamy w innych nasze własne wewnętrzne piękno, zdolności twórcze, inteligencję itd.

Ćwiczenie pozytywnego rezonansu

Ćwiczenie to ma wielki wpływ na każdego, kto je wykona, ponieważ wymaga, byśmy w drugim człowieku zauważyli wszystko, co cudowne, i byśmy uznali te cechy za własne. Dzięki temu ludzie docierają do własnej istoty – ukrytego w nich Chrystusa – i rozumieją, kim naprawdę są. Ćwiczenie wykonuje się na ogół w grupie, ale mogą w nim uczestniczyć tylko dwie osoby. Przypomina ono dostrzeganie Chrystusa w drugim człowieku, ale nie wykonuje się go w milczeniu – przeciwnie, należy mówić głośno i patrzeć bliźniemu w oczy.

Osoba A z głębi serca mówi do osoby B: „Piękne, cudowne cechy, które dostrzegam w tobie, a które odzwierciedlasz we mnie, to ....". Osoba B słucha, a potem mówi: „Dziękuję". Następnie zamieniają się rolami i powtarzają ćwiczenie.

Rozdział 24

Wybaczanie wymaga trzech listów

Ta metoda polega na napisaniu trzech listów do osoby, która ci dokuczyła albo cię skrzywdziła w jakikolwiek sposób. Kiedy jesteś naprawdę zdenerwowany jakimś zdarzeniem, technika ta czyni cuda.

Wyładuj całą swą złość i wściekłość w pierwszym liście. Nie powstrzymuj emocji. Możesz zagrozić zemstą najgorszego rodzaju, jeśli to ci pomaga. Pisz tak długo, aż zabraknie ci słów. Ten list może sprowokować wiele łez gniewu, smutku, urazy i bólu. Niech płyną. Postaw na biurku pudełko z chusteczkami do nosa. Jeśli jesteś zły, krzycz w poduszkę lub wykonaj jakąś pracę fizyczną, która pozwoli ci wczuć się w twój gniew. ***W żadnym wypadku nie wysyłaj tego listu!***

Nazajutrz napisz drugi list. Powinien być mniej gniewny i mściwy, chociaż nadal będzie dotyczył osoby, która według ciebie cię skrzywdziła. Postaraj się jednak pisać ze współczuciem, zrozumieniem i szlachetnością. Napomknij też o możliwości wybaczenia. ***Tego listu też nie wysyłaj!***

Trzeciego dnia napisz trzeci list. Spróbuj opisać nowe spojrzenie na sytuację, oparte na zasadach Radykalnego Wybaczania. Ponieważ przypomina to arkusz wybaczania, skorzystaj z niego, by mieć punkt odniesienia. Pisz jednak własnymi słowami, najlepiej jak potrafisz (zob. rozdział 20.).

Na początku może ci być ciężko, postaraj się jednak wytrwać. Pamiętaj, najpierw będziesz musiał udawać, że wybaczasz, dopóki wybaczanie nie stanie się twoją drugą naturą.

Nie wysyłaj żadnego z tych listów! Nie ma takiej potrzeby, a nawet jest to niewskazane. Ich celem jest zmiana twojej energii, a nie energii adresata. Masz wyrazić swoje uczucia na papierze, a nie dokonać ich projekcji na drugą osobę. Wysłanie listu pełnego gniewu niczego nie rozwiąże, podtrzyma tylko błędne koło działań zaczepno-obronnych i pogorszy sytuację. Pamiętaj – gdy zmieniasz swoją energię w kierunku Radykalnego Wybaczania, energia drugiego człowieka zmienia się automatycznie.

Możesz swoje listy zachować jako punkt odniesienia na przyszłość lub wykorzystać w ceremonii wybaczania. Ja wolę ich używać przy rytuale ognia. Kiedy widzisz, jak twoje słowa obracają się w popiół i unoszą w powietrze pod postacią dymu, dzieje się coś niezwykle ważnego.

Rozdział 25

Rytuały wybaczania

W dzisiejszym społeczeństwie nie docenia się siły rytuału. Zmieniając jakieś postępowanie w rytuał, nadajemy mu sakralne znaczenie, dzięki czemu przemawia ono bezpośrednio do naszej duszy. Ceremonie te mogą być bardzo proste lub złożone, przy czym stopień ich skomplikowania jest mniej ważny niż cześć, jaką w nich oddajesz. Rytuał to sposób wprowadzenia elementu boskości do ludzkich spraw, czyli swoista forma modlitwy.

Rytuały mają najwięcej mocy, gdy sami je tworzymy, wykorzystując do tego całą swoją kreatywność.

Istnieją jednak ogólne wskazówki, z których można skorzystać.

Rytuał z zastosowaniem ognia

Ogień zawsze stanowił składnik przemiany i alchemii. Kiedy składamy coś w darze, używając ognia, odwołujemy się do pierwotnych wierzeń w jego przekształcającą moc. Dlatego rytualne spalenie arkusza wybaczania lub trzech listów daje poczucie spełnienia i przemiany. Dokonuj spalenia w sposób uroczysty oraz pełen czci. Módl się, gdy płomienie będą trawić papier.

Palenie pachnącego drewna, szałwi, tataraku i kadzidła wzmacnia każdy rytuał, dodając szczególnego znaczenia ceremonii wybaczania. Dym z szałwi i tataraku dodatkowo oczyszcza naszą aurę, czyli usuwa niepożądaną energię z naszego pola energetycznego.

Rytuał z zastosowaniem wody

Woda ma właściwości uzdrawiające i oczyszczające, a my przypisujemy jej zdolność uświęcania. Rytualne mycie, zanurzanie się lub unoszenie się na wodzie daje dobry skutek. Zamiast palić uwalniający list, zrób z niego stateczek i puść na rwący potok, niech woda go zabierze.

Bądź twórczy, wymyślając swoje rytuały. Spraw, by miały dla ciebie jak największe znaczenie. Przypomnij sobie cierpiącą na raka mózgu Jane i jej pudełko na strychu, w którym umieściła wszystko, co miało związek z mężczyzną, który złamał jej serce. Poprosiłem ją, by je zniosła na dół i zabrała ze sobą na terapeutyczne spotkanie. Gdyby nie dostała ataku i nie zmarła, obejrzelibyśmy dokładnie zawartość pudełka i przeanalizowalibyśmy znaczenie każdego z ukrytych tam przedmiotów. Następnie pozbylibyśmy się jednego po drugim, razem z rytualnym znaczeniem, jakie im nadała Jane. Proces ten uwolniłby dużo stłumionej energii.

Rozdział 26

Wybaczanie przez sztukę

Sztuka jest potężnym narzędziem wybaczania i uwalniania się od emocji. Miałem przywilej obserwować jeden z najbardziej spektakularnych przypadków uzdrowienia podczas warsztatów, które prowadziłem w Anglii. Uczestniczyła w nich między innymi młoda kobieta chora na stwardnienie rozsiane. Jej organizm był słaby i wyniszczony, a głos ledwo słyszalny. Jej czakra gardła po prostu była zamknięta. Kobieta miała męża i dwoje dzieci, ale jej małżeństwo praktycznie nie istniało. Czuła się jak schwytana w pułapkę, bezradna i pozbawiona nadziei.

Podczas grupowej sesji leczenia sztuką młoda kobieta zaczęła w pewnej chwili rysować w bardzo szczególny sposób. Nie mogła mówić, ale nieustannie rysowała. Trudno było powiedzieć, co przedstawiają jej rysunki, lecz stało się dla nas jasne, że wybrała ten środek przekazu, by cofnąć się do dzieciństwa i uwolnić od zadawnionego bólu.

Wraz z żoną siedzieliśmy przy niej przez kilka godzin. Z upływem czasu jej rysunki stawały się coraz bardziej dziecinne. Od czasu do czasu gryzmoliła słowa „niedobra dziewczynka" albo „Bóg mnie nie kocha" i inne zwroty wyrażające głęboki wstyd, poczucie winy i lęk. Ostatni rysunek był bardzo prymitywny, a przedstawiał gwałt, jakiego na niej w dzieciństwie dokonał wujek. W trakcie tego uzdrawiającego seansu młoda kobieta potrafiła wyrazić rysunkiem to, czego nie umiała powiedzieć słowami i dźwiękami. Jej czakra gardła była zamknięta, ponieważ gwałciciel zmusił ją do oralnego seksu. Nagle sztuka stała się wentylem bezpieczeństwa i uwolniła stłumione od lat wspomnienia i emocje, które leżały u źródła jej choroby.

Chcąc pogłębić oczyszczenie tej kobiety, moja żona poszła w drugi koniec dużej sali, w której odbywały się warsztaty. Poprosiłem chorą, by głośno powiedziała mojej żonie, że jest dobrą dziewczynką i że Bóg ją kocha. Prosiłem, by powtarzała to coraz głośniej, aż do krzyku. Kiedy wykrzyczała: „Bóg mnie kocha" ze dwadzieścia razy, umilkła, spojrzała na mnie i powiedziała: „On mnie chyba naprawdę kocha?!". Nigdy nie zapomnę tego momentu uzdrowienia.

Trzy miesiące po powrocie z Anglii dostaliśmy list od tej pani. Pisała, że odeszła od męża, znalazła nowe mieszkanie i pracę. Używała głosu, by prosić o to, czego pragnęła, i odkryła, że potrafi nie tylko prosić, ale i otrzymywać. Zorganizowała nawet grupę wsparcia dla chorych na stwardnienie rozsiane i prowadziła z nią zajęcia z terapii sztuką. Każdego dnia nabierała siły i po trzech latach nadal do nas pisuje, a nas cieszy jej coraz lepsza forma.

Jeśli mówienie sprawia ci trudność i nie potrafisz pisać, spróbuj rysować. Będziesz zdumiony, co się może zdarzyć, kiedy zaczniesz się porozumiewać w ten sposób. Kup trochę białego i czarnego papieru dużego formatu, kolorową kredę (dobrze się nią rysuje na czarnym papierze) oraz kredki.

Pamiętaj, że używanie tego narzędzia nie wymaga żadnych artystycznych zdolności. Tu nie chodzi o malowanie ślicznych obrazków. Jeśli przepełnia cię gniew, twoje rysunki z pewnością nie będą ładne. Ale przecież chodzi o przelanie emocji i myśli na papier.

Zacznij rysować, nie oczekując niczego i nie mając z góry obmyślonych pomysłów. Możesz poprosić Boga lub swoich duchowych przewodników, by dzięki rysowaniu i kolorowaniu pomogli ci uwolnić to, co powinno zostać uwolnione, a następnie po prostu zacznij rysować. Nie powstrzymuj niczego, co się pojawia. Nie osądzaj, podążaj tylko ze strumieniem emocji. Niechaj przypomina to medytację. Jeśli chcesz opowiedzieć jakąś historię, zrób to. Jeśli chcesz tylko używać koloru, użyj go. Rób wszystko, na co masz ochotę.

Stosowanie terapii sztuką jako narzędzia wybaczania wymaga podobnego podejścia jak użycie trzech listów. Wykonaj serię ilustracji wyrażających twoje uczucia względem osoby, która sprawiła ci przykrość. Te rysunki będą przedstawiać twój gniew, lęk, ból, smutek itd. Następnie spójrz na sytuację z większym współczuciem i zrozumieniem i narysuj kilka obrazków odzwierciedlających takie nastawienie. Teraz wykonaj trzeci zestaw i powinien on wyrażać odczucie Radykalnego Wybaczania. Możesz robić przerwy między rysowaniem kolejnych scen albo wykonać wszystkie za jednym zamachem. Pamiętaj tylko, że kiedy już rozpoczniesz terapię sztuką, musisz przejść przez wszystkie jej etapy, choćbyś miał narysować tylko trzy ilustracje. Przejście tylko jednego etapu może wzmocnić twój gniew.

Skończone rysunki powieś na ścianie pionowo lub poziomo w takiej kolejności, w jakiej je wykonałeś. Jeśli wybierzesz rozmieszczenie pionowe, obrazy przedstawiające gniew umieść u dołu, a ten, który wyraża Radykalne Wybaczanie – na samej górze. Zadziwi cię stopniowa zmiana jakości energii na kolejnych szkicach.

Zatytułuj każdy rysunek i opatrz go datą wykonania. Poświęć im trochę czasu; niech do ciebie „przemówią". Kiedy je rysowałeś, do głowy przychodziły ci różne myśli. Patrząc teraz na rezultat, oczyść umysł z tych myśli i zastanów się, czy te rysunki mają jeszcze jakieś inne znaczenie. Poproś kogoś, komu ufasz, by je obejrzał i zinterpretował, może dostrzeże coś, czego ty nie widzisz. Zadaj mu pytanie: „Gdyby to był twój rysunek, co byś w nim widział?". Jeśli ta osoba zobaczy to samo co ty – świetnie. Nawet jeżeli nie wyda ci się to prawdziwe – nie szkodzi. Pamiętaj, że ona patrzy przez własną podświadomość, nie twoją. Przekonasz się jednak, że uwagi innych ludzi pozwolą ci spojrzeć na te rysunki w nowy sposób i dadzą ci nową wiedzę.

Rozdział 27

Ćwiczenia oddechowe *satori*

Jak już mówiliśmy, stłumione uczucia źle oddziałują zarówno na nasze zdrowie psychiczne, jak i fizyczne, a uwolnienie się od nich stanowi pierwszy krok na drodze ku wybaczaniu.

Najszybciej i najskuteczniej można tego dokonać, stosując technikę oddechową zwaną *satori* (japońskie słowo oznaczające wiedzę lub przebudzenie).

Ćwiczenia oddechowe *satori* wykonuje się na ogół, leżąc na plecach, a polegają one na świadomym oddychaniu w powracającym cyklu. Inaczej mówiąc, oddychasz świadomie w taki sposób, by nie było przerw między wdechem i wydechem. Towarzyszy temu starannie dobrana głośna muzyka.

Oddycha się przez czterdzieści do sześćdziesięciu minut, przez otwarte usta, raz są to wdechy długie i głębokie aż do brzucha, innym razem szybkie i płytkie, tylko do górnej części płuc. Dotlenia to cały organizm do tego stopnia, że uwalnia on stłumione uczucia, które skrystalizowały się w cząstki energii wewnątrz komórek. W miarę ich uwalniania ćwiczący uświadamia sobie w chwili teraźniejszej tamte dawne emocje.

Uczucia mogą być wyrażone w postaci czystych, niezwiązanych z żadnym wspomnieniem emocji, takich jak smutek, gniew czy rozpacz. Może też się zdarzyć, że nagle pojawi się wspomnienie o jakimś zdarzeniu, myśl, skojarzenie czy błędny punkt widzenia, które wywołały daną emocję. Może objawić się to w formie symbolu lub metafory. Równie dobrze można niczego sobie nie przypominać. Dla każdego człowieka sesja ćwiczeń oddechowych stanowi odrębne przeżycie, którego nie sposób przewidzieć.

W miarę jak emocje się ujawniają, ćwiczący zaczyna oddychać jakby p o p r z e z nie, dzięki czemu nie tylko w pełni je przeżywa, ale może się też ich pozbyć. Często zatrzymujemy oddech, by zapanować nad emocjami; ciągłe połączone oddychanie pozwala nam je przeżyć i uwolnić się od nich. Czasami ćwiczący wyraża swoje uczucia słowami lub gestem. Nieważne, w jaki sposób pozbywamy się emocji, rezultatem tych ćwiczeń jest niezmiennie głęboki spokój.

Ta prosta technika daje bardzo znaczące i trwałe uzdrowienie. Nie waham się polecać jej każdemu, kto naprawdę chce zrzucić swój emocjonalny balast.

Ćwiczenia oddechowe *satori* odnoszą tak głęboki skutek właśnie dlatego, że odbywają się całkowicie wewnątrz człowieka, bez żadnych wskazówek, sterowania czy manipulacji ze strony prowadzącego. Jego zadanie polega wyłącznie na zapewnieniu ćwiczącemu bezpieczeństwa i wspieraniu go, aby mimo emocji nadal oddychał, zamiast ponownie je tłumić. Z tego powodu nie zalecam wykonywania tych ćwiczeń w samotności.

Świadome oddychanie połączone zwane jest także *rebirthingiem* (ponownymi narodzinami), ponieważ badacze odkryli, że dzięki niemu zyskujemy dostęp do wspomnień i emocji ukrytych w naszych komórkach już w okresie prenatalnym, w czasie porodu i tuż po nim. Narodziny są naszym pierwszym w życiu poważnym urazem; doświadczając go, formułujemy podstawowe poglądy na walkę, opuszczenie, bezpieczeństwo i akceptację. Stają się one często przekonaniami, które dosłownie rządzą naszym życiem. Kiedy ktoś ponownie przeżywa swoje narodziny i uwalnia traumę i przekonania, które wtedy powstały, jego życie zasadniczo się zmienia.

Inna wielka korzyść z ćwiczeń oddechowych *satori* płynie z faktu, że włączają one nowy wzorzec energetyczny do naszych już istniejących pól energetycznych i odpowiednio przekształcają nasze ciała subtelne. Znaczy to, że kiedy zmieniasz swój sposób postrzegania, zdobywasz nową wiedzę lub uwalniasz się od dawnej emocji, ćwiczenia oddechowe pozwalają włączyć to wszystko do banku danych twojego organizmu. Używając języka komputerowego, można rzec, że ćwiczenia oddechowe stanowią proces ściągania (*download*) danych przechowywanych w krótkoterminowej pamięci i przekazywania ich na twardy dysk do pamięci trwałej.

Wyjaśnia to również, dlaczego ćwiczenia oddechowe *satori* są tak ważne w procesie Radykalnego Wybaczania. Są skuteczne nie tylko na początku, by uwolnić emocje, ale także później, gdy nasz system przekonań się zmienia, a wynikające stąd przekształcenia pól energetycznych wymagają integracji, która zakotwicza zmiany w organizmie i pomaga trzymać się z dala od dawnych traktów.

Sugeruję, byś wykonywał od dziesięciu do dwudziestu nadzorowanych sesji ćwiczeń oddechowych w ciągu roku. Potem prawdopodobnie będziesz mógł pracować samodzielnie.

Rozdział 28

List uwalniający

Jest to adaptacja pomysłu, który zaczerpnąłem od dr Sharon Forest, terapeutki leczącej ciało i duszę za pomocą hipnozy w Forest Foundation, niedochodowej korporacji z siedzibą w Meksyku, mającej na celu uzdrawianie holistyczne.

List uwalniający daje twojemu Wyższemu Ja i pozostałym częściom twojej istoty przyzwolenie na wyzbycie się wszystkich przejawów zawziętości, jakie mogą jeszcze w tobie tkwić.

Służy on także jako narzędzie wybaczania samemu sobie, ponieważ wskazuje, że sam stworzyłeś swoje przeżycia, by uczyć się i rozwijać.

Wykonaj kserokopię zamieszczonego na następnej stronie listu, powiększając go według uznania. Wypełnij puste miejsca, poproś kogoś, by go poświadczył, a następnie spal w rytualny sposób.

List uwalniający

Data _____ Imię _____

Moje drogie Wyższe Ja!

Ja, _____, daję wam, mojemu Wyższemu Ja, mojej duszy, mojemu świadomemu umysłowi, mojemu DNA, mojej pamięci komórkowej i pozostałym częściom mnie samego, w których z jakiegokolwiek powodu może jeszcze pozostawać zawziętość, zgodę na uwolnienie się od nieporozumień, nieuzasadnionych przekonań, błędnych interpretacji i źle ukierunkowanych emocji. Nieważne, czy kryją się one w moim ciele, podświadomości, w czakrach, czy nawet w mojej duszy. Proszę wszystkich, którzy dobrze mi życzą, by wspierali mnie podczas pozbywania się tych niekorzystnych zjawisk.

Ja, _____, dziękuję ci, moja duszo, za stworzenie przeżyć, w wyniku których powstała we mnie zawziętość. Wiem, że na pewnym poziomie wszystkie one były moimi nauczycielami i dały mi okazję do nauki i rozwoju. Przyjmuję te doświadczenia, nie oceniając ich, i odsyłam w nicość, skąd do mnie przybyły.

Ja, _____, niniejszym wybaczam _____. Uwalniam go/ją dla jego/jej dobra. Dziękuję mu/jej za to, że zechciał/a być moim nauczycielem. Zrywam wszelkie niedobre powiązania z tą osobą i przesyłam jej bezwarunkową miłość i wsparcie.

Ja, _____, niniejszym wybaczam samemu sobie i akceptuję siebie takiego, jaki jestem, kocham siebie bezwarunkowo takiego, jaki jestem, potężny i wspaniały.

List uwalniający

Ja, _____, niniejszym wyswobadzam się dla swojego dobra i roszczę sobie prawo do wolności, spełnienia moich marzeń, życzeń i celów, do klarowności, miłości, nieskrępowanego wyrażania siebie samego, kreatywności, zdrowia i pomyślności.

Podpis _____ dnia _____

Poświadczył _____ dnia _____

Rozdział 29

Róża Wybaczania

Otwierając swe serce na innych, stajemy się podatni na zranienie i grozi nam niebezpieczeństwo, że będziemy celem ich projekcji. Ich psychiczna energia może zmieszać się z naszą i ją osłabić.

Im dłużej prowadzę warsztaty, tym bardziej jestem przekonany, że często problemy, jakie ludzie mają w kontaktach z innymi, biorą się stąd, że niektórzy potrafią wniknąć w pole energetyczne drugiego człowieka i nim manipulować. Niemal zawsze dzieje się to poprzez czakrę, która zarządza mocą i władzą. Kiedy już ktoś się do niej dostanie, łatwo sprawuje kontrolę nad drugim człowiekiem i może wysysać z niego energię lub dodawać swoją według uznania.

Oczywiście rozgrywa się to w podświadomości i bez niczyich złych zamiarów, niemniej takie działanie może bardzo osłabić osobę, którą się manipuluje, i nadwerężyć stosunki międzyludzkie.

Pewnie będziesz zdziwiony, że najczęściej inwazji i prób zawładnięcia człowiekiem dokonuje jego matka, nawet zza grobu. Może to być także ojciec, małżonek lub jakakolwiek inna osoba, która chce sprawować kontrolę nad twoim życiem.

Najprostszy sposób, by temu zapobiec, polega na umieszczeniu wyimaginowanej róży pomiędzy sobą a drugim człowiekiem. To zdumiewająco skuteczny środek ochronny.

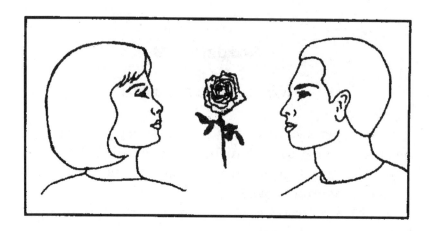

Rys. 17. Róża.

Róża symbolizuje psychiczną ochronę w wielu pismach ezoterycznych. Z jakiegoś powodu ma ogromną moc, może dlatego, że jest uniwersalnym symbolem miłości. Wyobrażenie sobie tego kwiatu chroni nas przed projekcjami innych ludzi, umożliwiając nam zablokowanie negatywnej energii bez zamykania serca dla drugiego człowieka. Nie potrafię wyjaśnić, dlaczego to jest tak skuteczne. Prawdę mówiąc, możemy stworzyć psychiczną ochronę za pomocą każdej wizualizacji, ponieważ wystarczy już sama intencja obrony swego „ja". Róży używano w tym celu od stuleci jako najskuteczniejszego spośród symboli.

A zatem zawsze, gdy kogoś spotykasz i nie chcesz, by jego energia zmieszała się z twoją, wyobrażaj sobie różę na granicy swojej aury lub w połowie drogi między tobą a daną osobą. Zwróć uwagę, czy dzięki temu czujesz się inaczej w jej obecności. Powinieneś mieć poczucie większej przestrzeni psychicznej i tożsamości niż wtedy, gdy byłeś całkowicie dla tego człowieka otwarty. Kontrolowanie czyjejś energii nie wymaga fizycznej obecności danej osoby, umieszczaj więc różę między sobą a drugim człowiekiem nawet wówczas, gdy rozmawiasz przez telefon.

Rozdział 30

Radykalne Samowybaczanie

W poprzednich rozdziałach nauczyliśmy się, mam nadzieję, że wszystko co widzimy tam na zewnątrz, jest odzwierciedleniem tego, co jest tu wewnątrz, i że to, co widzimy w innych ludziach, jest po prostu odbiciem naszej świadomości. Kiedy znajdujesz się w jakimś miejscu razem z tysiącem innych ludzi, tak naprawdę jest tam tylko jedna osoba – ty. Reszta ludzi to po prostu twoje odbicia, a sposób, w jaki ich postrzegasz, to historia, którą stworzyłeś w swoim umyśle. Zawsze patrzymy w lustro i widzimy tam siebie. Dlatego też zawsze, kiedy wybaczamy, wybaczamy sobie. **Każde** wybaczanie to samowybaczanie.

Tego właśnie starałem się przez cały czas dowieść. Samowybaczanie następuje wtedy, gdy zdasz sobie sprawę z tego, że to, co tam widzisz, to ty (zob. kroki 9–12 na arkuszu). Kiedy dostrzeżemy prawdę w kimś, automatycznie uznajemy to za prawdę o sobie.

Zawsze wydawało mi się, że łatwiej jest wybaczyć coś, co zdarzyło się tam, niż spróbować wybaczyć sobie samemu, ponieważ przyzwyczailiśmy się działać w świecie jako podmiot lub przedmiot, ale nigdy jako jedno i drugie w tym samym momencie, a na tym właśnie polega samowybaczanie. Do kogo się zwracamy, kiedy prosimy samych siebie o wybaczenie? Kto komu wybacza?

Bez wątpienia samowybaczanie jest trudne. Próbujemy być sędzią, ławą przysięgłych, oskarżonym i świadkiem w tej samej sprawie! Lepiej (chyba) zrobimy, radykalnie wybaczając innym, a robiąc to, automatycznie wybaczymy również sobie.

Będzie to najlepszy sposób, ponieważ większość rzeczy, których w sobie nienawidzimy, jest nieświadoma i dlatego ich nie dostrzegamy. Jak możemy wybaczyć sobie coś, o czym nie wiemy? Na szczęście, jak już wiecie, pomaga nam prawo przyciągania, ściągając do naszego życia ludzi, którzy są dla nas odbiciem naszych własnych problemów. Początkowo oczywiście bardzo nas to złości, ale kiedy wypełniamy arkusz i wybaczamy im (dostrzegamy prawdę), automatycznie wybaczamy sobie. Dlatego właśnie twierdzę, że ludzie, których najbardziej nie lubimy i potępiamy, są naszymi najlepszymi nauczycielami i uzdrowicielami.

Kolejnym powodem, dla którego miałem opory przed zajmowaniem się samowybaczaniem, było moje spostrzeżenie, że wielu ludzi, którzy chcieli pracować nad samowybaczaniem, miało skłonność do obwiniania i oskarżania siebie. Ci ludzie wykorzystaliby samowybaczanie jako jeszcze jeden sposób na pogrążenie siebie. Dzięki naszemu naciskowi na to, by najpierw wybaczyli innym, nie tylko sprawiliśmy, że przestali zaprzeczać, iż mają problemy z innymi ludźmi (oczywiście zawsze mieli), ale również daliśmy im szansę szczerego, autentycznego wybaczenia sobie dzięki normalnemu procesowi Radykalnego Wybaczania.

Uważam, że wciąż istnieje potrzeba stworzenia kontekstu i przestrzeni do tego, by ludzie mogli wejść w kontakt z samymi sobą i wybaczyć tym częściom siebie, które uznali za winne czegoś, co się wydarzyło, i/lub wstydzą się tego, kim w swoim mniemaniu są.

Przez kilka ostatnich lat eksperymentowałem z warsztatami samowybaczania, które nazwałem *Emergence*, i przekonałem się, że jest to bardzo piękne i głęboko uzdrawiające doświadczenie. Muszę jednak zaznaczyć, że kontekst samowybaczania pozostaje dokładnie ten sam, co przy Radykalnym Wybaczaniu – z duchowego punktu widzenia nie ma nic dobrego ani złego, nie ma ofiar ani sprawców, i dlatego nie ma nic do wybaczenia. Podobnie też, u każdego z uczestników nastąpiło prawdziwe i znaczące uwolnienie energii.

Duża część bardziej zaawansowanych technik samowybaczania, które obecnie proponuję, ma swoje korzenie w zorientowanym na duchowość systemie psychoterapeutycznym zwanym psychosyntezą. System ten w początkach XX wieku stworzył i rozwinął włoski psychiatra Roberto Assagioli. Wyprzedził on znacznie swoje czasy i dopiero teraz jego dzieło zaczyna być szerzej znane i doceniane. Uważam, że to, co stworzył, jest zgodne z zasadami Radykalnego Wybaczania.

Assagioli wskazywał w swoich pracach, że wewnątrz nas istnieje nie tylko jedno dziecko wewnętrzne, jak się powszechnie uważało, ale wiele subosobowości. Większość z nich stworzyliśmy jako sposób radzenia sobie z poważnymi urazami lub kompensowania swoich braków, które są podstawą naszej wypaczonej samoświadomości.

(Powinienem dodać, że nawet ludzie, którzy byli wychowywani w pozornie zdrowych rodzinach, również mogli doznać urazów. Urazy często powstają w niezauważalny sposób i mogą być skutkiem błędnego postrzegania. Poza tym urazy duchowe mogą być wynikiem wychowywania przez rodziców, którzy nie mają łączności z Duchem lub przedstawiają Boga jako coś zewnętrznego, oddzielonego od nas, a którzy przez to nie potrafią przekazać duchowej więzi).

Assagioli uważał, że aby wyzwolić się od tych urazów i w pełni wykorzystać swój potencjał, musimy stworzyć mocną więź z każdym z rodziców, tak by mogli odsłonić się przed nami, zostać zrozumiani, a potem uzyskać przebaczenie – oczywiście w sensie Radykalnego Wybaczania. (Nieco podobne podejście reprezentuje Caroline Myss ze swoimi archetypami, a także Hal Stone z techniką „*voice dialogue*" i David Quigley w swojej „alchemicznej hipnoterapii").

Swego czasu chciałem napisać książkę na temat samowybaczania, ale kiedy zacząłem pisać, zdałem sobie sprawę, że – poza takiego rodzaju dodatkami teoretycznymi – byłaby ona bardzo podobna do tej książki. Jedyna różnica polegałaby na tym, że w miejsce słowa „ofiara" wstawiałbym słowo „sprawca". Oczywiście mógłbym dodać coś na temat radzenia sobie z własnym cieniem i uzdrawiania go, coś podobnego do tego, co z takim powodzeniem zrobiła Debbie Ford. Ale jeśli chodzi o Radykalne Wybaczanie, byłoby to w większości powtórzenie tego, co już napisałem.

Po przeprowadzeniu kilku warsztatów *Emergence* i szerszym zapoznaniu się z pracami Assagiolego uznałem, że oprócz warsztatów należałoby stworzyć internetowy program Radykalnego Wybaczania on-line. Program, dzięki któremu ludzie mogliby we własnym domu uzyskać takie same rezultaty. Tak właśnie zrobiliśmy.

Wcześniej zadałem pytanie: „Kto komu wybacza?". Są właściwie dwie odpowiedzi na to pytanie. W przypadku tradycyjnego wybaczania ego zwraca się do ludzkiej jaźni lub do ego. Wtedy naprawdę próbujemy być sędzią, ławą przysięgłych, oskarżonym i świadkiem w tej samej sprawie. Dlatego nigdy nie kończy się to powodzeniem. Na sali sądowej w naszych umysłach wiecznie panuje chaos i nieustanny impas. Jestem przekonany, że wielu z was doskonale zna to uczucie.

Zupełnie inaczej jest z Radykalnym Samowybaczaniem. Nie zwracamy się tutaj do naszej ludzkiej jaźni, ale do naszego Wyższego Ja, naszej świadomości *Jam Jest*. To transcendentalna część nas, która nie jest oddzielona od Wszystkiego, Co Istnieje. Zawsze jest z nami, stanowiąc rdzeń naszej egzystencji, można powiedzieć – obserwując nas z góry. Zna ona prawdę o tym, że nie ma rzeczy właściwych i niewłaściwych, dobrych i złych, i nie utożsamia się z treścią i przebiegiem naszego życia. Po prostu wyłącznie obserwuje, a jej darem dla nas jest nasza samoświadomość.

Cele procesu Radykalnego Samowybaczania są różnorakie. Po pierwsze, jego celem jest pomóc nam w zrozumieniu natury jaźni i naszych relacji z tymi wieloma różnorodnymi aspektami nas samych, które składają się na to, kim jesteśmy. Najpierw musimy je rozpoznać, a potem wejść z nimi w głęboki kontakt. Szczególnie z tymi, których próby wychowania, podczas ich formowania się, nie odniosły skutku.

Kiedy już rozpoznamy nasze zranione subosobowości i zrozumiemy ich potrzebę istnienia jako ocalałych subosobowości lub wyrównamy zauważone ich braki, musimy pomóc im pozbyć się urazów i dostrzec doskonałość w okolicznościach, które doprowadziły do tego, że zostały zranione. Wtedy będziemy mogli w pełni uświadomić sobie, kim naprawdę jesteśmy, i stać się tym, kim powinniśmy być. Tylko wtedy poczujemy bezwarunkową miłość i akceptację dla siebie samych.

To pozwoli nam zrównać się z naszą najwyższą jaźnią, która zna doskonałość naszego czystego JAM JEST, a równocześnie w pełni dostrzega doskonałość naszej niedoskonałości.

Wtedy będziemy mogli powiedzieć z całkowitym zrozumieniem: „Ja nie jestem OK, ty nie jesteś OK – ale to jest OK!".

Posłowie

Mimo, że posłowie od przedmowy dzieli 268 stron, zauważycie, że jest ono kontynuacją tego samego tematu, który dominował w przedmowie – tematu z m i a n y. W przedmowie pisałem o zmianach, które nastąpiły dotychczas. W posłowiu kładę nacisk na to, c o   d a l e j. W końcu zrozumiałem własne przekonanie, że Radykalne Wybaczanie jest czymś więcej niż tylko zwykłym procesem wybaczania – czymś o wiele większym, niż mogłem to sobie wyobrazić.

Od początku wiedziałem, że w Radykalnym Wybaczaniu nie chodzi o wybaczanie jako takie, a przynajmniej nie o wybaczanie w tradycyjnym rozumieniu. Nie jest to też jedynie kolejny sposób wybaczania, tyle że szybszy i bardziej efektywny niż inne jego formy.

Radykalne Wybaczanie jest czymś o wiele wspanialszym, bardziej rewolucyjnym i obejmuje znacznie więcej. Jest to niezwykła idea, która robi spore zamieszanie w naszych umysłach, przekreślając nasze wyobrażenia na temat rzeczywistości i sprzeciwiając się naszemu powszechnemu widzeniu świata. Daje nam możliwość uczestniczenia w procesie zakorzenionym w czterowymiarowej rzeczywistości, której jeszcze nie rozumiemy. Nie ma lepszego dowodu na skuteczność Radykalnego Wybaczania niż zmiany, jakie zachodzą w naszej świadomości, kiedy się zaangażujemy w ten proces. (Jeśli wypełniałeś arkusze, wiesz, o czym mówię).

Radykalne Wybaczanie wymaga zmiany naszego zwykłego sposobu myślenia o nas samych i o naszych relacjach ze światem, a także otwarcia się na możliwość, że potrafimy zacząć działać z punktu widzenia tej nowej rzeczywistości (zanim naprawdę zrozumiemy, jaka ona jest i jak działa), jeśli tylko zechcemy.

Ale najwspanialszym darem, jaki oferuje ludzkości Radykalne Wybaczanie, jest to, że może ono służyć jako most – most, który pozwala nam łatwo i swobodnie przemieszczać się, nawet bez naszej wiedzy, pomiędzy trójwymiarową a czterowymiarową rzeczywistością. Most ten daje nam możliwość posługiwania się wibracją miłości w świecie czterowymiarowym, podczas gdy fizycznie istniejemy w tym pierwszym.

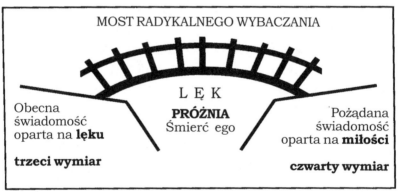

Taki most jest konieczny, ponieważ nawet jeśli gdzieś głęboko w nas tkwi przeświadczenie, że czterowymiarowa rzeczywistość jest oparta na miłości, pokoju, jedności i radości – i bardzo tęsknimy do tego, by się tam znaleźć – przeraża nas myśl o porzuceniu tego, co jest nam dobrze znane, pomimo że obecna rzeczywistość oparta jest na lęku, oddzieleniu i cierpieniu.

Nasze wątpliwości są prawdziwe i głęboko zakorzenione – co będzie, jeśli wskoczę w próżnię i okaże się, że inna rzeczywistość nie istnieje!

Technika Radykalnego Wybaczania wydaje się pomagać nam w wybaczaniu sobie i innym, podczas gdy jej **prawdziwym** celem jest danie nam szansy **doświadczenia** bycia w tej innej rzeczywistości, chociaż jednocześnie pozostajemy w błogiej nieświadomości, że tam przebywamy. Dzięki temu jesteśmy spokojni, myśląc, że wypełniamy po prostu arkusz wybaczania lub przechodzimy jeden z pozostałych procesów, podczas gdy naprawdę, nie zdając sobie z tego sprawy, przekraczamy próżnię i działamy w rzeczywistości czterowymiarowej. Dzięki użyciu „dymu i luster" oraz dzięki błogosławieństwu nieświadomości nasze ego szczęśliwie przechodzi ten proces.

Tak jak w każdej innej dziedzinie, im więcej mamy praktyki, tym mniej się boimy. Kiedy nadejdzie dla nas czas zmiany, a wierzę, że jest on już blisko, będziemy tak przyzwyczajeni do pozostawania w wibracji rzeczywistości opartej na miłości (dzięki praktykowaniu Radykalnego Wybaczania), że nasze lęki przed ostatecznym przeskoczeniem, znikną.

Przypomina mi to pytanie, które ludzie często zadają po ukończeniu jednego z moich warsztatów: „Jak mogę pozostać w wibracji Radykalnego Wybaczania i nie pozwolić otaczającemu światu, by wciągnął mnie znowu w świadomość ofiary?".

Najprostsza odpowiedź brzmi: cały czas używaj narzędzi. Za każdym razem kiedy to robimy, coraz bardziej i bardziej zakotwiczamy się w czterowymiarowej rzeczywistości i jest coraz mniej prawdopodobne, że wybierzemy powrót do trójwymiarowej. W końcu stanie się to naszym naturalnym sposobem bycia i będziemy w pełni ustabilizowani na wyższym poziomie wibracji.

Istnieje jednak dużo głębszy aspekt tego pytania, który również musimy poruszyć. Aby używać narzędzi w sposób, który pozwoli nam pozostawać w rzeczywistości czterowymiarowej i podnosić nasze wibracje, musimy pozostać ŚWIADOMI.

Kiedy popatrzymy na diagram na stronie 244 (rys.16.), możemy zauważyć, że jeśli stracimy równowagę do tego stopnia, iż znajdziemy się pod linią, która wyznacza granicę utraty świadomości duchowej, i wkroczymy do krainy ofiar, wpadniemy w poważne kłopoty. Skutkiem tego jest drastyczne obniżenie poziomu naszych wibracji i utrata świadomości tej nowo odnalezionej rzeczywistości. Znajdujemy się znowu w świecie separacji, w rzeczywistości opartej na lęku – z powrotem w szponach ego. Ostatnią rzeczą, która przychodzi nam w tej sytuacji na myśl, jest wypełnianie arkuszy lub słuchanie 13 kroków. Krótko mówiąc, jesteśmy straceni.

W tej chwili postrzegam to zjawisko nie tylko jako krok wstecz ludzi, którzy utracili to, co zyskali dzięki doświadczeniu Radykalnego Wybaczania – co wnioskując z pytania, może się zdarzyć – ale również jako coś, co może utrudnić zrealizowanie mojej misji – stworzenia świata wybaczenia do roku 2012.

Jak wiesz, pewna masa krytyczna ludzi o dostatecznie wysokiej świadomości jest potrzebna do tego, by przeciwstawić się wpływowi tych wielu, których wibracje pozostają niskie, i spowodować Przebudzenie. Dlatego bardzo ważne jest, by wszyscy ci, którzy podnieśli swoje wibracje (nawet czytając tę książkę), pozostali świadomi i nadal angażowali się w ten proces, który sprawia, że przechodzą przez most.

Dotąd moim głównym celem w pracy z Radykalnym Wybaczaniem było wyleczenie urazów i uwolnienie zablokowanej energii po to, by nasze życie stało się lepsze. Nie ograniczałem się do pracy z pojedynczymi ludźmi, ponieważ zauważyłem, że technikę tę można równie skutecznie stosować do uzdrawiania całych społeczności.

Praca w Australii dała mi możliwość wypróbowania tej techniki w kontekście ruchu pojednania, który tam występuje. Biali mieszkańcy Australii i Aborygeni jednoczą się, by uzdrowić swą straszną przeszłość. Wydałem tam swoją książkę zatytułowaną *Reconcilation Through Radical Forgiveness. A Spiritual Technology for Healing Communities* (Pojednanie dzięki Radykalnemu Wybaczaniu. Duchowa technika uzdrawiania społeczności). Napisałem ją, by dać wszystkim Australijczykom pragnącym pojednania technikę duchową, która pomoże im tego dokonać – coś, z czego mogą korzystać w swoich domach, szkołach i społecznościach. To samo robię teraz dla różnych korporacji.

Oczywiście, ta praca będzie kontynuowana, ale ja i moi koledzy z The Institute for Radical Forgiveness nie chcemy skupiać się tylko na tym, by pomagać ludziom w utrzymywaniu wysokiego poziomu wibracji, który uzyskali dzięki Radykalnemu Wybaczaniu. Zamierzamy też pomóc im stale podnosić swoje wibracje, do możliwie najwyższego poziomu, tak by nigdy się nie cofali.

W tym celu tworzymy kilka programów *Radical Empowerment* (Radykalnego Wzmocnienia), które mają umożliwić ludziom działanie na wyższym poziomie wibracji i pomóc im, aby na tym przyczynowo-skutkowym świecie byli zawsze w swym życiu przyczynami, a nie skutkami. Wzmocnieni w ten sposób, będą mogli łatwo i szybko urzeczywistnić to, czego pragną.

Jednym ze sposobów wzmocnienia duchowego i podtrzymywania łączności z wibracją Radykalnego Wybaczania jest systematyczne rozwijanie części nas, znanej jako „obserwator". Jest to samoświadoma część nas, która może obserwować wszystkie jaźnie znajdujące się w naszym wnętrzu. Jeżeli ją odpowiednio wytrenujemy, to ze swojego dogodnego punktu obserwacyjnego na zewnątrz nas zauważy, kiedy zaczniemy tracić świadomość duchową. Postara się wtedy sprowadzić nas z powrotem – prawdopodobnie przypominając nam, byśmy zastosowali proces 4 kroków lub wysłuchali nagrania z 13 krokami. Wytrenowany obserwator będzie trzymał nas z dala od krainy ofiar; pozostaniemy wolni i zawsze zdolni do dokonywania wyborów w naszym życiu.

Kolejne, często pojawiające się pytanie brzmi: „Jak mogę skutecznie stosować technikę Radykalnego Wybaczania w każdej dziedzinie mojego życia?".

Odpowiedź zawarta jest w programie *Radical Empowerment*, który składa się z warsztatów, programów on-line i nauki przez telefon. Kiedy już włączysz wzorzec Radykalnego Wybaczania do swojej świadomości i w odpowiednim stopniu rozwiniesz swego obserwatora, wtedy w sposób naturalny zaczniesz stosować Radykalne Wybaczanie w każdym aspekcie życia. Nie będzie to trudne.

Stopniowo wzbogacamy nasze propozycje. Na przykład, jako część naszego programu *Radical Empowerment*, będziemy oferować moduły *Radical Parenting, Radical Weight Control, Radical Prosperity, Radical Relationship* i *Radical Health*, a to jeszcze nie wszystko. Wszelkie bieżące informacje zamieszczamy na naszej stronie internetowej www.radicalforgiveness.com.

Trzecie pytanie pojawia się, kiedy ludzie dostrzegą w Radykalnym Wybaczaniu potencjał, by dokonać ogromnych zmian na świecie, i jednocześnie możliwość satysfakcjonującej, ważnej pracy duchowej dla siebie.

Brzmi ono: „Jak mogę dzielić się Radykalnym Wybaczaniem z innymi, by dowiedzieli się o tej wspaniałej technice i odnieśli taki same korzyści jak ja?".

Proponujemy obecnie program, który pozwoli ci uzyskać certyfikat trenera Radykalnego Wybaczania. Opiera się on głównie na samodzielnej nauce, jest więc bardzo dogodny, i nie wymaga żadnych wcześniejszych kwalifikacji. Szczegóły znajdziesz na końcu książki i na stronie internetowej www.radykalnewybaczanie.pl.

Można na to pytanie odpowiedzieć również w inny sposób. Chciałbym zwrócić uwagę, że wiadomości o Radykalnym Wybaczaniu rozchodzą się także pocztą pantoflową – ustnie. W 1997 roku, kiedy po raz pierwszy opublikowałem moją książkę, otrzymałem list od właścicielki jednej z największych niezależnych księgarni w Atlancie. Zauważyła ona, że ludzie, którzy kupują jeden egzemplarz mojej książki, po upływie mniej więcej tygodnia wracają, by kupić jeszcze sześć egzemplarzy dla znajomych. Napisała: „Takie zjawisko zaobserwowałam jeszcze tylko w przypadku dwóch książek, *Celestine Prophecy* i *Conversations with God*. Obie stały się bestsellerami".

Nie sugeruję wcale, żebyście koniecznie poszli do księgarni i kupili jeszcze sześć egzemplarzy mojej książki, do rozdania, ale bardzo przysłużycie się sprawie, jeśli po prostu opowiecie swoim znajomym o Radykalnym Wybaczaniu. W dzisiejszych czasach nie ma chyba lepszego sposobu niż wysłanie wiadomości e-mail do wszystkich osób z waszej książki adresowej, które mogłoby to zainteresować. Dziękuję.

No i stało się. Radykalne Wybaczanie odsłoniło swe prawdziwe oblicze. Początkowo występowało tylko jako sposób uzdrowienia twojego życia (i oczywiście nim jest), ale teraz jawi się jako potężna technika, która nie tylko umożliwi ci uzdrowienie i usunie wszystko, co cię w życiu blokuje, ale również podniesie twoje wibracje, sprawi, że będziesz w pełni świadomy, i pomoże ci stać się istotą duchową, która z łatwością porusza się między trójwymiarową a cztero- lub nawet pięciowymiarową rzeczywistością.

Jest to również dla każdego z nas szansa na dokonanie znaczących zmian w świecie. Kiedy poziom naszych wibracji się podniesie, poczujemy powołanie do tego, by w większym stopniu pomagać innym i przygotować się do wielkiego Przebudzenia.

Dziękuję wam za to, że razem ze mną odbywacie tę podróż. Jest na co czekać i czym się ekscytować. Jestem wdzięczny za to, że znaleźliście się w moim życiu,

Namaste
Colin Tipping
sierpień 2003

Radykalne Wybaczanie w miejscu pracy

Jak już wspomniałem w poprzednich rozdziałach, nie przyznajemy się do swoich problemów, ujawniających się, kiedy wchodzimy w relacje z innymi ludźmi, którzy odzwierciedlają to, co najbardziej wymaga w nas uzdrowienia. Miejsce pracy jest idealnym środowiskiem do tego, by tworzyć uzdrawiające dramaty – **wiele uzdrawiających dramatów!**

Dlatego też właśnie miejsce pracy daje nam wiele okazji do zastosowania Radykalnego Wybaczania jako zaawansowanej techniki rozwiązywania konfliktów i zarządzania ludzką energią.

Konflikty i dramaty tworzą blokady energetyczne wewnątrz organizacji, a jak wiemy, technika Radykalnego Wybaczania umożliwia ich usunięcie. Kiedy ludzie uświadomią sobie, że korporacja działa najlepiej, kiedy energia (w postaci pieniędzy, informacji, materiałów i energii ludzkiej) przepływa swobodnie i z łatwością, wtedy stanie się oczywiste, że zastosowanie techniki RW, w pewnych formach dostosowanych do środowiska korporacji, będzie miało zbawienny wpływ na pracowników i ich morale.

W odniesieniu do korporacji używam raczej terminu Zarządzanie Energią (*Energy Management*) niż Radykalne Wybaczanie, odwołując się do techniki, którą opracowałem dla korporacji i nazwałem **The Quantum Energy Management System,** w skrócie **QEMS**. O tym mówi moja nowa książka dotycząca więzi duchowych, zatytułowana *Spiritual Intelligence at Work.*

Radykalne Wybaczanie a rak

Kiedy ustalono, że istnieje związek między rakiem a silną niezdolnością do wybaczania, sądzono, że wybaczenie będzie prostym i logicznym rozwiązaniem tego problemu. Tak się jednak nie stało, ale tylko dlatego, że jedyną opcją było tradycyjne wybaczanie, a to zabiera zbyt wiele czasu.

Zupełnie inaczej jest w przypadku Radykalnego Wybaczania. Ponieważ jest tak szybkie, łatwe, proste i nie wymaga terapii, Radykalne Wybaczanie działa. Jest znakomitą wspomagającą formą leczenia w przypadku raka, stwardnienia rozsianego, zespołu chronicznego zmęczenia i innych schorzeń związanych z systemem odpornościowym. (Układ immunologiczny jest bardzo wrażliwy na silne emocje, szczególnie te tłumione lub wypierane). Rzadko się zdarza, że wśród uczestników moich warsztatów nie ma przynajmniej jednej lub dwóch osób walczących z rakiem. Uważam, że te warsztaty są moją profilaktyką w chorobach nowotworowych.

Ośrodki

Prowadzimy w górach Północnej Georgii ośrodki, gdzie ludzie z wszelkimi schorzeniami, ale szczególnie chorzy na raka, mogą poddać się głębokiemu uzdrawianiu duchowemu, spożywając zdrową żywność i dzięki Radykalnemu Wybaczaniu łagodnie uwalniając zablokowaną energię, która mogła być pierwotną przyczyną problemu. Zobacz strona internetowa www.radicalforgiveness.com.

**INSTYTUT
RADYKALNEGO WYBACZANIA POLSKA**

tel. 22-498 39 90; 0-504 434 995; 0-509 909 543
www.radykalnewybaczanie.pl

Spis treści

Specjalne podziękowania 5
Przedmowa 7
Wprowadzenie 11
CZĘŚĆ I
Całkowite uzdrowienie 15
Nota od Autora 16
Rozdział 1
    Historia Jill 17
CZĘŚĆ II
Rozmowy na temat Radykalnego Wybaczania 41
Rozdział 2
    Podstawowe założenia 43
Rozdział 3
    Oddzielne światy 47
Rozdział 4
    Odpowiedzialność 63
Rozdział 5
    Terapia Radykalnego Wybacznia 71
Rozdział 6
    Mechanizm działania ego 77
Rozdział 7
    Kryjówki i kozły ofiarne 85

Rozdział 8
 Przyciąganie i rezonans 93
Rozdział 9
 Przyczyna i skutek 99
Rozdział 10
 Misja „Wybaczanie".. 105
Rozdział 11
 Zmiana archetypu ofiary 119
Rozdział 12
 Ego się broni 127
Rozdział 13
 Czas, medycyna i uzdrawianie 131
Rozdział 14
 Jak w Niebie, tak na Ziemi 149
CZĘŚĆ III
Rozwinięcie założeń 157
Rozdział 15
 Artykuły wiary 159
CZĘŚĆ IV
Narzędzia Radykalnego Wybaczania 177
Rozdział 16
 Technika duchowa 179
Rozdział 17
 Pięć etapów Radykalnego Wybaczania 187
Rozdział 18
 *Udawaj, aż to, co udajesz,
 stanie się twoją drugą naturą* 191
Rozdział 19
 Odczuwanie bólu 195
Rozdział 20
 Przygotuj się na cud 203
Rozdział 21
 Porzucenie dotychczasowej interpretacji 229

Rozdział 22
    Cztery kroki wybaczania 243
Rozdział 23
    Dostrzeganie Chrystusa w drugim człowieku 247
Rozdział 24
    Wybaczanie wymaga trzech listów 249
Rozdział 25
    Rytuały wybaczania 251
Rozdział 26
    Wybaczanie przez sztukę 253
Rozdział 27
    Ćwiczenia oddechowe satori 257
Rozdział 28
    List uwalniający 261
Rozdział 29
    Róża Wybaczania 265
Rozdział 30
    Radykalne Samowybaczanie 269
Posłowie 275
Radykalne Wybaczanie w miejscu pracy 283
Radykalne Wybaczanie a rak 284